JN069465

生野南小学校教育実践シリーズ

第4巻

「『生きる』教育」全学習指導案集

「安全・安心・愛情」を保障する 9年間の教育プログラム

監修　西澤 哲・辻 由起子・西岡加名恵

編　今垣清彦・小野太恵子・別所美佐子・田中 梓

著　大阪市立田島南小学校・田島中学校
（田島南小中一貫校）

Ikuno Minami Elementary School,
Educational Practice Series

日本標準

はじめに

最高の授業をつくり上げようとする
“熱”が生み出す実践

「『生きる』教育」は，旧生野南小学校で，人権教育，トラウマ研究，国語科を中心とした教科指導研究など，多岐にわたる分野をつなぎ，徹底した教材研究のもと，独自の教育プログラムとして誕生しました。

そして，2022年度から，２つの小学校が統合され，田島中学校の敷地内に，田島南小学校として新設され，施設一体型の田島南小中一貫校になりました。そんななか，「『生きる』教育」を小中一貫校の特色ある教育の柱のひとつとして位置づけ，１年生から９年生までをつなぐ９年間の教育プログラムとして実践することになりました。

「『生きる』教育」は，子どもにとって一番身近であり，社会問題ともいえるテーマを授業の柱とし，どの子にとっても学びとなるようにつくられています。心の傷に直結しやすいテーマを授業の舞台にのせ，必要な知識を習得し，友達と真剣に話し合うことで，安全な価値観を育んでいきます。授業の力で子どもたち相互にエンパワメントを生み出し，個のレジリエンスを高めることをめざしています。

また，「『生きる』教育」は，大学教授をはじめとする各分野の専門家の方々との協働のもと，毎年ブラッシュアップし続けている教育プログラムです。その内容は，教科横断型であり，今求められている思考力・判断力・表現力を鍛え，認知能力と非認知能力の双方がバランスよく育成されるものとなっています。

本校の「2023年度　校長経営方針」のひとつに「教職員が働きがいのある職場づくり～学び続けることができる職場～」を掲げており，「『生きる』教育」は，教職員の学びの起爆剤であるとも思っています。最高の授業をつくり上げようという“熱”こそが，大きな学びとなり，授業力を高めると確信しています。

「VUCA（先行きが不透明で，将来の予測が困難な状態）」時代といわれ，今ほど教育に対して，変化を求められている時代はありません。子どもたちのウェルビーイングの向上のため，私たちがすべきことは何かを常に考え，すべての子どもを主語にした教育が広がることを願っています。

2024年２月

大阪市立田島南小学校 校長・田島中学校 校長
今垣清彦

※2022年４月より生野南小学校と田島小学校を統合した田島南小学校が田島中学校敷地内に新設され，田島南小中一貫校として施設一体型の小中一貫教育が進められている。
※「田島南小中一貫校」は愛称。正式の学校名は「大阪市立田島南小学校」「大阪市立田島中学校」である。

「『生きる』教育」をすべての子どもたちに

2008年度～2010年度まで，田島中学校で教頭をしていた私は，校区の田島小学校，生野南小学校から入学してくる生徒の問題行動に手を焼いていた。特に2010年度は，生野南小学校から入学した生徒の暴力行為が目立っており，「いったい，小学校は何をしてるんだ」と不満に思っていた。そんな私が，2011年度，生野南小学校へ異動し，「『生きる』教育」に取り組むこととなった（生野南小学校教育実践シリーズ第１巻～第３巻）。2018年度，校長として戻った私は，見違えるように変わってきた子どもたちを見て，「この子たちが，あの，田島中学校に進学するのか」と逆に不安を感じていた。

しかし，2020年度には，いずれ小中一貫校に統合する，田島中学校，田島小学校，生野南小学校の教員らが他の小中学校の教員らとも協力し，９年間の指導計画の基礎を作りあげた。

2016年度の生野南小学校の研究集録には，「『生きる』教育は，低い自己肯定感へのアプローチである。正しい価値観を持つには，慎重に検討を重ねた手作りの教材，あたたかい教室，信頼し合える仲間が不可欠である。人によってできた傷は，人でしか癒されない。人生を照らす道標となるよう，今後も教材や実践を模索していく」とあった。

この決意の通り，小野太恵子教諭，別所美佐子教諭，田中梓養護教諭らが，それぞれに行っていた授業に，医療，福祉，心理，教育の専門家からの新しい知見を常に加え続け，新たに加わった教員らと新たな授業を作り続けた。「『生きる』教育」は進化を続け，田島南小中一貫校へと引き継がれ，結実し，今回の学習指導案集となった。

私は，昨年度，南市岡小学校に異動になり，「『生きる』教育」は，どの学校のどの子どもにも必要だと確信した。昨年度は，これまでの人権教育，性教育を包括した保健教育に，田島南小学校から借りたプログラムと教材教具を使って「『生きる』教育」的な授業を実施した。今年度は，「南市岡小学校版『生きる』教育」として，より児童の実態に即して内容を深め，新たなプログラムも加え全学級で実施し保護者にも公開した。

読者にも，ぜひできる授業を見つけ，「〇年〇組版『生きる』教育」としてやっていただきたい。たとえ１コマでも子どもたちのために熱意を見せていただきたい。

田島南小中一貫校で，京都大学の西岡加名恵先生が，「『生きる』教育」を10年かけて広めたいと聴衆の前で言い切っておられた。私も，今，同じ気持ちになっている。

2024年２月

大阪市立生野南小学校 校長（2018～2021年度）
大阪市立南市岡小学校 校長（2022年度～）
木村幹彦

目　次

第1章

「『生きる』教育」
9年間の教育プログラム

2年「みんなむかしは赤ちゃんだった」

5年「スマホについて考えよう」

7年「脳と心と体とわたし」

4年「考えよう みんなの凸凹」

「『生きる』教育」は，大阪市立生野南小学校で開発され，統合後の田島南小中一貫校へと引き継がれた。本章では，「『生きる』教育」が開発された経緯や特徴，実践上のポイントについて解説する。また，「『生きる』教育」の開発をけん引した先生方に，それぞれの視点から，実践づくりに込めた願いなどについて語っていただく。

＊田島南小中一貫校としては，田島中学校1年を田島南小中一貫校7年，同校2年を一貫校8年，同校3年を一貫校9年としている。
＊田島南小中一貫校では「障がい」と表記しているが，本書では専門用語としての「障害」と表記が煩雑になるのを避けるため一部を除き「障害」表記に統一した。

第1節 なぜ，今，「『生きる』教育」なのか

西岡加名恵

1 「『生きる』教育」とは何か

「『生きる』教育」とは，「子どもたちにとって一番身近であり，心の傷に直結しやすいテーマを授業の舞台にのせ，社会問題として捉えなおす。示された『人生の困難』を解決するために必要な知識を習得し，友達と真剣に話し合うことで，安全な価値観を育む。授業の力で子どもたち相互にエンパワメントを生み出し，個のレジリエンスへつなげることをめざす」教育です（本シリーズ第1巻，p. 12）。大阪市立生野南小学校で開発された独自の教育プログラムであり，統合後の田島南小中一貫校にも引き継がれて，さらに発展しています。

本書には，2023年度に田島南小中一貫校で実践された「『生きる』教育」の学習指導案（以下，指導案）を収録しています。その構成は，図1-1の通りです。

図1-1 「『生きる』教育」のプログラム（2023年度）

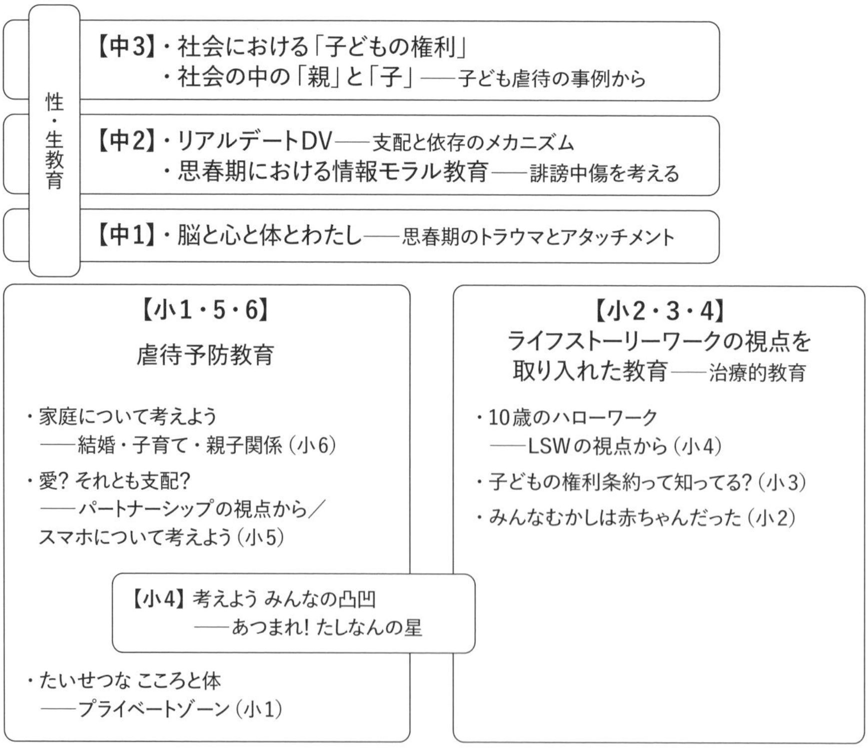

性・生教育

【中3】・社会における「子どもの権利」
・社会の中の「親」と「子」――子ども虐待の事例から

【中2】・リアルデートDV――支配と依存のメカニズム
・思春期における情報モラル教育――誹謗中傷を考える

【中1】・脳と心と体とわたし――思春期のトラウマとアタッチメント

【小1・5・6】
虐待予防教育

・家庭について考えよう
――結婚・子育て・親子関係（小6）
・愛？それとも支配？
――パートナーシップの視点から／
スマホについて考えよう（小5）

【小4】考えよう みんなの凸凹
――あつまれ！たしなんの星

・たいせつな こころと体
――プライベートゾーン（小1）

【小2・3・4】
ライフストーリーワークの視点を取り入れた教育――治療的教育

・10歳のハローワーク
――LSWの視点から（小4）
・子どもの権利条約って知ってる？（小3）
・みんなむかしは赤ちゃんだった（小2）

2 「『生きる』教育」開発の経緯

「『生きる』教育」が開発された背景には，かつて生野南小学校が直面していた子どもたちの「激しい荒れ」の問題がありました。学校を立て直すために先生方がまず取り組んだのは，一貫性のある生活指導と人権教育の充実でした。問題行動への対応策について先生方が共通理解するとともに，異学年交流や児童会活動などを重視し，子どもたちを集団として育てる関係づくりを進めました。人権教育に関しては，正しく知ったうえで違いを認め合い，課題解決の視点をもつことがめざされました。2014年度からは，暴力ではなく「ことば」で自分の思いを伝えることができる子どもたちを育てるため，国語科の授業を改善する研究が始まりました（本シリーズ第2巻参照）。あわせて，「子どもたち一人ひとりの個性を輝かせる場づくり」が重視され，子どもたちにとって学校は充実感を得られる楽しい場となっていきました（本シリーズ第3巻参照）。

そうしたなか，2016年度，研究部長の小野太恵子先生が，臨床心理学を専門とする山梨県立大学の西澤哲先生，ならびに社会福祉士の辻由起子先生の講演を相次いで聞いたことをきっかけに「『生きる』教育」が生まれました。かつて激しい「荒れ」の形で顕在化していた子どもたちのトラウマやアタッチメント障害といった問題は，2016年度当時であっても「自己肯定感（自尊感情）」の低さという形で残っている，と先生方が感じたことが，「『生きる』教育」の誕生につながったのです。そこには，授業づくりの技を磨いてこられた小野先生，人権教育に豊かな経験をもつ別所美佐子先生，養護教諭として「性・生教育」に取り組んでこられた田中梓先生をはじめとする当校の先生方の，厚い教材研究に裏付けられた工夫の数々が織り込まれていきました。「『生きる』教育」には，逆境体験のある子どもたちはもとより目の前のすべての子どもたちに，生きていくうえで必要な知識と価値観を保障したいという熱い願いが込められています。

2020年度になると，「『生きる』教育」は，田中先生のご尽力により，子どもたちの進学先である田島中学校にも広がりました。2022年度に生野南小学校・田島小学校と田島中学校が統合して田島南小中一貫校となってからも，「『生きる』教育」はさらに発展しています。ryuchellさんが亡くなったことに衝撃を受けた先生方は，2023年度には新たに中学2年生を対象とした「思春期における情報モラル教育」のプログラムを加えました。開発にあたっては，現在のSNS事情に詳しい若い先生方と，これまで「『生きる』教育」をけん引されてきたベテランの先生方との間で，活発な議論が行われました。また，生野南小学校で最後に実践された小学6年生のプログラムをアレンジして，中学3年生を対象とした「社会における『子どもの権利』」のプログラムが実践されることとなりました。そこでは，小学3年生では守られるべき存在として「子どもの権利」を学んだ子どもたちに，今度は権利を守る大人になってほしい，という願いが込められています。

3 「『生きる』教育」の特徴

子どもたちに「生き方」を教えるアプローチとしては，従来から，道徳教育や生活指導が実践されてきました。道徳教育においては，望ましい価値観を「徳目」として教える徳目主義の問題点が指摘され，現在は「考え，議論する道徳」が推奨されています。一方，生活指導では，作文による自己表現と集団での交流を重視する生活綴方や，子どもたちの自治を指導する集団づくりなどが実践されてきました。そういった従来のアプローチと比べると，「『生きる』教育」ならではの特徴が浮かび上がります。

第１に「『生きる』教育」では，子どもたちに科学的認識を育てることが重視されています。本指導案集をご覧になる読者の皆さんは，そこかしこに医学，心理学，福祉学，法学などのさまざまな専門的知識がちりばめられていることに気づかれることでしょう。その背景には，子どもたちのニーズを敏感にキャッチするや否や，関連書籍を買い込んで読み込み，専門家を訪問したり招いたりして，教材研究を深めてきた先生方のご尽力があります。

第２に，子どもたちに理解させたい内容が明確な目標として設定されています。それぞれの単元でめざされている目標は指導案に記載の通りですが，９学年を貫いて繰り返し重視されている目標としては，①支配にも依存にも陥らないような適切な距離の取り方を学ぶこと，②困難に陥ったときに適切な相手に助けを求めることができる「受援力」を身につけること，③過去は変えられなくても未来はつくっていけるという希望を礎にアイデンティティを形成することだと解釈できます。

第３に，非常に効果的な指導方法が開発されています。子どもたちに伝えたい知識は，多くの場合，「ハンズオン（hands-on）・マインドオン（mind-on）」のワーク（手を使って学び，心の琴線に触れる活動）を通して伝えられています。具体的には，「よいタッチ」はどれかを考えてワークシートに丸を記入する（小１），「赤ちゃんの発達カード」を並べ替える（小２），子どもたちが経験している事例について，「子どもの権利条約」を踏まえつつ「子どもの権利」が守られていない部分に赤線を引く（小３），「履歴書」を書き，１対１で「面接」する（小４），発達の凸凹があったとしても一緒に楽しめるスポーツ大会を計画する（小４），「おでかけプラン」を考えたあと，良いパートナーシップとデートDVを区別する（小５），理想の「間取り」を考えたり，心の傷の治りやすさ／治りにくさを分類したりする（小６），「トラウマ」や「うつ病」の症状を分類する（中１），デートDVの種類を分類する（中２），子育てで直面する困難の乗り越え方を考える（中３）といった，さまざまなワークが取り組まれています。あまりに工夫された面白い授業なので，見学している大人もすっかり引き込まれます。

4 すべての子どもたちに「『生きる』教育」を――そして大人たちにも…

「『生きる』教育」は，虐待の加害者にも被害者にも傍観者にもならないような教育，子どもたちの「命」を守る教育をめざして開発されました。生野南小学校の場合，地域に児童養護施設があったことで，「虐待」問題が見えやすい環境にありました。しかし，「虐待」問題は，すべての学校の子どもたちに潜在している可能性が高い，と言わざるをえません。2021年度に児童相談所が児童虐待相談として対応した件数は，20万7660件となっています。しかし，一時保護は2万7310件，児童虐待を要因として2021年度中に施設入所等の措置がなされたのは延べ4421件にすぎません（こども家庭庁支援局家庭福祉課「社会的養育の推進に向けて」2023年4月5日）。すべての学校において，家族と暮らす子どもたちのなかにも虐待やネグレクト環境に置かれた者がいるとの前提に立つ必要があります。

一方で，「『生きる』教育」は，公教育で提供するからには，すべての子どもたちにとって意義のある学びを保障しよう，という信念のもとで開発されています。たとえば，「子どもの権利」を学び，それが侵害された場合にどうすればよいのかを学ぶことは，すべての子どもたちに必要なことでしょう。また，他者と適切な関係を築きつつ生きていく力，自らの生き方を選び，その道に進むことのできるような力を身につけることも，すべての子どもたちに保障されるべきです。さらにいえば，このような内容は，実は，現在の大人たちも学ぶ必要のあることなのかもしれません。

龍谷大学の三谷はるよ先生の研究では，子ども時代に虐待やネグレクト，家族の問題などを重ねた人ほど，その後の人生で苦しむ確率が高いことが示されています（『ACEサバイバー――子ども期の逆境に苦しむ人々』筑摩書房，2023年）。子ども虐待を研究する西澤哲先生によれば，虐待の世代間連鎖を断ち切るには，虐待を受けている子どもたちが虐待しない親に育つ仕組みを作ることが最重要です（本シリーズ第1巻，p. 170）。逆境にある子どもたちを救い，すべての子どもたちを幸せな大人たちに育てるため，私たちは今，「『生きる』教育」に取り組まなくてはなりません。

社会福祉士の辻由起子先生は，子どもたちに，「勉強は『なりたい自分になる』そのための手段」「失敗はない　経験が増えるだけ」「自分で決めて，自分を生きる」「自分を大切にできるから，相手を大切にできる」と語りかけます。「『生きる』教育」に取り組む先生方は，「みんなに幸せになってほしいねん」という願いの言葉で授業を締めくくります。このような温かいメッセージが，すべての子どもたちに（そして大人たちにも）届くことを祈っています。

第2節 「『生きる』教育」4つの柱 実践のポイント

西澤 哲

本節では「『生きる』教育」の4つの柱,「虐待予防教育」「ライフストーリーワーク」「障害理解教育」「性・生教育」について実践上の留意点を解説する。これらの実践の詳細についてはは本シリーズ第1巻を参照してほしい。なお,生野南小学校・田島中学校が統合された田島南小中一貫校における1年生から9年生の実践では本章第1節の図1-1(p. 8)のように分類されている。

1 虐待予防教育

1. 実践のポイント

1994年,上智大学において,子ども虐待をテーマとした国際シンポジウムが開催された。シンポジストの一人として登壇したISPCAN(国際子ども虐待防止学会)の会長(当時)のクルーグマンは,「子ども虐待の存在を的確に認識し,この現象を社会全体の問題として捉え,社会全体で対応していくこと」が専門職集団の使命であると述べた。

その後,全国各地で子ども虐待防止を目的とした民間ネットワークが設立され,子ども虐待防止に向けた全国的なムーブメントが高まるなか,2000年に「児童の虐待の防止等に関する法律」,いわゆる児童虐待防止法が制定された。児童虐待防止法とそれに関連する児童福祉法はその後も改正を重ね,子ども虐待に対応する児童相談所の権限強化や,従来は児童相談所長や都道府県知事などの行政権限にゆだねられてきた家庭への社会的介入に対する家庭裁判所等の司法関与など,虐待された子どもの保護や分離養育の促進を中心に,子ども虐待に対する社会的介入が強化されてきた。

このように,この30年,子ども虐待に対する社会的な対応は強化されてきたといえる。しかし,こうした動きは,虐待予防における二次および三次予防,すなわち悪化の予防や再発の予防であり,予防において最も重要ともいえる一次予防,つまり発生予防については,ほとんど手がつけられていない状況だといえよう。これと関連して指摘されるのが,子ども虐待という問題が,子ども家庭福祉,母子保健,小児医療・保健などの領域に限定される傾向があるという点である。これらの領域では,母子保健における母親学級(妊婦学級や両親学級など,自治体によって呼称は異なる)の実施や,『赤ちゃんを揺さぶらないで ── 乳幼児揺さぶられ症候群(SBS)を予防しましょう』(日本小児科学会)のリーフレットの配布など,一次予防に関する取り組みは限定的である。こうした現状において,ほとんどすべての子どもを対象とした小学校・中学校の教育をいかに活用するかが,一次予防の拡充の鍵となるといえよう。

本シリーズ第１巻第１章（以下，第１巻第１章と略）で扱っている虐待予防教育は，「『生きる』教育」の第１の柱とされている。わが国で小中学生を対象とした，虐待予防を目的とした教育はほとんど実施されておらず，虐待予防教育の定義や内容はいまだ定まっていない。第１巻第１章では，性的虐待の予防につながるプライベートゾーンや「いいタッチと，したらあかんタッチ」を学習し，デートDVとその先にある配偶者間暴力（いわゆるDV）の予防に資することを目的として，愛情という仮面に隠された支配-被支配という関係性を学び，結婚，子育て，親子関係をテーマとして家庭について考え，家庭における暴力が心の傷（トラウマ）を生じる可能性があることを教えるという内容となっている。

先述のように虐待予防教育には明確な定義や定まった内容はない。したがって，第１巻第１章で扱った内容以外のテーマ――たとえば，虐待の法律上の定義である身体的虐待，ネグレクト，性的虐待，心理的虐待という４類型の具体的な内容やその影響を子どもたちとともに考えるなど――を，校区の家庭や子どもの状態を勘案して設定することが可能であろう。重要なのは，パートナーとの親密な関係や家庭を構成する信頼関係において，暴力等が起こる可能性があるという現実を子どもたちが直視するのを，学校教育において支援することである。

こうした現実の直視は，子どもが，たとえば親などからの暴力という，自分自身の身に起こっている出来事を客観的に認識する手助けになる可能性がある。社会的な介入がないままに虐待環境に置かれた子どもたちが，何歳くらいに，あるいはどの程度の発達段階で自身の養育環境に疑問を抱くようになるかは，その種の調査研究がほとんどないため明確なことはいえない。筆者の臨床経験では，子どもたちは，小学校高学年や中学生など，かなり高い年齢になるまで自身が置かれた養育環境が「普通」だと認識している可能性があるといえる。虐待やネグレクトなどの不適切な養育環境に置かれながらも，児童相談所等の社会的な介入を受けずに成長したいわゆる「虐待サバイバー」683人を対象としたオンライン調査では，回答者の50.5％が，自身が虐待を受けていると気づいたのは「20歳以上」と回答している（『朝日新聞』2023年12月１日付）。また，児童自立支援施設や少年院に入所した非行傾向を示す子どもたちが，家庭内で激しい暴力にさらされていながらも，そうした親の虐待行為を「だれでもされていることだと思っていた」と語ることが少なくないことは，関係者にはよく知られている。

こうした子どもたちにとって，小中学校の教育でDVや子ども虐待の現実を学ぶことは，子どものエンパワメントにつながり，子ども自身が支援を求める力，いわゆる「受援力」を高めることが期待される。

2．実践上の注意

第１巻第１章では，「虐待している親の気持ちの詳細は，中学３年の授業で勉強すると予告した」（p. 47）と述べられているが，この点はきわめて重要である。

自分の経験が虐待と呼ばれるものにあたることを認識した子どもは，精神的衝撃を受ける可能性がある。親などから虐待を受けた場合，ほとんどの子どもはその原因を自身に帰属させ，「僕が悪い子だから，お父さんは僕のことを叩いたんだ」という認知（自己中心的認知）をもつ傾向がある。この認知の利点は，「僕がいい子になりさえすれば，お父さんは僕のことを叩かなくなるはずだ」と，子どもが事態の解決に希望がもてることである。

また，子どもは，二分法的認知傾向（黒白や善悪など，事象を二分して認識する傾向。年少の子どもに通常認められる）があるため，親子間に暴力が存在する場合は，親か子どものいずれかが悪い存在だということになる。子どもは，上記のように「自分が悪い」と認識する傾向があるが，これによって，親の善性を保つことが可能となる。しかし，自分が経験していることが虐待，すなわち「悪い」行為であると認識することは，上記の捉え方を否定することになり，子どもは，暴力が生じる事態を自らの力で解決できず，また，親の善性が否定されるという危機状況に直面することになる。

筆者の臨床経験では，こうした子どもが，虐待に至った親の状況（たとえば，親自身が虐待を受けて育っていたことや，親がアルコール依存症であったことなど）を認識することで，「お母さんは暴力を受けて育ったんだ。だから僕に暴力を振るってしまうんだ」や「お酒が暴力を振るわせたんだ」といった具合に，暴力という事実に別の文脈性を付与することが可能になる。こう語る子どもの姿には，どことなく安心したような様子がうかがえるのだ。この授業を担当する教師は，数年後にこうした親の「事情」を取り扱うことの重要性を十分に認識し，その点を子どもたちが理解できるよう予告することが必要である。

2 ライフストーリーワーク

1．実践のポイント

本シリーズ第１巻第２章（以下，第１巻第２章と略）では，ライフストーリーワーク（以下，LSWとする）の視点を取り入れた教育のあり方が提示されている。LSWとは，1950年代以降の英国や米国で実践された子ども家庭ソーシャルワークの援助法の一つである。

里親に養育委託される子どもや養子縁組によって新たな家庭で生活することが予定される子どもに対して[1]，社会福祉局が保管している公式記録や，医療，保健，福祉機関などの記録等から，それまでの子どもの生活史を編纂し，生きた証としてその記録を子どもに持たせたことが始まりである。つまり，家族から分離され新たな家庭で養育される子どもに，それまでの生活史の記録を持たせ，それ以降の「歴史」は里親や養親とともに記録するようにさせたわけである。その後，1970年代には，こうした記録集を『ライフストーリーブック』と呼ぶようになった。2000年代に入ると，担当ソーシャルワーカーがライフストーリーブックを作成し子どもに渡すよりも，ワーカーが子どもと共にブックを作成するプロセスそのものに意味があると考えられるようになり，以降，子どもや家族に関するさまざまな記録や情報に，子ども自身の記憶や認知を加えながら，子どもが，自分の歴史をワーカーと共に編纂する協働作業であるLSWが重視されるようになった。

LSWでは，子どもの過去，現在，そして未来を扱う。『「生きる」教育』で，子どもたちは，胎児や赤ちゃんについて学ぶこと（第1巻第2章第2節「みんなむかしは赤ちゃんだった――いのちのルーツをだどる」）を通して自身の過去にふれ，子どもの権利条約を扱うこと（同第3節「子どもの権利条約って知ってる？――今の自分と向き合う」）によって現在の自分を見つめ直し，将来の職業を考えること（同第4節「10歳のハローワーク――ライフストーリーワークの視点から」）によって未来を展望するという展開となっている。もちろん，これら以外にも，子どもが過去，現在，そして未来に目を向けることを可能にするようなテーマを選択することは可能である。

英国や米国において，里親家庭や養子縁組家庭といった社会的養育の支援を受ける子どもたちにこうしたLSWが提供されるのは，虐待家庭で育ったり社会的養育を経験したりする子どもは，養育者を含む養育環境が時間的にも空間的にも非連続的なものとなり，その結果として自己の統合が妨げられる危険性が高いとの認識がもたれているためである。自己の統合の失敗は，感情，感覚，行動の調整障害や歪曲した対人関係など，さまざまな心理，行動上の問題を生じる可能性が高い。そうした自己の問題へのアプローチとして，子どもが自身の生活史や生育歴を「物語る」ことができるようにするLSWは有効であると考えられる。

LSWは，上述のように社会的養育を受ける子どものための援助法として発展してきたという歴史的な経緯があるが，それ以外の子どもたちへの適用も考えられる。たとえば，家族関係におけるさまざまな問題を抱えた子どもや，親の離婚や再婚によって養育者の喪失や交代を経験した子どもがそれに該当するだろう。また，こうした家族の問題を経験していない子どもであったとしても，自身の出自や成育歴や生活史を整理することは，特に自己の再編（エリクソンの言う自己同一性の形成[(2)]）という大きな課題に取り組む思春期・青年期を目前に控えた子どもたちにとって有用である。

2．実践上の注意

第1巻第2章では，校区内の児童養護施設で生活している子どもとのLSWにおいて，子どもが「ライターで火傷をさせられた」「お風呂の水に顔を押し付けられて，息が苦しかった」と話したことが紹介されている（第1巻，p. 103）。こうした，聞き手の想像を超えるような，かなり激しい虐待等の経験を子どもが語ることがしばしばある。

こうした場合，虚をつかれた聞き手が「えっ，ほんとに。そんなことがあったの？」と驚愕を露わにしてしまうことが少なくない。子どもは，自分の受けた被害体験が聞き手を驚かせるほど大変な出来事であったのかと感じてショックを受けたり，聞き手を驚愕させたことに罪悪感を覚えたりといったことが時折見られる。そのため，聞き手となるものは，自身の感情的反応を適切にコントロールし，「そういうことがあったんだ，それは大変だったね」といった具合に，平静を保ちつつ共感的に応答することに努める必要がある。

3 障害理解教育

1. 実践のポイント

本シリーズ第１巻第３章（以下，第１巻第３章と略）には，ADHD（注意欠陥多動性障害），ASD（自閉スペクトラム症），アタッチメント障害（正式な診断名は反応性アタッチメント障害），および発達性トラウマ障害[(3)]という，虐待やネグレクトなどの不適切な養育に起因する精神障害を取り上げ，それを「障害」や「疾患」としてではなく，その子どもの心理・行動上の特徴として位置づけるという工夫が述べられている。その際，４人の子どもたちを「異星人」として，それぞれの星の環境に適応した結果，そうした特徴を身につけるようになったものと説明されている。つまり，時には「普通ではない」と見られてしまう子どもの特徴が，私たち地球人とはまったく異なった環境への適応の結果で生じたのだとする見方を提示しているわけである。

確かに，虐待を受けた子どもにしばしば観察される，不注意や易刺激性などのADHDに類似した状態[(4)]は，自分がいつ暴力を受けるかわからないという環境に適応して自身の安全を確保するための行動傾向として理解することが可能である。このように，一般的には「障害」や「症状」と捉えられがちな子どもの心理，行動上の特徴を，「環境への適応の結果」として捉え直すことが，この「『生きる』教育」の狙いといえよう。

さらに注目すべきは，これらの特徴を抱えた子どもへの支援のあり方である。ここで取り上げられているADHDとASDは発達障害に分類されるものであり，発達障害は先天性の障害と考えられている。そのため，特にASDに分類される高機能広汎性発達障害やアスペルガー障害に有効な治療法はなく，支援の技法としては療育的な関わり，すなわち子どもにトレーニングを提供して適応的行動を増やすというものである。ところが，第１巻第３章の実践では，子ども個人に働きかけるのではなく，子どもを取り巻く環境を調整することで，さまざまな特徴をもった子どもたちが「生南スポーツ大会」を一緒に楽しめるようにするという，まったく視点の異なる支援を提案している。

ソーシャルワークは，「問題」を個人と社会の接合面において捉える。たとえば，子どもの自閉スペクトラム症の特徴は，それだけでは「問題」ではない。その子どもが社会（環境）と関わった際に，社会との関係（接合面）で何らかの不都合が生じ，それが「問題」とされるわけである。そうした問題に対して，ソーシャルワークは，個人のみならず，環境や個人と環境の関係性に働きかけ，その問題の解消をめざす。発達障害という特徴をもった子どもへの療育が個人に働きかけて個人の変容を促すものであるのに対して，第１巻第３章で試みられている取り組みは，環境や個人と環境の関係に働きかけるものとなっており，ソーシャルワークの観点を教育実践に活用したものだといえる。

2．実践上の注意

近年，医療，福祉，教育などの領域で発達障害が注目を集めるようになり，ともすれば過剰診断と思われるような状況を呈している。第1巻第3章では，前述のように，ADHD，ASD，アタッチメント障害，および発達性トラウマ障害という，虐待などの不適切な養育環境におかれた子どもたちにしばしば見られる精神障害を取り上げている。これら4つのうち，アタッチメント障害と発達性トラウマ障害は，不適切な養育環境に起因する子どもの精神障害として理解されているが，一方で，先述のように，ADHDやASDは先天性の障害，すなわち環境因は無関係であると考えられている。

しかし，実際には，ADHDやASDも，虐待やネグレクトなどの養育環境が強く関与している可能性は高く，養育環境の変化によって「症状」や「障害」が改善する可能性があるといえる。したがって，こうした子どもたちが学級という環境に適応できるように環境や関係性を調整しつつ，一方では，子どもを取り巻く養育環境の改善という視点をもち続けることが必要であるといえよう。

4 性・生教育

1．実践のポイント

本シリーズ第1巻第4章（以下，第1巻第4章と略）は，田島中学校における「性・生教育」の実践の報告である。1年生では，トラウマやアタッチメントの形成不全の影響を脳科学の観点から理解することを目的とし，2年生では，デートDVをテーマに，恋愛と支配・被支配の関係について考える。そして，最終年である3年生では，子ども虐待に焦点を合わせて，子どもを虐待で死亡させてしまった「親の立場」を考えることによって，社会的な支援の必要性を認識するという構成となっている。

中学1年生を対象とした実践報告で興味深いのは，第1巻第4章第1節の「ストッパー，安全基地について学ぶ」で，怒りやストレスが募った状態であっても，暴力などの反社会的な行為に及ばない要因として，子どもたちが「親」「家族に迷惑」「罪悪感」「友達」などを列挙した点である。罪悪感とは，自分がなした行為が他者に被害をもたらしたという事実を認識し，その認識に，他者が被った被害を自らのものとして感じるという共感的な反応が重なることによって喚起される感情である。そして，こうした罪悪感が，直接被害を受けた他者にとどまらず，「親」や「友達」にも及ぶ可能性があることを，子どもたちのこうした反応は示してくれている。罪悪感が人に反社会的行動を起こさせない，まさしく「ストッパー」としてきわめて重要な役割を担うことを考えるなら，日頃から，子どもたちが家族や友人に対する共感性を育むことを意識した関わりが必要であるといえよう。

「『生きる』教育」では，小学５年生と中学２年生において，デートDVを取り上げ，親密さ，支配性，依存性と，暴力との関係について理解を深める取り組みを行なっている。デートDV以外に子どもたちが経験する可能性がある暴力としては，子ども虐待や配偶者間暴力（DV）などの家庭内暴力があるが，これらはいずれも，親密さが期待される関係における暴力，あるいは親密さが期待されるがゆえに生じる暴力という特徴をもっている。筆者は，第１巻第１章の解説で,「DVの加害者の多くは親密な対人関係を求めているものの,それが手に入らないときに暴力を振るう」という理解を提示した。

また，第１巻第４章の解説では，虐待死を生じる親の心理的特徴であるケア葛藤とコントロール葛藤を参照し，依存欲求や支配欲求が親密な対象への暴力につながる精神力動を解説した。すなわち，家庭内暴力の加害者は，幼少期に充足されなかった依存欲求や，おそらくは不適切な養育によって生じた無力感を補償するための支配欲求を抱え，親密さに対する欲求が過剰に高じた結果，暴力に至ったと理解されるわけである。このように，加害者における「被害性」にも注目する必要があるといえる。

上記の, 加害者における被害性という視点は, 子ども虐待や子どもの虐待死亡事例を扱った中学３年生における授業にもつながるものである。子ども虐待の事例や，その最も深刻な形態である虐待死亡事例に関するメディアの報道にふれた際，だれしも「なんて残酷なことをするのだ」「親なのにどうしたこんなことができるのだ」といった具合に，親の加害性に注目し，親を一方的に責めてしまうことが少なくない。しかし，親を責めるだけでは何の解決にも至らない。第１巻第４章第３節のタイトルにあるように，子ども虐待や虐待死は「社会の中の親子」に生じるのである。親は，社会の中で追い詰められた結果として,虐待によって子どもを死に至らしめたのかもしれない。あるいは，自身が不適切な養育を受けたにもかかわらず社会が適切な介入を行わなかった結果，子どもを虐待するに至ったのかもしれない。このように，子ども虐待を「社会の中」の問題として捉えることができれば，その予防のために社会がなすべきことへと，視点を転じることが可能になるといえよう。

２．実践上の注意

これまで述べてきたように，「『生きる』教育」の「性・生教育」では，DVの加害者や子どもを虐待する親が暴力に至った経緯に注目し，加害者の「被害性」に注目したり，暴力が生じた社会的側面に目を向けたりするという視点が重要になる。もちろん，暴力などの加害行為は許容されるものではない。暴力に対して「否」と明言しつつも，同時に，加害行為の心理的背景や社会的側面に想いを馳せるというのは，非常に繊細な作業であることを意識する必要がある。こうした作業を可能にするのは，これまでにもその重要性を指摘した共感性であろう。

これまでの心理学研究によって，共感性は，困難な状況に置かれた人に対して手助けをしたくなるという共感的関心，他者の苦痛に「感染」したかのように自分自身が苦痛を感じる共感的苦痛，および，目の前の状況を自分の視点（一人称の視点）のみではなく，二人称や三人称の視点で評価する視点取得という3つの心理的過程から構成されることが明らかとなっている。本項で述べてきた，加害者の被害性や加害行為の社会的側面を適切に認識するためには，これらの共感性の構成要素のうちで，視点取得が重要な役割を果たすと筆者は考えている。本授業においては，子どもたちが，DVの加害者や子どもを虐待してしまった親の立場に立って，暴力や虐待行為に至った経緯を理解しようとすることが重要となる。

加えて，本授業は，「虐待予防教育」で子どもに対する虐待を扱った際に「予告」した内容，すなわち「虐待している親の気持ちの詳細」を扱うものであることを，子どもに想起してもらう必要がある。そうすることで，子どもは，虐待によって苦しむ子どもと，心理的，社会的な要因から子どもを虐待するに至った親の苦しみとを包括的に理解することが可能になるといえる。

注

(1) 英国や米国には，心理治療を目的とした施設はあるものの，わが国の児童養護施設にあたる養育を目的とした施設は存在せず，里親家庭や養子縁組家庭が子どもの養育を保障する社会的養育を担っている。
(2) Erikson, E. H. (1968) *Identity: Youth and Crisis.* W.W. Norton & Company. エリクソン，E. H.，岩瀬庸理（訳）(1969)『主体性──青年と危機』北望社。
(3) 米国の子どものトラウマに関する研究機関等のネットワーク（NCTSN）が幼少期や子ども期に慢性的なトラウマ体験を受けた子どもの診断名として提案しているトラウマ関連障害。今のところ，公式の診断体系には採用されていない。
(4) ADHDが先天的な特徴であって環境因は無関係であると考えられているのは，その子どもの養育環境が平均もしくはそれ以上に良好であることが確認されるためである。したがって，虐待やネグレクトなどを受けている子どもの場合，子どもの特徴が環境因とは無関係であることが確認されるまでは，ADHDの診断は保留すべきである。ここでは，こうした認識に基づき，「ADHDに類似した状態」と表現した。

第3節 「『生きる』教育」とは
―― 子どもたちの幸せを願って

小野太恵子

1 暴力を「ことば」に，生い立ちを「誇り」に

2012年4月，生野南小学校に赴任してすぐ，“洗礼”を受けた。筆者の担任する5年生の教室で，朝の諸連絡を子どもたちに伝えていた際，校区にある児童養護施設から通う一人の男子児童Aさんが性器いじりをしていたのだ――このような性的問題行動は，「性化行動」（子どもの発達段階にそぐわない性的行動）であり，自分が受けた性的行動のトラウマ反応ともいわれている。まだまだ小さな体に，いったい何を背負っているのか，えも言われぬ恐怖を抱いたことを鮮明に覚えている。

また，Aさんの暴れ方はいつも小学生レベルをはるかに越えていた。「理不尽」というスイッチが入ったら，プロボクサー並みのスピードで相手のみぞおちを一発。よろめいた隙にこめかみへ一発。髪の毛をわしづかみにして壁に額を打ちつけ，そのまま仰向けに倒し，馬乗りになって殴る。明らかに「思考」を通過せず，反射神経のみでできるほど染みついた，その暴力行為の背景にある複雑で深い闇のメカニズムを知らなかった筆者は，精神的に立ち尽くした。暴力にも性的な行為にも脈略がなかったので，そこに至る過程の段階で止めることができない。そんな，いつ起こるかわからない事件を瞬時に止めなければならない緊張感のなか，日々を過ごしていた。当然，翌朝が来ることの恐怖心から，眠れない日々が続いた。

6月も半ば，大雨が降っていたある日，また，Aさんが暴れそうになった。次暴れたら別室指導という選択肢もあったなか，筆者の精神状態もかなりきつかったが，ギリギリのところでAさんにぶつかっていった。それも体当たりで――。

「学校燃やしたんねん！」「もう施設帰る！」と泣きわめきながらAさんが戦闘態勢に入ろうとした矢先，筆者はAさんを身をもって制し，「おまえに帰る場所はない！」と至近距離で叫んだ。言いたかったことは，「親も生い立ちも選べない。きみの居場所はここ（学校）や。ここでがんばるしかないんや」ということであった。「わたしは逃げへんから，とことんまで付き合うから，おまえも自分の人生から逃げんなや」と，筆者自身にやっと覚悟が定まった瞬間でもあった。

この2人の対峙を至近距離に立ち，見守っていたのが，当時の木村幹彦教頭（現 南市岡小学校校長）であった。おそらく現場時代，このような真剣勝負（ハイレベル中学生バージョン）の瞬間に，何度も立ち会い，ご自身の信念と何よりも愛情をもって，心荒んだ生徒たちと格闘してこられたのだろう。

心に傷を抱えた子どもたちに，本気で向き合うということは，こちらも何度も傷つき，

疲弊する。心えぐられ，無力感にさいなまれ，職を辞された先生方は生野南小学校において少なくなかった。だからこそ，この真剣勝負の瞬間を，筆者自身の教師人生の山場である「今」を，事が起こるぎりぎりまで，ただ黙って手の届く範囲で見届けてくださったのだろう。

Aさんは，私の言葉を聞くなり，私の手をつかんでいた力を緩め，はにかんだように自分の裁縫道具を土砂降りの運動場に向かって窓から放り投げた。木村教頭は，「ほな，取りにいこか」と，Aさんの手をとり手をつないで運動場に向かった。

それ以来，Aさんは超優等生にでもなったのかと思うほど勉強や行事に熱心に取り組み，キレないように意識するようにまでなった。5年も終わりに近づく頃，友達と一瞬取っ組み合いになりそうになった際，手を出してしまった相手の子をかばうように「おれが先に手を出したから，こいつは正当防衛！」と理性をもって筆者に訴えてきたことには本当に驚いた。あのとき，木村教頭がAさんと全力で対峙した私を早々に止め，美しい教育哲学を語り出したりなどせず，最後まで勝負をさせてくださったからこその，Aさんの成長だったのだろう。きれいごと抜きで生徒たちを更生に導かれ続けたそのご苦労が滲み出るあのときの「無言」のメッセージこそ，後に誕生する「『生きる』教育」の理念そのものになる。

2014年度から3年をかけて研究の基礎を築いた。国語科の研究をはじめ，全教科全員が研究授業を行い，若手もベテランも授業力で勝負し，授業内容を議論する風土は，かつてあった「どうせこの地域やから」「あいつらには無理」などという職員室の後ろ向きな空気を浄化し，価値観がバラバラであった教職員は少しずつ同じ方向を向くようになった。学力も上がり，学校も落ち着いた。しかし，それでもなかなか向上しなかったのが子どもの自己肯定感であった。「自分にはよいところがありますか」という質問に，3割ほどの，いつも決まったメンバーが「ない」と答えるのだ。そして，彼らはみな，生い立ちや家族に関する悩みを抱えていた。

2016年夏に，山梨県立大学の西澤哲先生（臨床心理学）と社会福祉士の辻由起子先生のご講演を拝聴した[1]。西澤先生が提供してくださったトラウマやアタッチメントに関する基礎知識は，かつて荒れていた景色への答え合わせとなった。また辻先生による現場の声は，何も手を打たなかった先にある子どもたちの未来をリアルに予測させるものであった。──心に傷を負い，人を傷つけ自分も傷つく荒んだ人生を歩む，その間に何かが必要。それは，事が起こってから必要とされる「臨床心理」や「児童福祉」ではなく，「教育」の現場で「授業」として伝えるべきことなのだと確信した。

2 一つ一つの授業に込めた思い

2016年秋，小学1年「プライベートゾーン」（田中梓養護教諭），3年「子どもの権利」（別所美佐子教諭），5年「デートDV」（筆者）という形で，「『生きる』教育」は人権教育のほんの一部としてひよこのように歩きだした。この頃は，とにかくインプットに注力し，認定NPO法人虐待防止協会や日本虐待防止学会など，ありとあらゆる研修会に参加した。その結果，とりあえずやってみた3本のカリキュラムに「虐待予防と治療的教育」という1本の筋が通り，後に肉付けしやすくなった。

2017年度，よくある小学1年の保健的な内容に，性的虐待予防の要素を盛り込むため愛知へ視察に行き，カナダ赤十字社の「c.a.r.e.kit」プログラムを基盤とした教材を開発した（本シリーズ第1巻第1章参照）。また，大阪ライフストーリー研究会から学び，小学2・3・4年の授業にライフストーリーワークの理念を盛り込んだ。楽しい授業展開でありながら，命の源に向き合うことやケア葛藤への配慮（2年），今に向き合い受援力につなげる価値観（3年），過去・現在・未来を紡ぐこと（4年）など，あちこちに福祉的な伏線を張っている。説得力のあるこの伏線を集めるために，専門家をめぐり行脚した。それでも，6年の「家族」をテーマにした授業は毎回悩み抜き，何回も作り直してきた。小学校～中学校の9学年にわたるカリキュラムとなった今では，虐待をテーマに子ども側にスポットをあて，「心の傷」をテーマにした授業となった。

2019年度には，5年「デートDV」に必要不可欠であろう「スマホ」に関する授業を付け加え，兵庫県立大学の竹内和雄先生の研修に保護者も一緒に参加する形をとった。公開授業も2年目を迎えたこの年の冬，コロナが猛威をふるった。

2020年度，感染症対策で研究は足踏みかと懸念しつつも，全市研究へと展開させ，田島中学校との共同研究がスタートした。この年，中学1年「脳と心と体」，中学2年「リアルデートDV」，中学3年「虐待死事件」をテーマにした授業が誕生する。医学的な内容や社会現象を授業におこすこと，それ以上に授業者の魂を指導案に注入することの難しさに悶絶した。よその学校で明け方までかけた授業づくりを許してくださった藤本睦子校長（現田辺中学校校長）や何度も差し入れをして応援してくださった今垣清彦教頭（現 田島小中一貫校校長）に，心から御礼申し上げたい。

しかも田中養護教諭の尽力により，コロナ禍の感染者数の波をかいくぐり，田島中学校における初めての公開授業も実現した。年度末の3月，生野南小学校から他校へ転任された特別支援教育のプロフェッショナルと一緒に，発達の凸凹と多様性とを行き来しつつ，虐待防止の理念も持ち合わせた授業まで作ることができた。ストーリーをえがくこと，演じること，調べること，そして児童理解という経験値。決して一人ではできなかった，「『生きる』教育」の集大成ともいえる。

2021年度，生野南小学校最後の年。これから一緒になる田島小学校や田島中学校の先生方を全員お呼びしての公開授業を実施し，年度末には「世界の紛争と子どもの権利」をテーマに6年生での新しい授業も誕生した。これは，後にグレードアップして中学3年に移行することになる。

2022年度，小中一貫校として初めての公開授業にもかかわらず，医療・福祉・行政・教育分野における大変多くの方々にご参観いただいた。続く2023年度には，中学２年「SNS誹謗中傷」，中学３年「子どもの権利」をテーマにした新しい授業がさらに誕生し，保護者にもご参観いただいた。ゆっくりではあるが，地域に根付きつつあると実感している。

この実践を通しての喜びは，何より子どもの笑顔にあるのだが，実はそれ以上にありがたいと心から思うのが，授業者との打ち合わせの時間だ。苦労して手掛けてきたカリキュラムの一つ一つが，授業者との語らいを通し，そこに個性が吹き込まれ，毎回リニューアルされる。もちろん，ご自身の生い立ちに触れることもあり，配慮が必要なのは言うまでもない。しかし，それも含めて指導案に魂が入るのである。

子どもたちの幸せを願い，授業者にしか言えない「ことば」で，授業者にしかつくれない「温度」をもって真剣に伝えていただける，その景色は，夢のようだ。ここまで来させていただけている今に，そして，多くの出会いのなかで，ご尽力くださったすべての方々に心から感謝申し上げたい。

3 そう甘くはない現実の中で公教育が担うこと

冒頭のＡさんをはじめ，見送ってきた卒業生たちは今，自身の存在意義をどのように受け止めているのか，生い立ちが人生に与える影響に改めて愕然とすることの方が多い。それでも，立ち止まったとき，かつての授業風景を，一瞬でも思い出してくれたらと願っている。

「『生きる』教育が子どもたちの存在意義になっている」

児童養護施設の先生の何気ない一言だ。自分たちがいるから「『生きる』教育」ができたと思っている子もいるらしい。子どもが一番考えなくてもよい「存在意義」を，考えなくてはならない環境下にいるのが，社会的養護の子どもたちなのだ。生い立ちや親は選べない。傷つきながらもがんばって生きてきたことが，自分たちが越えてきた人生が，本書を通し，今困っているだれかへのエールになることを，誇りに思ってほしい。

公教育の使命とは，「でも，人生は選べる」と言い切ってやれることにあるのだと思う。そう信じてもらえる学校であり続けるよう，行いで示すことが重要なのだと思う。

「授業の力」が，日本中，世界中の子どもたちに届くことを心から願う。

注

(1) 西澤哲「子どもの回復に向けた支援――総論」公益財団法人 明治安田こころの健康財団主催　2016年度子ども・専門講座「虐待を受けた子どもの回復に向けた支援のあり方――精神療法，心理療法，ソーシャルワークの現場から」2016年７月30日。辻由起子「すべてのこどもの安心と希望の実現のために――子どもの貧困の現状とその対応策について」生野区役所 職員向け夜間自己啓発セミナー，2016年８月９日。

第4節 私にとっての「『生きる』教育」と「人権教育」

別所美佐子

私にとっての「『生きる』教育」の始まりは，長年教師として過ごしていながら，恥ずかしいことに「トラウマ」「アタッチメント」などの言葉をあまりよく知らずに生野南小学校に異動し，そこでその言葉の意味を教えてもらったことがきっかけである。何となくそれらの言葉に聞き覚えがあっても，これを根底に子どもたちと向き合うことが，しんどさを抱える子どもたちにとって救いの一端になるとは，その当時の私には知る由もなかった。

大阪の人権教育には，「自分自身のしんどさと向き合い，自分を語ること」「他人のしんどさに共感し，自分との違いを認め合うこと」という2つの大きな柱があると，諸先輩方から言葉で，また子どもたちへの関わり方で教わってきた。子どもたちが抱えるしんどさを，さまざまな場面で個々と話し合い，何度も家庭訪問を繰り返すことで保護者とつながり，一緒に解決方法を考えていくスタイルを貫いてきたが，しんどさの原因は金銭面であったり，家庭内の暴力であったりと表面上のものでしかわからなかった。しかし，このトラウマやアタッチメントの関係を当てはめてみると，目に見えるしんどさの本当の原因がわかることが多く，「なんや，今まで出会ってきたしんどさを抱える子どもたちのほとんどが，これに関係してたんとちがうん？」と妙に納得し，感じることができた。

すべてにおいて「トラウマ」や「アタッチメント」の問題として解決できるわけではないが，子どもたちの行動の裏にそれらが原因としてあるかもしれないと念頭に置きながら対処していくことは，こちら側の心構えとして大切で，子どもや保護者を不必要に傷つけなくてすむことも多いだろう。だからこそ，私自身，人権的な学びだけでなく，新しい分野としてきちんと勉強したいと思うようになった。生野南小学校の現状を何とか変えたいと尽力してきた，その当時からの研究部長の小野太恵子教諭と養護教諭の田中梓教諭が西澤哲先生の講演を聞いてひらめいたように，私にとっては彼女たちとの出会いが，私の教師人生をブラッシュアップしてくれたのだと思う。

1 子どもを理解するために教師が学ぶこと——私の出会った子どもたち

どのようなしんどさを抱えている子どもたちに対しても，できる限り全力で向き合うこと。教師という職業を選んだ私にとって，人として，これが一番の誠実な行動であると考えている。これは，新任教師として赴任した学校で，先輩先生方から学んできた大切な姿勢の一つである。正しいか正しくないかはどうあれ，私の価値観を子どもたちの言動と測り，合っているときには盛大に共感し，違っているときには全力で話し合う（叱りつけて，押し付けていたことも多いかもしれないが）ことがすべてであり，これが子どもたちと向き合うことだと思っている。だからこそ，教える立場の人間としての価値観の正しさを，私自身，常に問い続ける必要がある。

私が毎年出会う子どもたちに必ず伝える言葉は，「正直者が損をする世の中はおかしい！」である。「負けるが勝ち」なんて言葉も，日本の社会には美徳としてあるが，正直に，真面目にがんばった行動が認められない社会は，やはり間違っていると思う。残念なことに，世の中には理不尽なことがあふれ，必ず「正しいこと」が認められるとは言い難いが，小学校という小さな社会のなかでは，正義が通ることの大切さを学ぶべきだ。そのために，教育課程はもちろんのこと，学校全体のルールや社会のマナーを守ること，差別やいじめを見抜く目を養うことをきちんと教える必要がある。

自分自身を大切にすること，相手の気持ちを考えること。本当は簡単なことなのに，なかなか苦手とする子どもたちが多いのは，日々の生活のなかで常に他人と比べられ，「自分」という個人を認めてもらった経験が少ないからだと思う。そして，さまざまな生い立ちをもつ子どもたちのなかで自分のしんどさに気づいている子どもは一部で，大抵は自分のなかの不安感やイライラからどうやって逃れればいいのかわからないままだ。つい，人や物に当たったり，無気力に振る舞ったり，突拍子もないことをしでかしたりと，表現する方法はいろいろであるが，この原因が単にわがままからくるものなのか，発達障害からなのか，それともトラウマやアタッチメントに問題があるものなのかによって対応は変わってくる。だからこそ，教える立場の人間がきちんと学んだ方がよいのだと思う。

私がこれまで勤務してきた小学校は生野南小学校を合わせて４校になるが，そのうち３校は校区に児童養護施設を含んでいた。「今度の参観日は行くから」という守られたことのない約束を胸に，授業参観の日は休み時間ごとに門の前でお父さんが来てくれるのを待ち，クラスメートの保護者であふれかえる教室で泣きながら45分を過ごした２年生のマサさん（子どもの名前は仮名，以下同）。両親を交通事故で亡くし，突然１人になって児童養護施設で暮らすことになったシゲルさん。乳児院のころから母の顔を写真でしか見たことがなく，奈良県に住んでいるという情報だけを頼りに，いつも明るく元気なユウさんが，遠足で奈良公園に行った際にはほとんど友達と話すことなく，きょろきょろと母を探していた姿を今も思い出す。

父も母も物心ついたころにはそばにおらず，酔うと日本刀を振り回す祖父から逃げるように交番に駆け込み，保護されて転校してきたマミさんは，自分の思い通りにならないと教室中の机をひっくり返し，盛大に暴れまくった。３年生で出会ったときは，音信不通だった母が彼女を引き取りたいと申し出て，たまの週末に母のもとへ帰ることが増えたが，週明けの月曜日には必ずと言ってよいほど，ささいなことで友達とのトラブルを起こした。物を投げつけ暴れまわる彼女に腕を噛まれながら，「おまえにしか当たられへんねん！」と悲痛な声で泣き叫ぶ彼女を押さえつけ，友達への態度を叱りながら彼女を抱きしめることしかできなかった。

気持ちが落ち着いた放課後に，彼女とお母さんとの週末の話をしていくなかで，「テレビを観ていても，いつ笑っていいかわからへんねん」とつぶやく姿に,「笑いたいときに笑ったらいいねんで」と抱きしめながら，常に気を使いながら過ごす彼女の心を思い２人で泣き続けたことがある。その当時の私にとっては，彼らの想いを聴き，施設の先生方と子どもたちの様子を共有し，抱きしめて一緒に泣き，よりよい方法を考えることくらいが精一杯のことだと思っていたが，今思うと，彼女たちが生まれてきた時からの壮絶な悲しみや寂しさのなかに，さまざまな「トラウマ」や「アタッチメント」の欠落などの問題がわかっていれば，もっといろんなアプローチで寄り添うことができたのではないかと悔やまれる。

2 ３年「子どもの権利条約って知ってる？」の授業づくり

「『生きる』教育」のなかで，私が一番深く関わっているのは，３年生の「子どもの権利条約って知ってる？」についてである。今思うと，子どもの権利条約は，ちょうど私が新任として教職についたころに日本が批准し，その当時はテレビで紹介されたり，大きな権利ポスターなどが学校に配布されたりして騒がれていたように思う。私自身その内容や批准した意義などがあまりよくわかっていなかったが，当時の同和教育主担者（現 人権教育主担者）の先生から，日本が子どもの権利条約にやっと批准したことの大切さと，子どもたちに権利の大切さについてきちんと伝えていかなければということを教わり，ユニセフが紹介している「権利のランキング」の授業実践なども見せてもらった。しかし,40条ある「子どもの権利条約」の内容の難しさもあって，自分が６年生の担任をしたときに社会科で国連やユニセフの名称が出てきたときにやっと教えることができる,というくらいの認識だった。

「『生きる』教育」として１年生から６年生までのカリキュラムを考えた当時，たまたま３年生の担任であったこともあり，子どもたちには難しいかもしれないと思いながらも総合的な学習の時間において「子どもの権利条約」について学習してみた。いざ実践してみると，予想よりもはるかに３年生の発達段階なりに真剣に「子どもの権利」について学ぶことができ，ハンドブックをしっかりと読み込み，自分にとって大切な権利について話し合うことができた。次の年には，いろいろな写真資料をそろえ，40条のなかでも子どもたちにとってなじみの薄い「児童労働」「子ども兵士」「難民」「少数民族・先住民」などについて詳しく説明する時間をつくり，子どもと大人を認識しやすいように「18歳になったらどんなことができるのか？」というクイズ形式の授業をはさんだりすることで，子どもたちの興味がより深まっていった。さらに，次の年には，守られていない権利を探す取り組みや，そのことに気づいたときに自分はどうすればよいのかを考える授業も付け加えることにした。

毎年，少しずつ改良を重ね,「子どもの権利ハンドブック」と「権利カード」などの教具,パワーポイントで作った教材があればだれでも授業を進めることができるように形を整えていった。「子どもの権利条約」について学ぶとき，毎年，子どもたちのなかから「田島童園（校区にある児童養護施設）ってええとこやなあ」というようなつぶやきが漏れ聞こえてくる。時には，「私は童園に入れられたと思っていたけど，守られていたんや」というほっとしたようなつぶやきも。子どもの権利条約について話していると，児童養護施設を校区に含む学校の先生方から，「施設で暮らす子どもたちにとってこの内容は大丈夫ですか？」というような声を聞くことがある。確かに施設で暮らす子どもたちにとって守られていない権利は多い。しかし，それ以上にこの40条の権利は，子どもたちを護るために創られた約束なのだと彼らにこそ知ってほしいと思う。

3 自分の心を護り，人に寄り添うことのできる，強い心を育てたい

第３条の「子どもの最善の利益のために」という内容を，私は「子どもの最高の幸せのために」と要約したが，正直言ってこのざっくりとしたマジックワード的な第３条はあまり好きではなかった。しかし，毎年子どもたちと学習していくなかで，この第３条はとても大切な権利なのだと痛感している。なぜなら，「子どもは幸せになっていいんや」とにっこり笑う子どもたちの多いこと！　守られていない権利を探すプログラムでは，具体的な「第31条　休み・遊ぶ権利」などの権利がないと見つけるだけでなく，必ずと言ってよいほど「『第３条　子どもが幸せになる権利』がない！」という意見が出てくるのだ。もしかすると今の自分の生活を幸せと感じていない子どもたちがいるかもしれないが，その子たちにとっても「子どもは幸せになっていい！」という言葉は少なからず希望と力を与えてくれているように思う。そして，３年生というまだ幼い時期だからこそ，家庭や学校のなかで感じている自分のつらさを素直に出せることが多いようだ。

３年生の「『生きる』教育」の最後の授業では，自分たちの体験をもとに書き出した自分の悩み相談をみんなで解決に向けて話し合う。そこでは３年生なりにアドバイスを考え，自分の生活を振り返る取り組みとなっている。困ったときはだれかに相談していいし，自分の意見をきちんと伝える権利がだれにでもあるのだ，ということが体験として学びとなっていく。さらに，自分の権利の侵害だけでなく，「自分が無意識にしている行動がだれかの権利を侵害していないのか？」ということへの振り返りにもつながっていく。

子どもたちが生きていくために，自分たちの心を護るために知っておいてほしい知識，身につけておいてほしい力を考えて，「『生きる』教育」は生まれた。そしてさまざまな人権課題を学び，さまざまな立場の人への理解や寄り添いを感じることで，さらに強い心を育てることができると信じている。どちらか一方だけの学習ではなく，できればどちらも学べる環境が広がってほしいと願っている。

第５節 「自分の体と心を大切にする」養護教諭の実践

田中 梓

2010年の春，子育て事情により，異動先が生野南小学校になった。希望通り自宅から自転車で15分。前任の養護教諭からは「いろいろとあるけれど，保健室の来室者はそんなに多くない」と聞いていた。しかし始業式後の発育測定で唖然としたことを覚えている。

だれも話を聞かない。身長を測っている間に保健室内で鬼ごっこが始まりベッドで飛び跳ねる。教室に帰らず，運動場では一日中子どもたちがウロウロとしている……。注意をすると「黙れ，くそばばあ」「死ね」と何度も言われた。そして保健室を出ると，私の靴はなく，探しがてら廊下を歩くと殴り合いのけんかをしている。そして私の靴はごみ箱の中から出てきた。土日になると保健室に不審者が入ったと連絡を受け，出勤すると，冷蔵庫の中のスポーツドリンクが飲み干され転がっていた。今思い起こすと悪夢のようなことが，日常茶飯事に起きていた。育児時短勤務であったが，それどころではなく，わが子はいつも保育室で１人お迎えを待っていた。そんな毎日が続き，５月を迎えるころには体と心は疲弊し，パソコンのデスクトップに退職届を貼り付けた。

私は何のために養護教諭をしているのか，孤独感にさいなまれる日々のなか，けんかばかりしている６年の男子Ｂさんがよく保健室にやってきた。家庭背景は複雑で，兄は警察にお世話になることも多く，母の養育がネグレクト気味で小さな弟や妹の面倒をみるため早退することも少なくない。学校中でいらんことをしている集団の大ボスＢさんは，保健室でスポーツドリンクを飲み干した張本人でもある。Ｂさんは友達を殴っている加害側だが，いつもむせび泣きながら保健室に転がり込む。「どうせだれも，おれのことわかれへんやん」何度となく泣きながら叫び怒っている。背中をなでながら，「殴ったらあかんけど，Ｂさんもいろいろがんばっているもんなあ」と泣き止むまで待った。

いらんことをする仲間たちはいらんことをしに保健室にやってくる。不思議で仕方なかったが，その子どもたちの多くは家庭背景のしんどい子，校区内にある田島童園から通学する子どもたちだった。自分のしんどさよりも何倍も何十倍も過酷な人生を抱えている子どもたちの背景を知ったときに，養護教諭として，養い護ることが一体何なのかを見つめなおし，「自分の体と心は自分のものである」「自分を大切にする」という性教育の視点からアプローチをしはじめた。

1 小学校１年「たいせつな こころと体」，２年「みんなむかしは赤ちゃんだった」の授業づくり

養護教諭として働きはじめたのは幼稚園の現場であった。幼稚園養護教諭の職務は全国

的に確立していない所も多いため，研究班に所属しながら幼稚園での健康教育を進めていった（参考：山縣然太朗『健やか親子21の推進のための情報システム構築および各種情報の利活用に関する研究』（厚生労働省科学研究）2005年3月）。

幼稚園教育要領では，心身の健康に関する領域「健康」，人とのかかわりに関する領域「人間関係」，身近な環境とのかかわりに関する領域「環境」，言葉の獲得に関する領域「言葉」および感性と表現に関する領域「表現」の5領域について生活全体を通して学んでいく。園児たちは遊びが中心のように見えるが，そのなかに学びが多くある。たとえば，絵本の読み聞かせを通してトイレの仕方やお尻の拭き方を知り，ペープサートやエプロンシアターを通して赤ちゃんの成長物語に入り込むことができる。また物語や遊びでの関わりを通してうれしさや楽しさなど感情を表し，自分の生活とも照らし合わせながら新たな価値観を創造することもできる。このような経験から小学校1年生の授業でも活用できるのではないかと考え，絵本を使ったりパネルシアターを教材として取り入れたりした。また，タッチの授業ではかわいいイラストを提示することで，子どもたちは物語のなかに自分が登場する感覚にもなっていった。

「たいせつな こころと体」（プライベートゾーン）の授業のなかで，下着を外す一場面がある。毎年必ず「きゃーーー」という声が上がる。恥ずかしさ（shame）や羞恥心は高等感情だといわれている。恥ずかしさを本能ではなく学習するものだとするなら，「きゃー」という瞬間は自分の体を大切にできる感情への気づきなのだと思う。

また，適切なタッチについて学ぶ授業としてケアキット（c.a.r.e.kit）プログラムを参考とした。ケアキットプログラムはカナダの赤十字で作られ，1982年から実践されている性虐待防止プログラムである。紙芝居型教材「c.a.r.e.kit」を活用し，日本ではあいち小児保健医療総合センターの心療科で日本語に訳され，心理教育として使われている。

2016年，あいち小児保健医療総合センターで行われた性虐待予防研修に参加し，ケアキットプログラムの実際と心理治療が行われている32病棟（心療科）の視察を行った。診療科は国内の虐待治療において先駆的な役割を担っており，虐待，性的虐待児やその疑いのある子どもたちに入院加療を行っていた。性被害を受けた子どもたちは，繰り返しの性被害や，逆に性加害を行うなど，際立った性化行動が見られやすいといわれており，愛知県では病院を中心に，施設内性加害・被害で悩んでいる児童養護施設と連携しながら，ケアキットプログラムで性教育を進めていた。

ケアキットプログラムは紙芝居型で次のように3章に分かれており，こころと身体の安全教育として，予防と治療を目的にしている。

第1章 導入編　こころと身体の安全の一般常識を学ぶ
第2章 メイン　具体的な性的虐待例を学ぶ

進め方としては以下の通りである。

⑴「だれもがいろんな気持ちと身体をもっている」，そして「身体にはプライベートパーツがある」ことを知り，プライベートパーツは自分以外の人が触れてはいけないという，こころと身体の安全の一般常識を学ぶ。性的虐待や生活環境を深く聞き取るのではなく，こころと身体の安全について説明することで，また他児との距離感や身体のプライベートゾーンを知ることで，基本的な生活習慣やマナーを身につけてさせておく。
⑵いいタッチとまちがったタッチ（いろいろなタッチはいろいろな気持ちになる），嫌なことは嫌と言っていい。
⑶まちがったタッチを秘密にしたり隠そうとしたりする人がいる。自分のいろいろな気持ちを大切にして助けてくれる人がいる。

これらの内容を参考に，イラストなどを改変し生野南版ケアキットプログラムを作成した。心療科医師の新井康祥先生によると，このプログラムを活用にするにあたり，開示やフラッシュバックが起こった際には児童精神科など専門機関に相談をすることが必要だが，病棟内において，フラッシュバックで困難を極めた子はまれであるとのことだった。そして治療的観点だけでなく，教育や施設で予防教育とすることに最も意義があるとお話をされていた。こうして専門家・専門機関に学びながら，虐待予防教育として１年「たいせつな こころと体」，治療的教育として２年「みんなむかしは赤ちゃんだった」の授業をつくっていった。

2 中学校１年「脳と心と体とわたし」，２年「思春期における情報モラル教育」の授業づくり

2018年に田島中学校に異動し，まずは性教育担当となったことで，以前から実施されていた性教育年間計画をもとに実践を進めていった。一般的に中学生の時期では，恋愛感情や性の問題が思春期の心身の発達とともに自然と起こってくる。田島中学校においてもそれらの実態をもとに助産師による性教育などが行われていた。

また教科（保健体育科）の授業においても「健康な生活と疾病の予防」「心身の機能の発達と心の健康」の単元を通して，自分の体と心の成長や，エイズおよび性感染症予防として疾病概念や感染経路について理解できるようにしたり，エイズの感染経路は性的接触であることから感染を予防するためには性的接触をしないことや，思春期には生殖に関わる

機能が成熟することなどの知識を理解できるようにしたりしていった。
知識として科学的に学ぶ機会は小学校より増えていくが，保健室に来室する子どもたちは，疾風怒濤の思春期の揺れに戸惑い，支配的な恋愛に依存し，家族の問題から逃れられず，進路に葛藤していた。それは「『生きる』教育」を十分に受けた子どもにも起こっていた。そんな現状から，生野南小学校の先生方のお力を借りながら中学校の授業づくりを進めることとなった。
中学校１年生では，「心」の傷と「脳」の機能の関係についてより科学的に捉え，思春期に変化する体や心のつながりや心の病気，トラウマやアタッチメントの影響について理解を深め，その影響や心身の状態について対処法を考えていった。中学生になると思春期に起こる体と心の変化が実際に起こりはじめる。その司令塔としての「脳」の働きに着目し，これからの生きづらさともいえるトラウマやアタッチメントにも触れる内容とした。
授業づくりの１年目，アタッチメントを自分自身の「ストッパー」として扱った。たとえば，「宿題をサボってしまおうかな……」と思うときにそれを引き留めてくれることは何だろうと考える時間に，ある生徒は「ない」と答えた。自分には引き留めてくれるストッパーがないのだと答えた彼女は児童養護施設で育ち，愛着に課題を抱えているであろう生徒だった。とっさに「田中先生がストッパーになるから」と答えたが，「ない」と答えさせてしまったことに猛省をした授業であった。
次年度からはストレスを乗り越える力を考えさせることとした。自分でできることを「レジリエンス」とし，他者と関わることを「安全基地」＝アタッチメントに分類し，まとめていった。この授業では脳に着目し，トラウマを中心に脳が不調な状態について考えていくが，アタッチメントについてどのように触れていくか，また精神疾患で苦しんでいる子どもたちを目の前にしたとき，いまだこの授業（「脳と心と体とわたし」）は暗中模索の状態にある。今後も思索していけたらと考えている。

2023年度，中学校２年生（田島南小中一貫校としては８年生）ではSNSの授業（思春期における情報モラル教育）に取り組んだ。思春期の揺れや恋愛関係によるトラブル，家庭でのしんどさを抱え保健室に来室する生徒を見ていると，背景には必ずと言っていいほどSNSの問題がある。SNSのなかには自分を承認してくれる人がいて，いつだって24時間心を満たしてくれるだれかが存在している。いつの間にかSNSやゲームなどに依存している状態になっていることもある。
発達段階の子どもの脳は，スマホゲームの刺激に接したときに成人以上に一気に「依存」の状態に達してしまうといわれている。依存に陥りやすい状態として，以下のことがいわれている。
〇人づきあいが煩わしいと思う反面，ひとりぼっちは寂しい。
〇毎日が味気なく，将来に希望を抱けない。

○学校や家庭には，安らぎを感じられない。

○ゲームの世界につながると，世界中には仲間がいて，現実世界では感じることができない自己肯定感を味わうことができる。

また，近年社会的な問題となっているSNSによる誹謗中傷により，多くの有名人が命を落としている。自分たちとは違う世界ではありながら，「実はインスタライブを観ていた」という子どもたちも少なくない。

今回，授業においては誹謗中傷をテーマに取り上げ教材を作ったが，残念ながら私の年代の想像するシチュエーションは現実にはなく，古代の遺物のような内容であった。子どもたちのSNSの使い方は多種多様であり，旬な話題も光のようなスピードで入れ替わっていく。若い先生方にたくさんのダメ出しを受け，生徒たちにインタビューという名の指導を受けながら，教材を作り上げていった。

SNSの教材は，生ものであり，おそらく次年度にも使用できるものは少ない。大人の感覚だけで進めず，今を生きる子どもたちの声を聴きながら，教材を作る段階から子どもたちとともに課題を共有することが大切ではないかと考える。

3 最後に　保健室を，学校を「心の安全基地」に

この地域に着任して14年が経とうとしている。最初に出会った子どもたちのなかには父や母になっている人もいるだろう。そしてまた保護者として出会う日もそう遠くはないのかもしれない。卒業後，保健室を訪ねてくる子どもたちの大半は悩みを抱えてやってくる。しかし，それは「受援力」の育ちでもあり，田島南小中一貫校が「心の安全基地」として機能しているのかもしれないと希望にも思えてくる。

生野南小学校から後ろ髪を引かれる思いで異動した日の満開の桜を今でも思い出す。微力ながらお手伝いをさせていただいた教材は，木村幹彦校長や小野太恵子教諭，別所美佐子教諭，菊井威教諭たちのお力で，魂が吹き込まれ，全国に名をとどろかす「『生きる』教育」となった。転勤先の田島中学校では，海のものとも山のものとも知れない「『生きる』教育」「性・生教育」を受け止めていただいた校長先生方や授業者をはじめご理解いただいた教職員の方々のおかげで，今の保健室経営があり，養護教諭として実践を進めることができることに心から感謝をしたい。

生野南小学校の先生方と再会し，新設校としての田島南小中一貫校としてスタートして2年目。こんなに奇跡のような物語が現実にあるのだから，田島童園やこの地域の子どもたちに「『生きる』教育」を届け続けなければと思う。時折，傷つきが爆発する姿も目にはするが，しっかりと受け止め，次のステップに送り出す保健室でありたい。

最後になりますが，教材に光を当ててくださった西岡加名恵先生，ならびに日本標準の皆さんに感謝申し上げます。

Column

だれ一人，被害者にも加害者にも傍観者にもさせないために

社会福祉士　辻由起子

1.「『生きる』教育」のはじまり

「かつて本校には，荒れる子どもたちの実態がありました。そして，その現実に追われ，子どもたちのために学校に何ができるのかを暗闇のなかで，手探りで探しているという状態でした。対立構造を作らないきめ細かな生活指導をすることに多くの力を費やしていました」

大阪市立生野南小学校の2014年度の状況です。

同時に生野区役所では，DV，児童虐待，子どもの貧困，いじめなどの根本解決に向けて，さまざまな施策の検討を始めたところで，そのときにご縁をいただいたのが生野南小学校の先生たちです。大阪市とも連携を取りながら，学習指導要領を踏まえたうえで「生きる」教育のカリキュラムづくりが始まりました。「性」が「生」につながることから，大阪市では「性・生教育」という事業名で2017年度に制度化されました。

具体的には，「学校現場における児童虐待防止啓発事業」，「こども自身が児童虐待について知り，自らを守る力をつけるため，こどもの成長段階に応じた内容の教材を活用し，市立の全小・中学校において児童虐待防止啓発授業等を実施する」です。

中学校全校各学年で年間３時間程度の授業実施推進を目標に始まり，2019年度，2020年度の実施率は100％でした。

2．授業の力を信じる

「『生きる』教育」の教材は，「今」起こっている課題に対して，スピード感をもってカスタマイズしていくのが特徴です。つくって終わりではありません。時代の変化が早いので，去年つくった教材が今年の生徒には響かない……そんなこともあります。

成長や発達段階によっても課題は変わりますし，地域差もあります。伝え方に工夫が必要ですが，「自分も相手も大切にする」「自分のことは自分で決める」「なりたい自分になる」「知ることで守られる未来がある」など，根本的なところを押さえておけば大丈夫です。

3．授業・教材の一例
――小学校３年生

「子どもの権利条約」のなかで身近なものを先生があらかじめ10個用意しておき，そのなかから一番大切だと思う権利を選んでもらいます。グループごとに分かれて話し合い，グループで１位を決めて発表をしていきます。

友達の意見を聞くことで，自分が大切にしている価値観と，友達が大切にしている価値観との違いに気づくことができます。

「私は生きる権利が一番やと思うねん」

「私は9条。親と一緒にいる権利が守られてへん。お父さんも，お母さんも，仕事で忙しくて家におらん。一緒にいたい」など，さまざまな意見が飛び交います。自分たちにとって大切な権利なのに，守られていない権利がある。一方で，守られている権利があるから，今，生きている。理想と現実の違いに戸惑いながらも，どうすれば権利が守られるか，話し合いを続けます。

自分一人で解決できないときはだれかに相談すること，信頼できる大人に助けを求めることも学びます。だれかに自分の悩みを話すことは大人でも難しいです。自分の状況を言語化できて，自分の心に気づいていないと何で困っているかもわかりません。

4.「助けて」が言えない

私のSNSには毎日のように，親からも子どもからも，「死にたい」というメッセージが届きます。困難に陥ったときに身近に頼れる人がいればいいですが，頼れる人がいないとSNSで繋がった見知らぬだれかに助けを求めてしまい，支配や搾取，場合によっては犯罪に巻き込まれてしまうことも珍しい話ではありません。

つぎに示すのは，幼少期から虐待を受けて育った20代前半の女性からもらったメッセージです。

「相談するって難しいやん。相談するってことは，何があった？　とか，どうしたの？　とか聞かれて，それに自分で考えて，自分の状況を説明でききんと無理やん」

「絶対だれか気づいてたよな？　先生には親呼び出しとか言われるし。怒られて謝らされるだけ。がんばって帰りたくないって泣いたときも，家まで送るからって先生に言われたり。なんで帰りたくないの？って，そんなん言えるわけがないやん。でも言えない自分が悪いって思うやん」

公的機関に救いを求めても助けてもらえなかった彼女は，14歳で家出をし，さまざまな被害に遭っていました。

5. 受援力を身につける

自分たちを守ってくれる権利について学び，権利が守られていないときは，助けてくれる人や社会資源があることを知ると，適切なタイミングで，適切なだれかに助けを求める「受援力」が身につきます。

デートDV，アンガーマネジメント，ライフスキル，子育てのやり方など，「生き方」に関する教育を受けていないのに，未来のDVや児童虐待を防げるわけがありません。

数年後，親になる可能性のある子どもたちを，だれ一人，被害者にも加害者にも傍観者にもさせない。子どもたちが知りたいことを，子どもたちの反応を見ながら，「授業ありき」ではなく，「児童・生徒ありき」で伝えていく。人生を歩んでいくのに必要な「知識」という名の「地図」をプレゼントする。

「学習指導案集」という名のこの地図をまずは皆さんに活用していただき，新たな道ができたときには皆さんと一緒に考え，改良できれば幸いです。

小学校
「『生きる』教育」学習指導案

1年 たいせつな こころと体
――プライベートゾーン――

2年 みんなむかしは赤ちゃんだった

3年 子どもの権利条約って知ってる?

4年 ①10歳のハローワーク
――LSWの視点から――
②考えよう みんなの凸凹
――あつまれ! たしなんの星――

5年 ①愛? それとも支配?
――パートナーシップの視点から――
②スマホについて考えよう

6年 家庭について考えよう
――結婚・子育て・親子関係――

1年「たいせつな こころと体」

4年「10歳のハローワーク」

5年「愛? それとも支配?」

＊田島南小中一貫校では「障がい」と表記しているが，本書では専門用語としての「障害」と表記が煩雑になるのを避けるため一部を除き「障害」表記に統一した。

1年

たいせつな こころと体
――プライベートゾーン――

1．学習目標

⑴「安全」「安心」「清潔」とはどのような状態をいうのかを生活体験の中から考え，それらを自分で守る方法や守ってくれる人がいるということを理解する。

⑵ プライベートゾーンの約束を理解し，さまざまな事例を通して相手との適切な距離感について考えることができるようにする。

2．教科　生活科

3．使用教材　黒板掲示（安全・安心・清潔ではない男女児）／イラスト教材「いろんなタッチ」／パネルシアター「ケアキットプログラムたしなんver.」

（参考資料：「プライベートゾーンのルール」オクラホマ大学　bonner博士「ケアキットプログラム」カナダ赤十字／あいち小児保健医療総合センター訳）

4．指導計画〈全2時間〉

第一次	《「安全」「安心」「清潔」について考える》 ○教材との出合いや対話の中で「危険」「不安」「不潔」に気づき，けがや汚れ，悩み事など，それぞれに，明確な対処方法を考えるようにする。 ○「清潔」について考える過程で，プライベートゾーンの場所や約束を知り，気持ちよく生活することのよさや，「はずかしい」という気持ちの大切さにも気づくようにする。	1時間
第二次	《人と人との適切な距離感について考える》 ○プライベートゾーンの約束や，相手の気持ちや表情を考慮しながら，イラストの捉え方を意見交流することで，相手との適切な距離感について考える。 ○ケアキットプログラムを用いて，家族や親しい人との距離感について考え，プライベートゾーンをはじめ，自分の心と体を自分で守る方法を知る。 ○「安全」「安心」「清潔」が守られず，困ったとき，家族以外にも助けてくれる人や場所がたくさんあることに気づき，自分たちは守られるべき存在であることを知る。	1時間

5．指導にあたって

1年生では，本研究の基盤である「安全・安心」をテーマに授業を構成している。

第一次では，教材を通し，生活体験で身に付けた児童それぞれの価値観から，「おかしい」と思うところを見つけ，その理由や対処方法を話し合う。ここでは，「安全」「安心」「清潔」の基準が，著しく低い児童に，友だちとの対話の中で気づかせ，正しい対処法へと導くこともねらいの一つである。また，「清潔」について考える過程で，汗や排泄物などの体の中から出てくる汚れに気づき，プライベートゾーンをきれいに保つことの大切さを知る。この際，児童には，どうして「はずかしい」という気持ちになるのか投げかけ，人に見せる場所でも見られる場所でもないことをすでに知っていることを丁寧に称えたい。本単元では，児童がもつ，この「はずかしい」という気持ちを大切に扱いたいと考えている。

第二次では，学習したプライベートゾーンの約束をきちんと守れるかどうか，教材を通して学ぶことで，人と人との適切な距離感について考える。また，性被害の抑止という視点で作成したケアキットプログラムを用い，どんなに親しい人であっても，プライベートゾーンの約束はきちんと守られるべきであるということや，「いや」な気持ちになったときの対処法について知ることで，自分で自分の心身を守る方法の一つを学ぶことができるようにする。さらに，自分の力ではどうしようもない場合，助けてくれる人や場所が，児童を取り巻く環境の中にたくさんあることを知り，「守られるべき自分」であることを実感できるような授業展開とする。

性的虐待に関して挙げられているさまざまな事例では，往々にして，親しい人との距離感に関する子どもの価値観にズレがあることが多く，たとえ違和感を感じたとしてもこれが正しいのかどうか考える基準がなかったり，助けを求める存在や方法を知らなかったりするようにも感じる。したがって，本単元では，性に関する適切な距離感と，それが破られた場合の対処法を明確に伝えたいと考える。

再トラウマ体験へ，最大限に配慮しながら，「知らない」からこそ起きてしまう悲劇や，そのトラウマがその後，子どもの人生に与える過酷な影響を出来得る限り防ぎたいという思いから本単元を構成し，授業実践を行った。

「ケアキットプログラム」の目的や意義

「ケアキットプログラム」はカナダ赤十字で作られ，1982年から実践されている性虐待防止プログラムです。紙芝居型教材「c.a.r.e.kit」を活用し，日本ではあいち小児保健医療総合センターの心療科で日本語に訳され，心理教育として使われています。本校では，2017年度，養護教諭があいち小児保健医療総合センターの研修に参加し，習得した内容や理念を持ち帰り，検討を重ねて本校の児童の実態に合わせた内容を教材として活用しています。

6．授業展開

【第一次】「安全」「安心」「清潔」について考える

	学習活動	指導上の留意点等 〈使用教材〉
導入	①掲示物から，児童それぞれの視点で「おかしい」と感じるところを伝え合う。	〈男女の掲示物〉 掲示物　1（安全・安心ではない男女の制服姿） 　　　　2（不潔な男女の体操服姿）
	めあて　じぶんのからだやこころを 大せつにするほうほうを かんがえよう。	
深める	①安全・安心 ・安全ではない部分をみつけ，対処法を考える。 上ぐつをふんで歩いたらだめって，いつも先生が言ってるよ！	○服装の乱れ・黄色い帽子をかぶっていないこと・けがの放置・靴の履き方等，「危険」を見つけられるようにする。 ○上記の一つ一つを，どのように解決すればよいか，対話の中で具体策を見つけていく。 けがをしたまま，放っておくともっと痛くなるから保健室にいきます

<table>
<tr>
<td rowspan="2">深める</td>
<td>・安心できないときの対処方法を考える。

</td>
<td>○目に見えない心の様子に着目し，不安に気づく視点や，それを「安心」に変える具体策を見つける。
○不安な気持ちになった経験も伝え合う。

</td>
</tr>
<tr>
<td>②清潔
・清潔ではない部分を見つけ，対処法を考える。
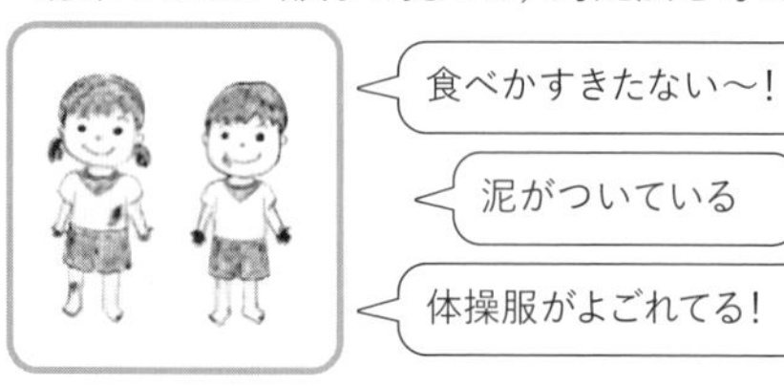
</td>
<td>○見つけやすい外からの汚れだけではなく，汗や排泄物などの体の中から出てくる汚れにも気づくことができるように促す。

</td>
</tr>
<tr>
<td>まとめ</td>
<td>①プライベートゾーンを知り，４つの約束を確認する。
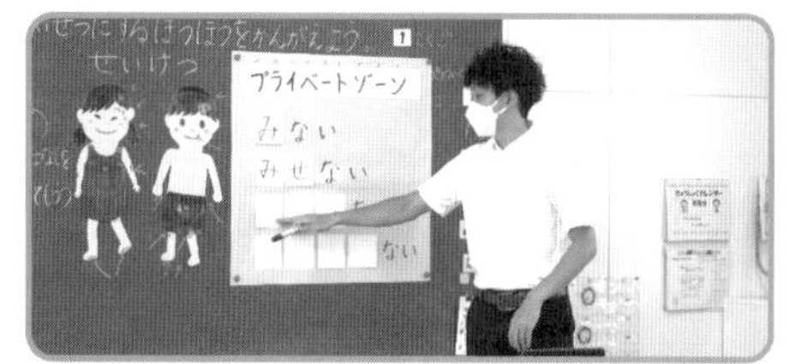

②「安全」「安心」「清潔」について振り返る。</td>
<td>○清潔を保つ方法の一つとして毎日お風呂に入ることを確認する。掲示物の体操服や下着などをとろうとした際の児童の「恥ずかしい」という気持ちの大切さを伝え，なぜ恥ずかしいのかを話し合う。
○ここではプライベートゾーンの場所を簡単に確認する。※水着でかくれる場所

○気持ちよく安心して生活できることのよさや，「恥ずかしい」と思えることの成長を共有する。</td>
</tr>
</table>

【第二次】人と人との適切な距離感について考える

	学習活動	指導上の留意点等 〈使用教材〉
導入	①「安全」「安心」「清潔」の復習をし，プライベートゾーンの４つの約束を振り返る。	○「恥ずかしい」気持ちの大切さやプライベートゾーンの場所を確認する。 ○プライベートゾーンの約束を守るということは，自分の心身を守るということを伝える。
	めあて　じぶんの からだやこころを まもるほうほうを かんがえよう。	
深める	①掲示物（いろんなタッチ）を用い，プライベートゾーンの約束を踏まえた上で，相手との距離感の良し悪しを判断する。（される立場で考える）	○はじめはあえて行為を表示せずに，イラストに出てくる動物が触れている場所や表情などを参考に考えるように促す。
	お友だちが嫌そうにしていたら，やめた方がいいね ママとはよくやるけど～ きつくたたいたらあかんで！ 仲良しだったらいいよね！ ①あたまをなでる　②かたをくむ　③ハイタッチ　④ほほをさわる　⑤なあなあ　⑥てをつなぐ ⑦うでをくむ　⑧キス　⑨おしりをさわる　⑩せいきをさわる　⑪むねをさわる チューは４つの約束をやぶっているよ！ ぜったいにあかん!!!	○「距離感」に視点を置き，プライベートゾーンの約束の確認と同時に，相手の表情や気持ちを考慮して行動することの大切さに気づくようにする。
	②「ケアキットプログラムたしなんver.」を提示し，親しい大人との距離感について考える。	〈パネルシアター〉を活用し，児童との対話をしながら○×クイズ形式で対処法を考えながら進める。
	近所のおっちゃんと，ぼくも手をつなぐことあるよ…でも知らんおっちゃんとやったらこわいな… お兄ちゃんやお姉ちゃん，大人の人だったとしても「いや」って伝えたらいいんだね！ ふつうのおにごっこだったら大丈夫だけど，プライベートゾーンにタッチはあかん！	

	事　例	パネルシアター
1	今日は，幼なじみのお兄さんと同じクラスの男の子が遊びに来てくれました。久しぶりに一緒に遊べてとっても楽しい！　みんなで鬼ごっこをすることになり，お兄さんが鬼になってくれます。「逃げろー！」「まてー！」夢中になって逃げていると……背中にタッチ！　肩にタッチ！　お尻にタッチ！　……あれ？　いいのかな？	女児・男児・お兄さん 

深める

2	「オギャー！　オギャー！」赤ちゃんが泣いています。するとお母さんがすぐにやってきて「よしよしオムツかな～」と抱っこ。赤ちゃんを優しく寝かせてオムツをはずし，性器（プライベートゾーン）をきれいに拭いています。「すっきりしたかな～？」ともう一度抱っこ。赤ちゃんもニコニコ笑顔です。	赤ちゃん・お母さん
3	キーンコーンカーンコーン……「休み時間だ！　一緒に遊ぼう」外遊びが大好きな女の子，よく遊ぶのはかけっこでいつも１番の男の子です。追いかけっこが大好きで，追いかけたり追いかけられたりとっても楽しい休み時間。でも近頃，こんなことをいいながら追いかけてきます。「チューしたろかー？」仲良しだけど，いいのかな？	男児・女児
4	コホンコホン…，学校から帰ってきた女の子，なんだか頭がぼーっとして，ゾクゾク寒気がしています。横になっているとお母さんが帰ってきて病院へ行くことに。お医者さんが「ちょっと胸の音を聞きますねー」と聴診器を胸（プライベートゾーン）にあててくれました。	お医者さん・女児
5	放課後，みんなでドッジボールをして遊んだ帰り，平野川沿いを１人で歩いていると，登校する時にいつもあいさつをしている近所のおじさんが「おう！　お帰り！」と。「学校どうや？」といろいろ話をしながら帰っていると，「かわいいなあ」とぎゅーっとしてきました。びっくりしたけど知ってるおっちゃんやし，いっか……（？）	おじさん・男児
6	いつも忙しくてなかなか一緒に遊べないお父さん。でも今日は，お仕事がお休みで，ずっと一緒にいられます。だからお父さんの膝にのって，好き好き遊び。こちょこちょ遊び！　おもいっきり甘えてみたり，お父さんにもこちょこちょしたりしてとっても楽しい！　うれしいな！　今度は「こちょこちょ～～!!」としてきたお父さんの手が……，あれ？	お父さん・女児

だめ！って先生
いつも言ってるよ！

お母さんやお医者
さんはいいよ！

よく知っている人…
でもだめ！

家族もだめ
なんだ!?

深める	 赤ちゃんを育てるお母さんや病気を診察するお医者さんは，特別です。でも，たとえ家族でもプライベートゾーンを触るなど，よくないタッチをしてはいけません。嫌な気持ちになったとき，どうすればいいのかな??	○どんなに親しい間柄でも，たとえ家族であっても，プライベートゾーンの約束は守ることを確認する。 ○嫌な気持ちになったら，相手に伝えたり，誰かに相談したりすることの大切さを伝える。  友だちとふざけて チューすんのもあかん!
まとめ	①助けてもらえる人や場所がたくさんあることを知る。  田島童園に来てもいいよ〜! わー! こんなにたくさんの人が私たちを守ってくれるんだね! ②「安全」「安心」「清潔」を自分で守ることの大切さと，守られるべき存在であることを確認する。	○困った時に相談する人を想起させ，それが家族以外であってもよいことを確認する。 ○助けてくれる人として，家族以外にも近所の人や友だち，先生など，守ってくれる人がたくさんいることを知る。 ○助けてくれる場所として，交番・子ども110番の家・友だちの家・田島童園などがあることを知る。  子ども110番の家， 近くにあるよ! 助けてくれるんだ〜 ○大切にされる「自分」であることを実感できるように振り返り，まとめる。

2年

みんなむかしは赤ちゃんだった

1．学習目標

⑴ 絵本の読み聞かせや妊婦体験，「いのちのふれあい授業」で妊婦さんや赤ちゃんのお母さんへのインタビュー，赤ちゃんとのふれあいを通し，赤ちゃんという存在を理解する。

⑵ 赤ちゃんが生きるために必要なことを客観的に捉え，自分自身もたくさんの大人に育まれてきたことを理解する。

2．教科　生活科

3．使用教材　黒板掲示（赤ちゃん発達カード）／絵本教材　長谷川義史 2006『おへそのあな』BL出版／生活科「あしたへジャンプ」／モニター自主教材「赤ちゃんってどこからくるの？」「赤ちゃん　ふしぎ発見！」

（参考資料：牧田栄子 2014『もっと知りたい！赤ちゃんのこと』（1～3）岩崎書店／デズモンド・モリス（著），日高敏隆，今福道夫（訳）2009『赤ちゃんの心と体の図鑑』柊風舎／産経新聞「新・赤ちゃん学」取材班 2006『赤ちゃん学を知っていますか？――ここまできた新常識』新潮社／玉川大学赤ちゃんラボ 2014『なるほど！　赤ちゃん学――ここまでわかった赤ちゃんの不思議』新潮社／渋谷昌三 1990『人と人との快適距離パーソナル・スペースとは何か』日本放送出版協会／鈴木まもる 2000『みんなあかちゃんだった』，同2008『どうぶつのあかちゃんうまれた』小峰書店）

4．指導計画〈全4時間〉

第一次	《人との距離感って？　ちょうどよいきょり》 ○自分と他者との快適な距離を知る。 ○人によってパーソナル・スペース（他者の侵入を不快に感じる個人的な空間）が違うことを知り，相手との程よいコミュニケーションがとりやすい距離を確かめる。 ○自分と対する相手によって，パーソナル・スペースが違うことを話し合い，人は無意識にとっている距離があることを知り，快適と感じる距離・不快と感じる距離について確かめる。 ○赤ちゃんとお母さんとの距離について知る。	1時間
第二次	《赤ちゃんってどこからくるの？　おなかの中の赤ちゃんの成長》 ○赤ちゃんはどこからくるのかを，絵本の読み聞かせや妊婦体験を通して知る。 ○胎児の様子を画像で見て，受精卵から胎児の成長を知る。 《赤ちゃん先生プロジェクト：生野区生きるチカラまなびサポート事業》 ○実際に赤ちゃんや妊婦さんとふれあい，抱っこの仕方や声のかけ方等，体験を通して学ぶ。 ○赤ちゃんのお母さんから，生まれたばかりの赤ちゃんの手足の大きさやできるようになったことを教えてもらい，赤ちゃんの成長を感じる。	2時間

第三次	《生まれてから１歳になるまでの成長》 ○動物の赤ちゃんの成長を知った上で，人間の赤ちゃん発達カードを用いて，０カ月～１歳まで，どのように成長していくのかを考える。 ○赤ちゃんが生きていくために必要な行動を考え，いろいろな人とのふれあいによって心と体が成長していくことを知る。（ボウルビィの愛着理論〈アタッチメント理論〉）	１時間

5．指導にあたって

２年生では，自己の存在を認識し，自分を大切に思える学習のスタートとしてこの取り組みを位置付け，「赤ちゃんについて考える」授業展開をしていく。本校には，家庭背景が複雑であったり，乳児院で育ち，記憶の中に親子関係がなかったりする児童もいるため，まずは客観的に「赤ちゃん」という存在を知ることから始めていくようにする。

さらに，子どもの愛着（アタッチメント）の発達とパーソナル・スペースの形成が大きく関係するということに注目し，母親との距離が０cmの胎児について学ぶ前に，他者とのコミュニケーションの基本である「一般的なパーソナル・スペース」を学び，無意識のうちに作られている「自己のパーソナル・スペース」との相違を確認する。2，３歳頃までの乳幼児は，特に保護者や特定の大人と密接した関係性を求め，それ以降は，少しずつ大人と離れても安心して過ごせるようになることで，自己のパーソナル・スペースを形成していくという。したがって，幼いころの愛着形成が難しい場合やさまざまな要因で母子分離がうまくできていない場合には，自分にとっての快適なパーソナル・スペースがわかりづらく，コミュニケーションの相手によるパーソナル・スペースの使い分けが難しいことが多いといわれている。年々，母子関係による愛着形成が難しい幼少期を得た子どもたちが増えてきている中，自己の寂しさを埋めるために，他人と密接した関係を求めがちな思春期を迎えるまでに，こういった一般的な対人スペースを学ばせておきたい。

第一次では，まずは自分と人との安心できる距離を確かめ合い，人によって安心できる距離感が違うことを共有する。そして，その違いを知った上で，「安心してコミュニケーションがとれる距離」についてみんなで話し合いながら確かめる。次に，さまざまな相手とのパーソナル・スペース（他者の侵入を不快に感じる個人的な空間）をグループで話し合い，１年生時に学習した「プライベートゾーン」を守るための距離を確かめることで，適切なパーソナル・スペースを実感させる。そして，赤ちゃんにとって必要な距離と，自分たちが成長していく中で生まれてくる他者との距離の必要性の違いについて考え，今の自分の成長を振り返るきっかけとする。

第二次では，絵本教材『おへそのあな』の読み聞かせや，胎児の成長の様子をスライドで紹介することで，赤ちゃんがお母さんのおなかの中で約10カ月もの間守られ，育っていくことを知る。さらに，3000グラムの砂を入れたリュックサックを妊婦スーツとして代用し，リュックサックを体の前面で背負うことで，妊婦さんのおなかの重さを感じ，母親の視点でおなかの中の赤ちゃんの様子や妊婦さんの状態を想像する。

次に，実際に赤ちゃんとそのお母さんとのふれあう体験に移る。コロナ禍に至るまでは「いのちのわ　あべの」という助産師さんたちのグループのご協力で，胎児の様子やその成長を教えていただき，地域にお住いの妊婦さんや赤ちゃんと実際にふれあう体験をおこなってきた。2023年度からは，生野区の生きるチカラまなびサポート事業のご協力を得て，「ママの働き方応援隊大阪中央校」が取り組まれている「赤ちゃん先生プロジェクト」に参加させていただいた。本物の赤ちゃんとの出会いは，赤ちゃんの重さや動き，「あたたかさ」や「やわらかさ」を直接感じることができ，子どもたちにさまざまな感情を抱かせる。今，自分がここにいる奇跡や命の尊さを感じ取り，子どもたちはその感動を素直に表現するようになる。愛着に課題のある児童にとっては，赤ちゃんを不思議な生き物として近寄りがたく感じてしまうケースがあるので，その際には，怖がらなくてもよいことを伝え，指導者と一緒に赤ちゃんにふれるなど，特別な配慮を予測した上で，赤ちゃんに少しでも慣れる機会とする。やがて大人になり，自分が親の立場になった時に，赤ちゃんの存在を肯定的に受け入れることができるよう，幼いころから赤ちゃん親子とふれあえる時間を設けることの意義は大きい。さらに，コロナ禍で赤ちゃんとのふれあいができなかった2年前から，妊婦体験の授業を学習参観にあて，参加された保護者に妊娠時の様子をインタビューしたり，子どもたちが赤ちゃんの頃の様子を話していただいたりするようにしてきた。ちょっとした保護者と子どもたちとのあたたかい交流の時間となっている。

第三次では，動物の赤ちゃんの成長の早さと人間の赤ちゃんの成長の早さの違いを知り，体や心を育てる時間の必要性を学んでいく。さらに，「赤ちゃんの発達カード」を使って，産まれてから1年間の成長・発達の順番を考え，自分の経験や想像を手がかりとしながらグループでカードを並べ変えていく。その際，弟妹がいる児童や赤ちゃんが身近にいる児童がお互いの考えを伝え合い，赤ちゃんをより身近なものとして捉えることができるようにしたい。最後に，生まれたばかりの赤ちゃんができる行動について考え，これまでの成長には何が必要であったかを確認する。そして，そこには自分を「生んでくれた人」だけでなく，「お世話」をしてくれた人の存在を知り，人間の赤ちゃんは1人では生きていけないことに着目していく。「誰かを呼び寄せるために泣き」，「誰かをそこに足止めさせるために微笑む」といった行動で，赤ちゃんは本能的に保護者や周りの大人と自分の距離を近づけさせる。このことから，今，生きているということは，自分自身もいろいろな人に「お世話」され，いろいろな人に抱っこをしてもらい，大切に守られてきた存在だと感じることができるようにする。

赤ちゃんを切り口に，自分の成長と命のつながりやあたたかさを感じた経験が，4年生で取り組むライフストーリーワークの実践へと緩やかにつながってほしいと願う。

（ジョン・ボウルビィの愛着理論による「抱っこと命の関係性」，渋谷 1990『人と人との快適距離』参照）

6．授業展開

【第一次】人との距離感って？

	学習活動	指導上の留意点等 〈使用教材〉
導入	①自分と誰かのさまざまな場面での「距離」について話し合う。 こちょこちょされてケンカになったことがあるよ おしゃべりする時は，距離が近い方が安心するな 着替える時，近くに来るのは嫌やな～	○さまざまなパターンを振り返ってほしいので，あえて「ともだち」「おうちの人」など相手を限定しないようにする。 顔を近づけて話しかけられると困るなあ
	めあて　話しやすい「きょり」をしらべよう。	

深める

①自分にとって「ちょうどよいきょり」を調べる。

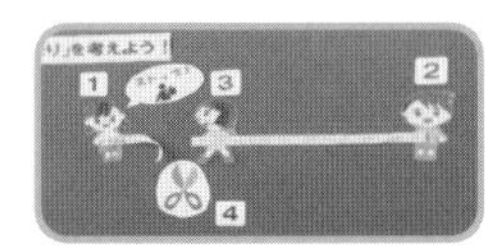

②・グループ活動

・全体交流

⇒極端に距離が違う児童同士でも，お互いの距離感を認め合うことで，程よい距離を考えることができるようにする。

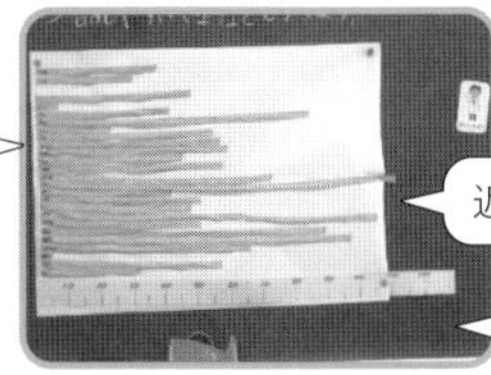

③いろいろな人との「安心できるきょり」を考える。

・おうちの人
・仲の良い友だち
・近所の人
・知らない大人
・お医者さん

エドワード・T・ホールの「パーソナル・スペース」について

●家族・恋人などごく親しい人に許される最も近い距離で，相手の身体に触れることができる。
密接距離――近接相：0～15cm
――遠方相：～45cm

●親しい友人・家族・恋人などと普通に会話できる距離で，相手の表情が読み取れたり，指先がふれあえたりする。
個体距離――近接相：～75cm
――遠方相：～120cm

●知らない相手やビジネス関係などで相手と会話する距離で，相手の身体に手で触れることができない。
社会距離――近接相：～2.0m
――遠方相：～3.5m

●複数の相手が見渡せる距離で，講演会での講演者と聴衆，または，一般人と社会的な要職・地位にある人との距離など。
公共距離――近接相：～7.0m

上記の資料を参考にした「適切なきょり」を全体で確認する。

○正面から近づいてきた人に，自分が話しやすい位置でストップをかけて，その距離を確かめる。

○全員の「ちょうどよい距離」のリボンを黒板に貼り，人によってその距離が違うことを確かめる。

○それぞれのちょうどよい「きょり」が，バラバラであるということを視覚的に確認し，「クラスのみんなが安心できるきょり」を話し合う。（クラスのルール作り）

○文化人類学者のエドワード・T・ホール氏が提唱しているパーソナル・スペースについて，一般論として紹介する。

○「パーソナル・スペース」
リボンをグループに配り，距離の目安にできるようにする。

・赤リボン　15cm
・ピンクリボン45cm
・黄緑リボン　75cm
・水色リボン　120cm
・緑リボン　2.0m
（白リボン 3.5mは，配らない）

深める		○１年時に学習した，「たしなんケアキットプログラム」を思い出し，自身の身を守る方法を考えることができるようにする。
まとめ	①距離ゼロ（おなかの中の赤ちゃん）について想起し，次時の学習の予告とする。 ○大人と離れていても安心して過ごし，人との「きょり」を考えながら生活できていることは，自分の成長であるということに気づかせ，共有する。	○赤ちゃん ・おなかの中　0㎝ ・養育者から　～15㎝ ○今の自分 ・おうちの人と話すとき　45～75㎝くらい

【第二次】赤ちゃんってどこからくるの？

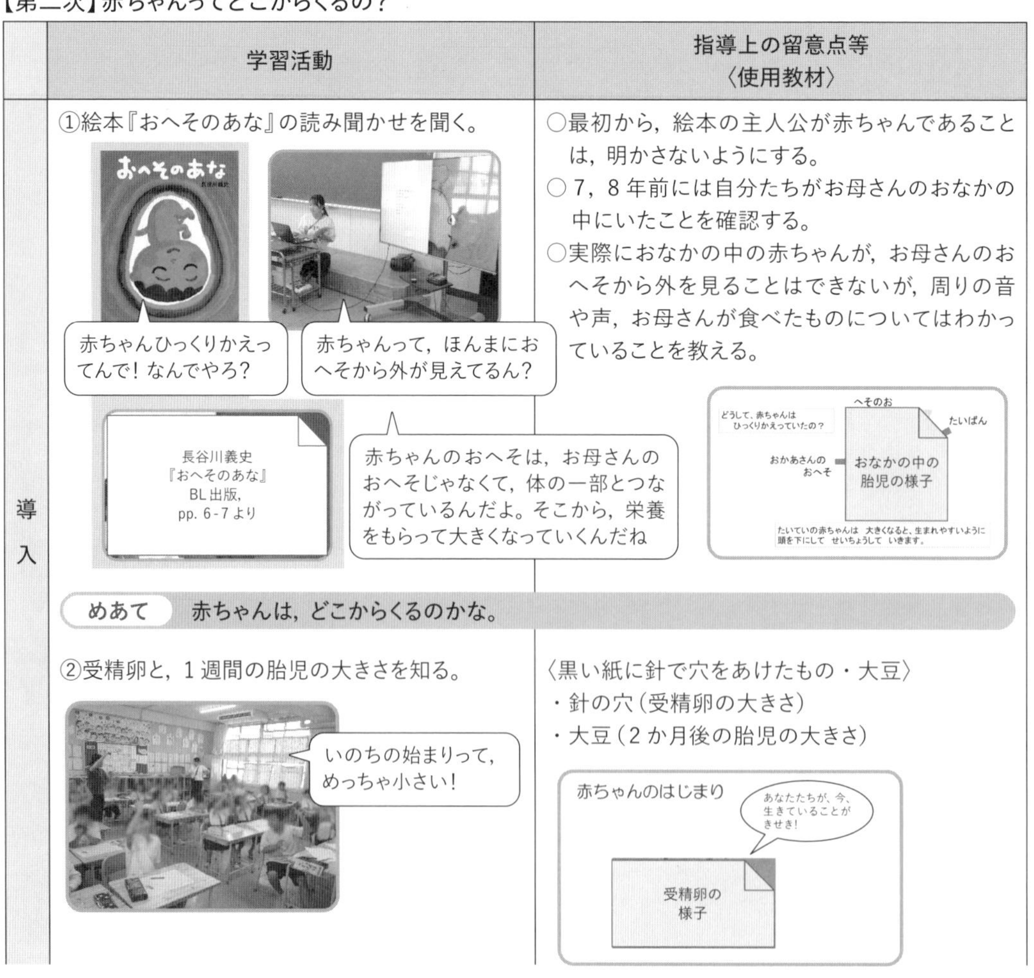

	学習活動	指導上の留意点等 〈使用教材〉
導入	①絵本『おへそのあな』の読み聞かせを聞く。 おへそのあな 赤ちゃんひっくりかえってんで！なんでやろ？ 赤ちゃんって，ほんまにおへそから外が見えてるん？ 長谷川義史『おへそのあな』BL出版，pp. 6-7 より 赤ちゃんのおへそは，お母さんのおへそじゃなくて，体の一部とつながっているんだよ。そこから，栄養をもらって大きくなっていくんだね	○最初から，絵本の主人公が赤ちゃんであることは，明かさないようにする。 ○７，８年前には自分たちがお母さんのおなかの中にいたことを確認する。 ○実際におなかの中の赤ちゃんが，お母さんのおへそから外を見ることはできないが，周りの音や声，お母さんが食べたものについてはわかっていることを教える。 どうして、赤ちゃんは　ひっくりかえっていたの？ へそのお たいばん おかあさんの　おへそ おなかの中の胎児の様子 たいていの赤ちゃんは　大きくなると、生まれやすいように頭を下にして　せいちょうして　いきます。
	めあて　赤ちゃんは，どこからくるのかな。	
	②受精卵と，１週間の胎児の大きさを知る。 いのちの始まりって，めっちゃ小さい！	〈黒い紙に針で穴をあけたもの・大豆〉 ・針の穴（受精卵の大きさ） ・大豆（２か月後の胎児の大きさ） 赤ちゃんのはじまり あなたたちが、今、生きていることがきせき！ 受精卵の様子

導入

③スライドを通じて，胎児の成長の様子を知る。

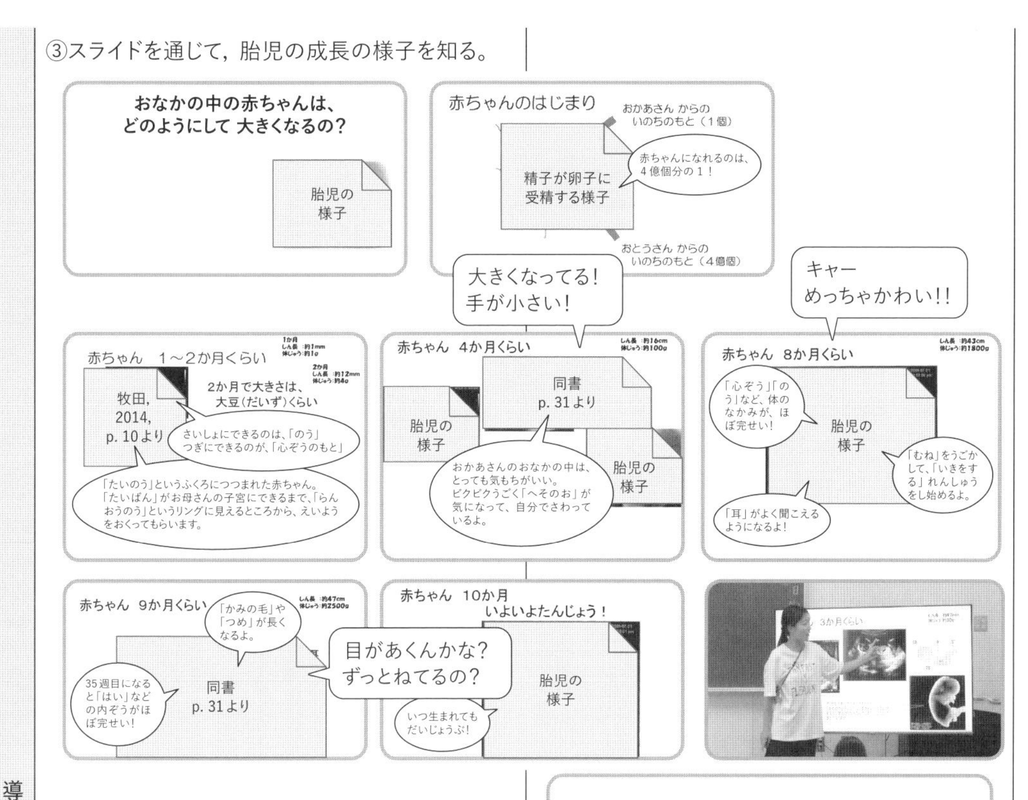

④赤ちゃんの生まれる直前の心音や産声を聞く。

⑤妊婦体験をする。

「はりのあな」くらいの大きさだった赤ちゃんのタネが、
おかあさんのおなかの中で、ゆっくりとそだっていきます。
外に出て、生きていくために、いろんな れんしゅうを しながら、
ゆっくりとそだっていきます。
おかあさんのおなかの中で、赤ちゃんはどんなことを考えているのかな？
あなたたちは、どんなことを感じながら生まれてきたのかな？

○妹や弟がおなかの中にいる時を知っている児童がいれば，その時のお母さんや家族の様子を思い出せるようにする。

○妊婦スーツを付けて，重さや生活の困難さ（靴下を履きなおす，しゃがむなど）を体験できるようにする。

○妊婦スーツの数をそろえるため，腰で固定できるリュックサックに約 3 kgの砂を入れた袋を入れて代用する。24人学級で 6 セット用意。

	学習活動	指導上の留意点
導入	⑥赤ちゃんの抱っこ体験をする。 ⑦振り返りの感想を書き，発表する。	○赤ちゃんの抱っこの仕方を教えるときに，首が座っていない赤ちゃん人形であることを伝える。 ＊首と頭に手を添えること。 ＊やさしくそっと「だっこ」すること。 ○保護者の方にも抱っこ体験をしてもらう。
深める	生野区生きるチカラまなびサポート事業　ママの働き方応援隊中央校 「赤ちゃん先生プロジェクト」 ①妊娠，出産のおはなし ②赤ちゃん親子の登場・自己紹介 ③グループに分かれて，お母さんから赤ちゃんの様子を教えてもらう。 ④赤ちゃんや妊婦さんとふれあう。	○赤ちゃんが生まれた時の手形や足形 おなかにいる時のエコー写真 赤ちゃん親子の１日の過ごし方 ボール投げ 好きな色など
まとめ	①最後に ②お礼のお手紙とアンケートを書こう。	

【第三次】生まれてから1歳になるまで

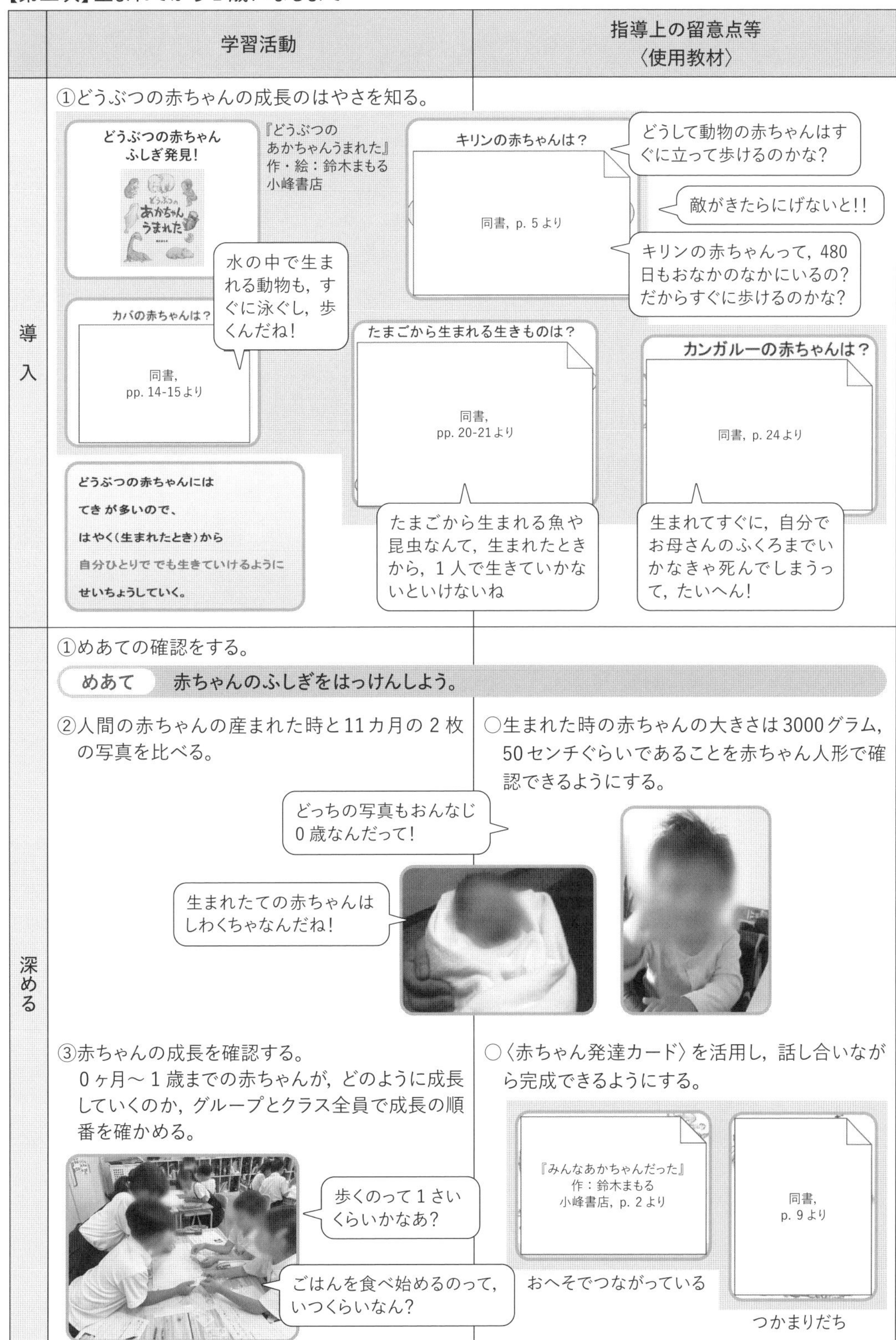

	学習活動	指導上の留意点等〈使用教材〉
導入	①どうぶつの赤ちゃんの成長のはやさを知る。	
深める	①めあての確認をする。 めあて　赤ちゃんのふしぎをはっけんしよう。	
	②人間の赤ちゃんの産まれた時と11カ月の2枚の写真を比べる。	○生まれた時の赤ちゃんの大きさは3000グラム，50センチぐらいであることを赤ちゃん人形で確認できるようにする。
	③赤ちゃんの成長を確認する。 0ヶ月〜1歳までの赤ちゃんが，どのように成長していくのか，グループとクラス全員で成長の順番を確かめる。	○〈赤ちゃん発達カード〉を活用し，話し合いながら完成できるようにする。

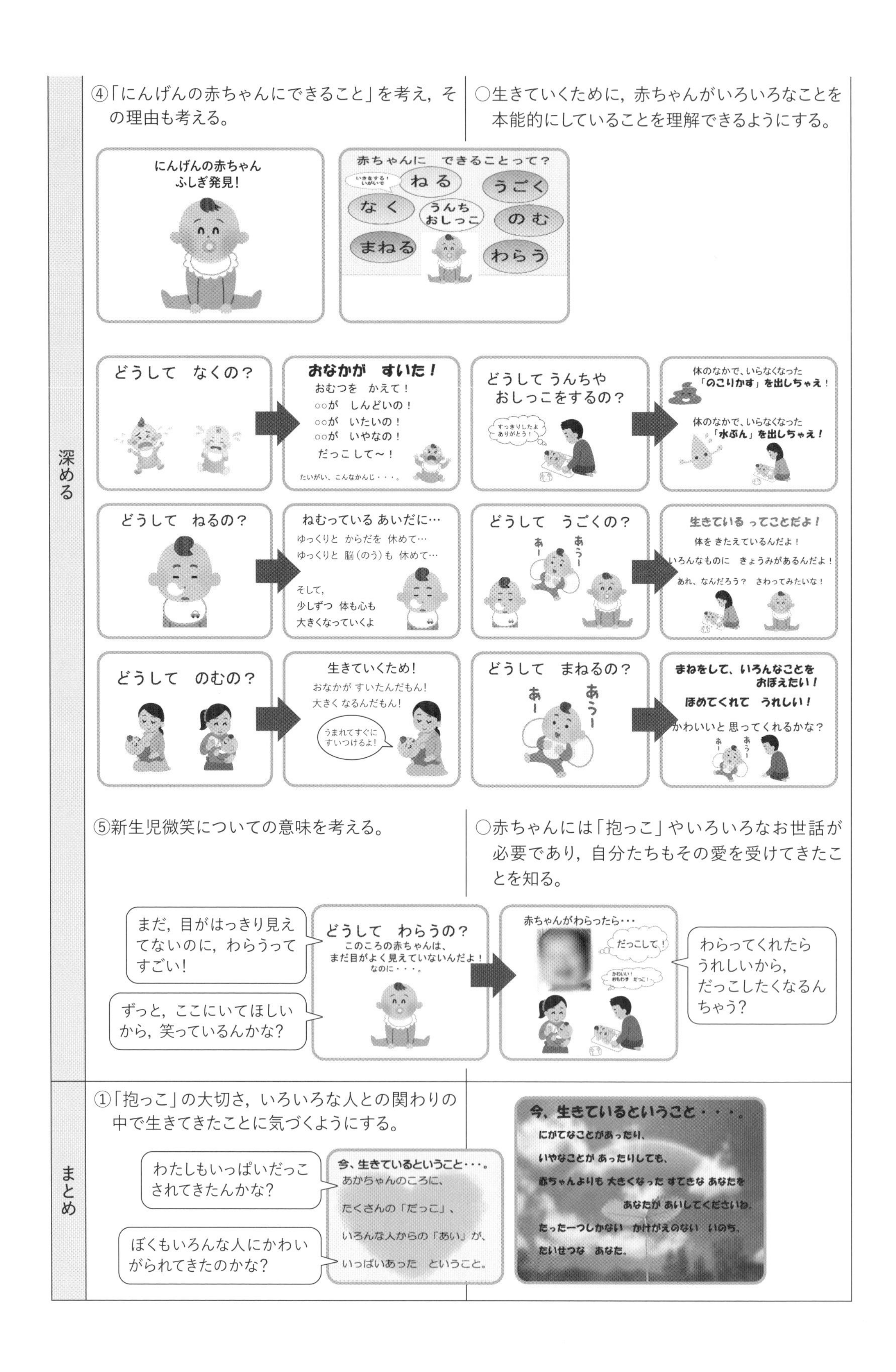

深める

④「にんげんの赤ちゃんにできること」を考え，その理由も考える。

○生きていくために，赤ちゃんがいろいろなことを本能的にしていることを理解できるようにする。

⑤新生児微笑についての意味を考える。

○赤ちゃんには「抱っこ」やいろいろなお世話が必要であり，自分たちもその愛を受けてきたことを知る。

まとめ

①「抱っこ」の大切さ，いろいろな人との関わりの中で生きてきたことに気づくようにする。

3年

子どもの権利条約って知ってる？

1．学習目標

(1)「子どもの権利条約」について知り，「生きる権利」「育つ権利」「守られる権利」「参加する権利」の4つの柱への理解を深める。
(2) 自分にとって大切だと思う権利を選び，友だちと意見交流することで価値観の相違に気づき，さらに自分自身と向き合うことができるようにする。
(3) 子どもの権利が守られている・守られていないケースについて，判断できるようになる。

2．教科等　総合的な学習の時間

3．使用教材　黒板掲示（子どもの権利条約カード）／子どもの権利条約ハンドブック（田島南小編集）／子どもの権利条約カード（作業用）／東菜奈構成・訳 2018『みんなたいせつ 世界人権宣言の絵本』岩崎書店／ローズマリー・マカーニー文，西田佳子訳 2017『すごいね！みんなの通学路』西村書店

（参考資料：日本ユニセフ協会「子どもの権利条約カードブック」「開発のための教育」／木附千晶（著），福田雅章（監修）2016『子どもの権利条約ハンドブック』自由国民社／テレビ朝日ニュースステーション（編）1994『こどもの権利条約』テレビ朝日ニュースステーション制作／シェーヌ出版社（編），遠藤ゆかり（訳）2018『ビジュアル版　子どもの権利宣言』創元社／日本ユニセフ協会 2018『知っていますか？SDGs　ユニセフとめざす 2030年のゴール』さ・え・ら書房／田沼武能 2004『学校に行けないはたらく子どもたち①②』汐文社）

4．指導計画〈全8時間〉

第一次	《「子どもの権利条約」とは?》 ○「権利」とは何か?　義務とは何か? 　世界中の子どもたちが，安全に自由に生きていくために守られている権利があることを知る。 ○「子どもの権利条約」が作られた歴史的背景やその意味，一つ一つの権利の内容を知る。	3時間
	《「子どもの権利条約」をもっと知ろう!》 ○自分たちで友だちと相談しながら，40条の権利を「生きる権利」「育つ権利」「守られる権利」「参加する権利」の4つの柱に分類していく。	
	《世界の子どもたちに会いに行こう ～「学校に行ける子どもたち」と「学校に行けない子どもたち」》 ○絵本『すごいね!みんなの通学路』『みんなたいせつ』を紹介し，世界の子どもたちの様子を知る。 ○「児童労働」「難民」「子ども兵士」「少数民族・先住民」など，子どもの権利条約に出てくる言葉から分かりにくいものを写真などのさまざまな資料のスライドから学ぶ。 ○世界の国々や地域によっては，子どもの権利を守ることができない社会情勢や，日々の生活の中で守られていないケースがあり，そのためにこの権利が必要であることを知る。	

<table>
<tr><td rowspan="2">第二次</td><td>《「大人（18歳以上）」と「子ども」の違いを考えよう》
○大人（18歳以上）にできること，子どもにできることを話し合う。
○クイズ「大人だけ？　子どもだけ？　どっちがどっち?」のカードを使って，グループのみんなで「大人だけにできること，子どもだけにできること，どちらともいえない」の３種類に分類する。
○18歳になったらとれる資格やできるようになることをスライドから学ぶ。</td><td rowspan="2">2時間</td></tr>
<tr><td>《あなたにとって大切な権利とは?》
○10個の権利の中から，自分にとって大切だと思う権利をグループで話し合いながらランキングし，友だちと自分の意見を比べながら，価値観や考え方の違いを確かめ合う。</td></tr>
<tr><td>第三次</td><td>《子どもの権利が守られている・守られていないケースって?》
○世界の子どもや自分自身にとって「子どもの権利」が守られているのか，６つの事例についてグループで話し合いながら確かめる。
○自分たちが今，生きているということは，どんな権利で守られているのかを考える。</td><td>1時間</td></tr>
<tr><td>第四次</td><td>《子どもの権利が守られていないお悩み相談室》
○自分自身や身近な日常生活の中で，「子どもの権利」が守られていないケースについて振り返り，守られていないケースの身近な問題を「お悩み相談室」への相談のお手紙という形で書き表す。
○子どもの権利が守られていない事例について，３年生なりに自分たちが今，できることを考え，もしも子どもたちで解決できない場合には，どのようにすればよいのか一般的な方法をいくつか提示し，専門諸機関の存在についても学ぶ。</td><td>2時間</td></tr>
</table>

5．指導にあたって

３年生では，「子ども」という存在に着目し，子どもは「生まれたときから，ひとりの人間」として認められるべきものであること，そして，幸せにくらしていくためにさまざまな権利で守られているということを学習し，自分自身や生活環境を振り返る取り組みを設定した。40条からなる「子どもの権利条約」では，「18歳までの人が子どもである」という子どもの定義から始まり，さまざまな権利が述べられている。最終的には，それらの権利の内容をくわしく知り，学ぶことで，権利が守られている・守られていない状況を自分なりに判断ができるようになってほしいと考えた。

本校には，自分に自信がなく，幼い頃から叱られる体験が多かったために自尊感情が極端に低い児童，児童養護施設で肉親と離れて生活をしている児童，過去に親からの虐待を受け，心に傷を負っている児童がたくさんいる。そういった児童にこそ，「子どもは守られるべき存在である」という言葉を知ることで，「どんな状況においても，子どもは我慢をしなければならないという認識は，間違ったものである」と捉えることができるようにしていきたい。さらに，保護者へもさり気なく啓発をおこない，親や大人には「第３条　子どもにとって最高の幸せを与える義務がある」ということを知ってほしいと思う。

最初に，40条の子どもの権利条約が「いつ，なぜ，何のために」作られたのか，どのような権利があるのだろうか？ ということを学ぶ。その際に，いつでも自分で権利の内容を読み込めるように，個人用のハンドブックを配付しておく。次に，日本で暮らしている子どもたちには身近に必要と感じられない権利について説明するため，世界の子どもたちの様子を絵本やスライドを使って学習する。学校に行くために崖を上り，ワイヤーの橋を渡っていく子どもたち。学校には机や水がないため，それらを抱えて登校する子どもたちなど。毎朝，ランドセルを背負って歩いて登校する自分たちの生活と比べ，同じ教育を受ける権利があっても，その権利を使うための道のりは大きく違う。そして，３年生という発達段階を踏まえながら，児童労働や難民キャンプ，子ども兵士の問題，先住民や少数民族への差別などの事実も説明し，世界の子どもたちの過酷な状況にもふれていく。これから学年が上がるにつれて深めていく，国際理解教育や平和教育などの人権教育へのアプローチとして捉えている。

次に，「お子様ランチを食べられるのは？　大人だけ？　子どもだけ？　どっちも？」から始まり，「あまりにも悪い罪を犯した場合，死刑になることがあるのは？」「犯罪をおかしたときに，メディアに名前や写真がのせられるのは？」などのクイズに答えていくことで，子どもである「今」を考えていく。その中で，「子どもの権利条約」が子どもの未来を考えて「罪を犯してしまっても，立ち直ることを信じて作られたものである」ということを知り，18歳になったらこんなことができるのだと，未来に向けて夢を膨らませてほしい。さらに，子どもたちが大切に思う権利10か条からランキングを行い，グループで話し合いながら自分にとって一番大切な権利を見つけていく。

最後に，自分たちの身近な日常生活の中で，「子どもの権利は守られているのだろうか」という点について考える。もしも「守られていないケース」に気づいた場合，今の自分自身にできること，まわりの友だちとしてできることを話し合い，自分たちで解決できないときにはどのようにすればよいのかを学ぶ。この学習を終えて，子どもたちが権利だけを主張するのではなく，自分自身にできることはがんばってみるという責任を果たすこと，自分の言動がほかの子どもたちの権利を侵していないか振り返ることも学ばなければならない。その上で，子どもたちがもう一度自分自身の生活を見つめ直し，今の自分を大切に思える学習になってほしいと考える。そして，やがて自分たちが大人になった時に，子どもという存在を大事に思い，「子どもにとって，一番良いことは何か」を考えられる大人になってほしいと願っている。

6．授業展開

【第一次】「子どもの権利条約」とは？

	学習活動	指導上の留意点等 〈使用教材〉
出会う	1時 ①「子どもの権利」の権利という言葉について考える。 ・権利とは？ ●自分がやりたいことが「できること」。 ●自分がやりたくないことは，「やらなくてもよいこと」。 ●他の人に「やってもらいたいと言えること」。	○権利という言葉について聞いたことがあるか全体で話し合い，どういった意味をもっているのか知るようにする。 ～する権利があるって聞いたことある！ 権利ってきいたことあるけど，意味は知らんわ
	めあて　「子どもの権利条約」を知ろう。	
	②子どもの権利条約が作られた歴史的背景を学ぶ。 ・世界人権宣言・ユニセフについて ・196カ国が批准 ・1994年，158番目に日本は批准	○平和学習とも関連づけるようにする。 出典：日本ユニセフ協会発行 「ユニセフとえがおのひみつ」より

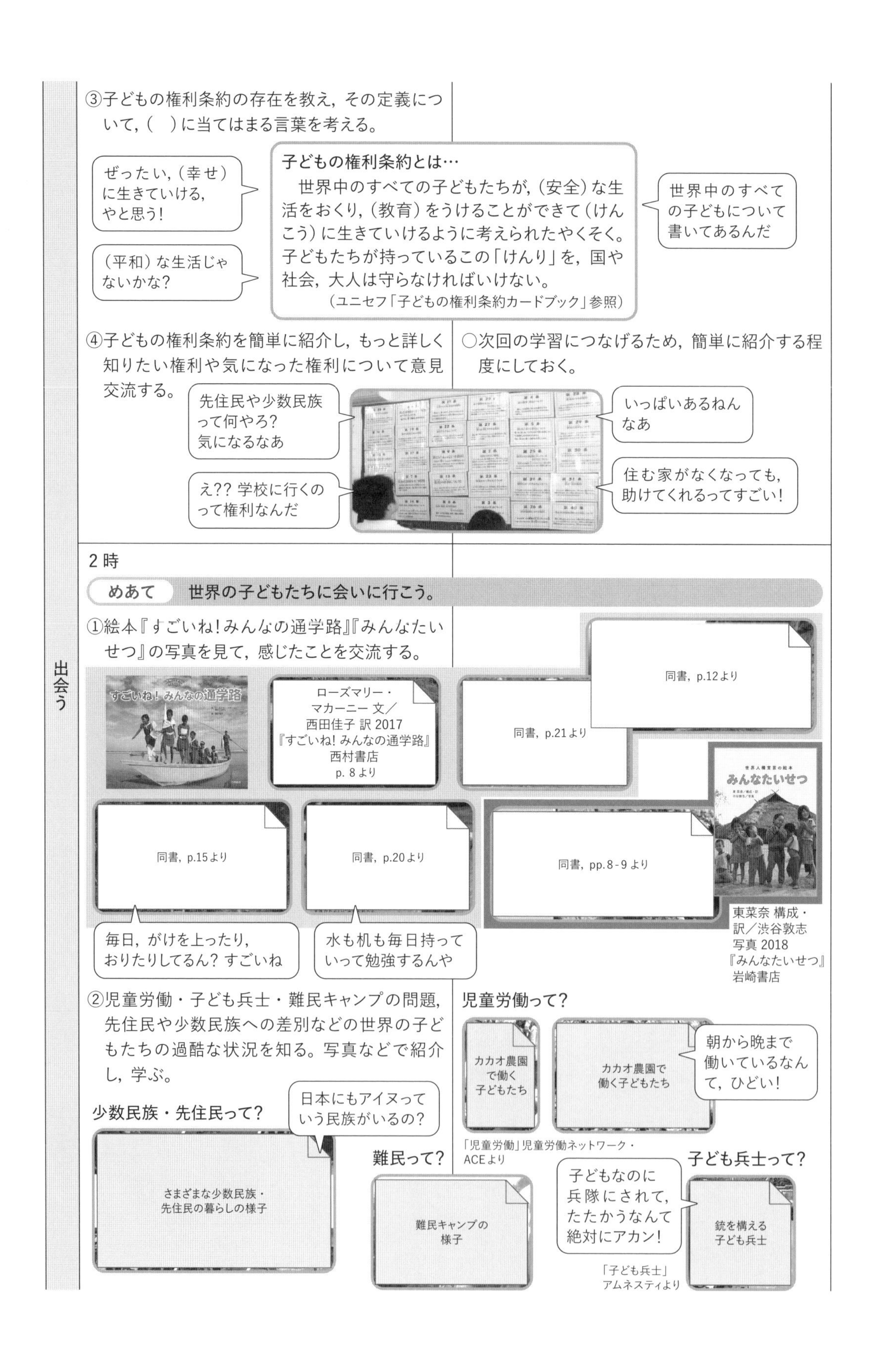

出会う

③子どもの権利条約の存在を教え，その定義について，(　)に当てはまる言葉を考える。

ぜったい，(幸せ)に生きていける，やと思う!

(平和)な生活じゃないかな?

子どもの権利条約とは…

世界中のすべての子どもたちが，(安全)な生活をおくり，(教育)をうけることができて(けんこう)に生きていけるように考えられたやくそく。子どもたちが持っているこの「けんり」を，国や社会，大人は守らなければいけない。

(ユニセフ「子どもの権利条約カードブック」参照)

世界中のすべての子どもについて書いてあるんだ

④子どもの権利条約を簡単に紹介し，もっと詳しく知りたい権利や気になった権利について意見交流する。

○次回の学習につなげるため，簡単に紹介する程度にしておく。

先住民や少数民族って何やろ? 気になるなあ

え?? 学校に行くのって権利なんだ

いっぱいあるねんなあ

住む家がなくなっても，助けてくれるってすごい!

2時

めあて　世界の子どもたちに会いに行こう。

①絵本『すごいね! みんなの通学路』『みんなたいせつ』の写真を見て，感じたことを交流する。

すごいね! みんなの通学路

ローズマリー・マカーニー 文／西田佳子 訳 2017『すごいね! みんなの通学路』西村書店 p. 8より

同書，p.21より

同書，p.12より

同書，p.15より

同書，p.20より

同書，pp.8-9より

みんなたいせつ

東菜奈 構成・訳／渋谷敦志 写真 2018『みんなたいせつ』岩崎書店

毎日，がけを上ったり，おりたりしてるん? すごいね

水も机も毎日持っていって勉強するんや

②児童労働・子ども兵士・難民キャンプの問題，先住民や少数民族への差別などの世界の子どもたちの過酷な状況を知る。写真などで紹介し，学ぶ。

児童労働って?

カカオ農園で働く子どもたち

カカオ農園で働く子どもたち

朝から晩まで働いているなんて，ひどい!

「児童労働」児童労働ネットワーク・ACEより

少数民族・先住民って?

日本にもアイヌっていう民族がいるの?

さまざまな少数民族・先住民の暮らしの様子

難民って?

難民キャンプの様子

子ども兵士って?

子どもなのに兵隊にされて，たたかうなんて絶対にアカン!

銃を構える子ども兵士

「子ども兵士」アムネスティより

出会う	3時 ①「ユニセフの4つの柱」を提示し，40条をできるかぎり可能な範囲で分類することで，権利の内容を読み込む。	○はっきりとした答えがないので，子どもたちの意見を尊重しながらグループ分けを行うようにする。 (例) 「生きる権利」　⑥㉔㉕㉖㉗ 「育つ権利」　⑥⑦⑬⑭⑰㉘㉙㉛ 「守られる権利」　②⑤⑧⑨⑩⑪⑯⑱⑲⑳㉑㉒㉓㉚㉜㉝㉞㉟㊱㊲㊳㊴㊵ 「参加する権利」　⑫⑮ ○今の自分の生活に直接関わる権利と，そうでない権利があることに気づくようにする。

これって，育つ権利やとおもうんやけど？

いやいや，生きる権利になるんちゃう？

子どもの権利条約1～40条

①子どもの定義	②差別の禁止	③子どもにとって最高の幸せを	④国の義務について	⑤親の指導について
⑥生きる・育つ権利	⑦名前・国籍をもつ権利	⑧名前・国籍・家族関係を守る権利	⑨親と引き離されない権利	⑩他国の親と会える権利
⑪よその国に連れ去られない権利	⑫自分の意見を表す権利	⑬表現の自由	⑭思想・良心・宗教の自由	⑮結社・集会の自由
⑯プライバシー・名誉が守られる権利	⑰適切な情報を得る権利	⑱責任は親にある権利	⑲虐待・放任から守られる権利	⑳家庭を奪われた子どもの保護
㉑養子縁組について	㉒難民の子どもが守られる権利	㉓障がいのある子どもが守られる権利	㉔健康・医療が守られる権利	㉕病院などの施設に入っている子について
㉖社会保障がされる権利	㉗生活水準が確保される権利	㉘教育を受ける権利	㉙教育の目的	㉚少数民族・先住民の子どもについて
㉛休み・遊ぶ権利	㉜搾取・労働から守られる権利	㉝麻薬・覚せい剤から守られる権利	㉞性的搾取されない権利	㉟誘拐・売買されない権利
㊱あらゆる搾取から守られる権利	㊲ごうもん・死刑から守られる権利	㊳戦争からの保護について	㊴犠牲になった子どもについて	㊵司法

親と暮らせなくなっても，助けてくれるところがちゃんとあるんや！

童園って，子どもを守ってくれるとこやったんや！

勉強するって，義務やと思ってた！

休み・遊ぶ権利って，大事やんな！

よその国に連れ去られる子どもがいるっていうこと??

自分の意見を言うことに権利があるってどういうこと？

子どもにとっての最高の幸せを考えてくれてるんだ…

まとめ	①今日の学習を振り返る。 ・特に4つの柱については，内容をもう一度確認し，次時の学習につなげるようにする。	○今の日本では，すべての権利が守られているのか考えるように促し，次時の学習の予告をする。

【第二次】自分にとって大切な権利って？

	学習活動	指導上の留意点等 〈使用教材〉

深める

めあて 大人だけにできること，子どもだけにできることについて考えよう。

①「子どもだけにできること」を考える。

- ・学校で勉強ができる。
- ・あまえられる。
- ・おんぶやだっこがしてもらえる。
- ・大人に守ってもらえる。
- ・おこづかいがもらえる。など

②「大人（18歳以上）だけにできること」を考える。

- ・車を運転できる。
- ・結婚できる。
- ・自分で好きな所に行ける。
- ・１人で料理ができる。など

③「大人（18歳以上）だけ？　子どもだけ？　どっちがどっち？」クイズの内容を「大人だけができる」「子どもだけができる」「どちらもできる（どちらともいえない）」の３つに分類する。

大人だけ？
子どもだけ？
どっち が どっち？

お子様ランチが食べられる！

これらのカードには、
① 大人（１８さい以上）しかできないこと
② 子どもしかできないこと
③ どちらにもできること
が、まざっています。
話し合いながら、３種類に分けてください！

正かいは、　どっちでもいいよ！
小学生より小さい子どもたちには、おまけで「おもちゃ」がもらえることが多いですが、
きほんてきに、「おもちゃ」はもらえませんが、大人が食べてもよい店が多いです。

中学校で勉強ができる。

小学校で勉強ができる。

正かいは、　どっちでもいいよ！
１８さいをこえてからも、勉強することができる「夜間中学」というものがあります。公立の中学校で開かれています。
大阪には、11校の夜間中学があります。

正かいは、　子どもだけ！
小学校を楽しむのは、
今しかない！

○自分の知っていることや思ったことを自由に話せるようにする。

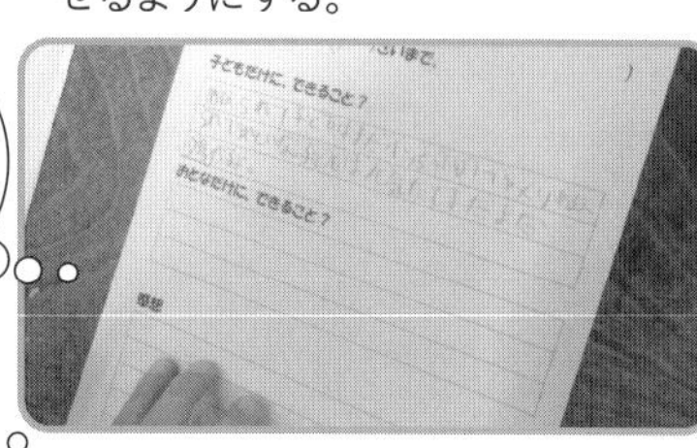

○グループで話し合いながら，カードを使って分類するようにする。

選挙（せんきょ）に参加できる。

ひどい罪をおかしても
死刑にならない。

正かいは、　おとな（18才以上）だけ！
選挙（せんきょ）に　さんかできるのは、
１８さいから。

正かいは、　子ども　だけ！
１８さいをこえると、つみの重さによって
死刑になることがあります。

２３時まで、
ゲームセンターで遊ぶことができる。

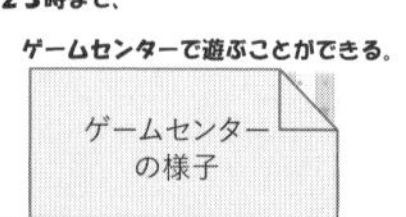

アルバイトを
することができる。

正かいは、おとな（１８才以上）だけ！
１６さいまでの子ども　～19時まで
１６さいまでの子ども＋おうちの人
１６さい以上の子ども　～２２時まで
１８さい以上　～２４時まで
大阪府ルールです。

正かいは、どっちでも いいよ！
子役や歌手など、保護者の了解があれば、はたらくことはできます。基本的には、中学生までは、アルバイトをすることができませんが、高校生の年令から はたらくことができます。
ただし、２２時から朝の５時まではダメです。

深める	④「18歳」を超えると，どんなことができるのか知る。 **【祝18さい！　を知ろう！】**	へえ～高校生の年れいになる 4月から働けるんや！

臭気判定士（しゅうきはんていし）の資格（しかく）をとることができる。

車の「運転めんきょ」をとることができる。

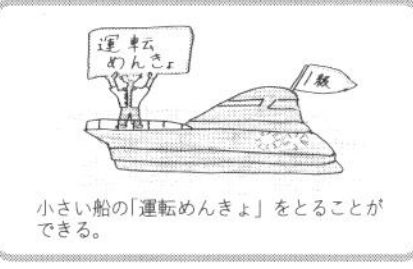
小さい船の「運転めんきょ」をとることができる。

毒物劇薬物取扱責任者（どくぶつ　げきやくぶつ　とりあつかいせきにんしゃ）の資格（しかく）をとることができる。

選挙（せんきょ）で投ひょうができる。

殺人（さつじん）などの凶悪（きょうあく）な犯罪（はんざい）を起こした場合、死刑（しけい）になることがある。

児童養護施設（じどうようごしせつ）からの旅立ち

結婚（けっこん）することができる。

深夜（しんや）のアルバイトや仕事ができる。

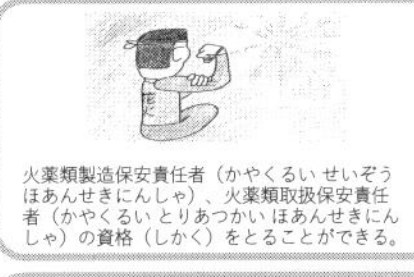
火薬類製造保安責任者（かやくるい せいぞうほあんせきにんしゃ）、火薬類取扱保安責任者（かやくるいとりあつかい ほあんせきにんしゃ）の資格（しかく）をとることができる。

パチンコ店に入って遊ぶことができる。

ネットゲームなどで、自分で課金（かきん）することができる。

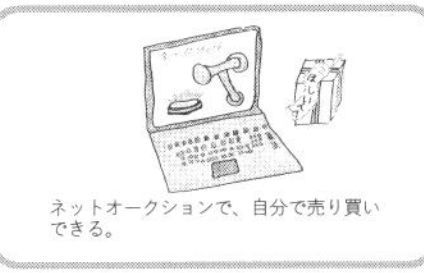
ネットオークションで、自分で売り買いできる。

いらなくなったゲームや本などを自分で売ることができる。

⑤自分にとって大切だと思う権利を選ぶために，10この権利をランキングしていくことを知る。

○初めに，提示した10この権利を見て，自分の中でランキングをするようにする。

めあて　自分たちにとって大切な権利とは？

大切な権利10か条

2条：差別されない権利	6条：生きる権利・育つ権利
7条：名前と国籍を持つ権利	9条：親と一緒にいる権利
12条：自分の意見を言う権利	19条：親から虐待されない権利
24条：健康でいられる権利	27条：人間らしい生活をする権利
28条：教育を受ける権利	31条：休み・遊ぶ権利

ぼくが大切にしたい
権利ってなんだろう…
考えたことがなかった…

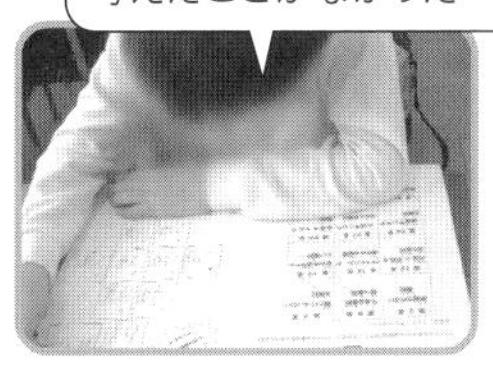

⑥順番に自分の意見を出し合い，1位～10位までの価値観の違いに気づく。

私は生きる
権利が一番
やと思うね

生きてても，親と
一緒にいられへん
かったらいやや

○子どもの権利条約カード（10か条分）とランキングシートをグループごとに配付し，1位～10位になる権利を話し合うようにする。

どっちもよい意見
やから，まよってる
ねん

⑦1位に決めた理由を発表しあい，1位が決まったら発表原稿を書くようにする。

⑧グループごとに，1位の権利と選んだ理由を発表する。

私たちが大切に
したいと考えた権
利の第1位は…

○権利カードをランキング順に貼り合わせることで，視覚的に分かりやすくし，ほかのグループの意見と比べることで，さまざまな価値観とその根拠を理解し，自分の考えを大切にできるようにする。

まとめ	①友だちの意見を聞いて，感じたことを書く。	

【第三次】守られていない権利，守られている権利って?

	学習活動	指導上の留意点等 〈使用教材〉
導入	①自分たちにとって大切な権利があること，しかし，その権利が必ずしも守られているわけではないケースがあることを振り返る。	○前時の学びを振り返ることができるようにする。
深める	①いろいろな事例の中から，子どもの権利が守られていない箇所をグループで見つけ，発表する。	○事例が書かれた紙を読み，守られていないと思う箇所に赤でサイドラインを引くようにする。 ○みんなで守られていない権利を探しやすいように，子どもの権利条約カードを並べるようにする。
	めあて　「子どもの権利」が守られているかたしかめよう。	
	よし! 線引くで! ここも守られてないんちゃう? 休み遊ぶ権利もないで! これって，ある意味，虐待ちゃう? 教育を受ける権利，守られてないやん!	守られていない権利はどれだ? 事例 1 世界編 バングラデシュでの児童労働について 事例 2 世界編 ジンバブエの難民キャンプについて 事例 3 日本編 日常生活の中での自分の好みについて 事例 4 日本編 日常生活の中の内緒の手紙について 事例 5 日本編 日常生活の中での弟妹のお世話について 事例 6 日本編 学校生活の中でのトラブルについて プライバシーも守られてない!最悪や!
	②自分たちはどんな権利に守られているのか，考える。 今，自分たちが生きているということは，いろいろな権利に守られているということ。 第 3 条　子どもにとって最高の幸せを 第 5 条　親（保護者）の責任 第 8 条　名前と国籍を持つ権利 第20条　家や家族をなくした子どもについて 第27条　人間らしい生活をする権利など	○世界の子どもたちだけでなく，日本のこどもたちにも守られていない権利があることに気づくようにする。 童園って，子どもたちを守ってくれるとこやもんな! いろんな人や いろんな権利に 守られて育ってきたんや
まとめ	①守られている権利と守られていない権利との違いを考え，自分の権利が守られていないときは，どうすればよいのか考え，発表する。 ・親（保護者），教師，身近にいる大人，友だちなど，誰かに相談することが大事。 ・自分 1 人で抱え込まず，外へ発信すること!	○子どもたちからの意見が少ないときは，指導者から提示するようにする。

【第四次】「守られていない権利」についてお悩み相談室へ

	学習活動	指導上の留意点等 〈使用教材〉
導入	①自分たちの身近な生活の中やニュースなどで得た情報で，「子どもの権利」が守られていない事象がないか振り返る。	○前時の学びを振り返ることができるようにする。

深める

めあて　自分の生活の中で「子どもの権利」が守られていないケースについて考えよう。

①「守られていない権利」について，お悩み相談室へ手紙を書くようにする。できるだけ，自分の悩みを具体的に書けるように促す。

妹が悪いのに，いつも私ばかりしかられて，時々，げんこつされること，相談してみよう

○前時で使用した「子どもの権利が守られていない」事例を参考にして，手紙を書くようにする。
- 誰が
- どのようなことをしている時に
- どのようなことで
- どのようなことをされて

権利が守られていないのか?

○守られていない権利が思い当たらない児童については，世間一般にありそうな事例を想像させるようにする。

○自分の本当の悩みを打ち明ける場合を想定し，事例として扱ってもよいかどうか選べるような項目をつけておく。
その場合，授業後に個別で話を聞き，必ずその悩みに対応することを初めに話しておくようにする。

②自分が書いたお悩み相談の紙を「お悩み解決ポスト」に投函する。

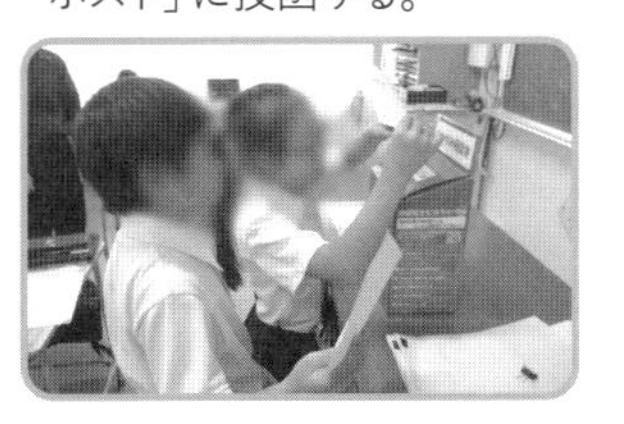

○お悩み相談室へ寄せられた相談内容について
- お道具箱を勝手に見られた。
- 夢でお母さんに殴られた。
- 門限を破ってげんこつされた。
- 公園に無理やり連れていかれていやと言えなかった。
- 習い事が忙しくて友だちと遊べない。　など

めあて　「子どもの権利」が守られていない時には，どうすればよいのか考えよう。

③1つの事例について2班ずつが担当しお悩み相談者へのよいアドバイスを考える。
- 守られていない権利を見つける。
- なぜ守られていないのか，理由を考える。
- 権利が守られるためには，「誰が」，「誰に」，「どうすればよいのか」考える。

日常の悩みを授業へ

○初めは1人で考え，考えたアドバイスをたくさん付箋に書いていき，後からグループで整理していくようにする。

○お悩み相談室への相談内容の設定
事例1　いじめについて
事例2　ジェンダーについて
事例3　一見健康的なネグレクトについて
事例4　不登校について

④自分たちの力では解決できそうにない場合，誰かに助けてもらえることを知る。

学びを受援力へ

○相談者：保護者・先生・友だち・まわりにいる信頼できる大人（友だちの保護者を含む）

公的機関：学校・交番・田島童園
子ども相談センター
いじめSOS
児童虐待ホットラインなど

まとめ	①３年生全員が，自分の権利が守られて幸せな生活を送るために，今の自分にできることを考える。	○社会・家庭でのマナーやルールを守る。友だちなど，他の人の権利を尊重する。 権利が守られていないと気づいた時には，発信できるようにする。

【子どもたちのお悩みをもとにして作った事例』

おなやみ相談室のみなさんへ ①

わたしは、9さいの女の子です。ある休み時間のことです。

私のおどうぐばこをA子がかってに見ていました。「やめて」と言った次の日から、A子にむしされはじめ、ちょっとぶつかっただけなのに「絶対、ゆるさんからな！」と言われて、こわくなりました。

グループ活動のときは、A子とグループのみんなが、私の意見を聞いてくれなくなりました。どうしたらよいですか？

まな より

おなやみ相談室のみなさんへ ②

ぼくは、小学校3年生の男子です。

友だちと公園でいっしょに遊んでいた時、5時半に帰ろうとしましたが、

「まだいいやん。男やろ！」と友だちに言われ、帰れませんでした。

ママから「6時までには帰ってきてね。」と言われていましたが、6分ちこくしてしまいました。「ごめんなさい。」とあやまりましたが、頭を2回げんこつされました。

だいすけ より

おなやみ相談室のみなさんへ ③

わたしは、9さいの女子です。お母さんはいつも仕事で、おそくまで帰ってきません。

私は学校から帰った後、毎日一人でじゅくやピアノの習い事に行っていて、

友だちと遊ぶことができません。みんなのように友だちと遊びに行きたいです。

それに、最近虫歯がひどくなってきたけど、

お母さんの帰りがおそいので、びょういんにつれていってもらえません。

歯がとってもいたいです。 めぐみ より

おなやみ相談室のみなさんへ ④

ぼくは、9さいの男の子です。毎日に学校に行くのが楽しいです。

でも最近、よく友だちから、ぼくの名前の「りくと」をさかさにして

「とっくり」とよばれるようになり、いやな気持ちになります。

なかよしの友だちにも相だんしたんですが、「べつにいいやん。」と言われます。

親にも心ぱいかけたくないから、話をしていません。

何度も言われるので、今学校を1週間休んでいます。 りくと より

①10歳のハローワーク
——LSWの視点から——

1. 学習目標

⑴ 今の自分自身を振り返り，ありのままの自分を友だちに話し，また，友だちの思いを聞くことで，自分と相手の相違点を見つけ，互いの違いを認め合う。
⑵ 自分の将来を思い描くことで，目標とする職業観を持ち，今，自分がやらなければならないことを考え，努力しようとする。
⑶ 自分の生い立ちを振り返ることで，過去の記憶を整理し，未来へつなぐ人生設計を考えることができる。

2. 教科等　総合的な学習の時間

3. 使用教材　黒板掲示（面接の心得～聞き方・話し方，ほしい力オークション用「ほしい力リスト」）

（参考資料：2009-2021『職場体験　完全ガイド』（1～75巻）ポプラ社／坂東眞理子（監修）2001『将来の夢さがし！職業ガイド234種』集英社／小峰書店編集部（編）2017『キャリア教育に活きる！仕事ファイル』（1～7巻）小峰書店／ウェブサイト：「13歳のハローワーク」「学研キッズネット」）
（参考文献：才村眞理，大阪ライフストーリー研究会（編）2016『今から学ぼう！ライフストーリーワーク』福村出版／「わたし 出会い 発見②」大阪府人権教育研究協議会）

4. 指導計画（全10時間）

第一次	《10歳のハローワーク　～今の自分を知ろう～》 ○世の中にはさまざまな仕事があることを知り，インターネットや資料を活用して知識を広げる。その中で，気になった仕事について詳しく調べ，特にその職に就くにはどのような方法があるのかを調べる。 ○「履歴書作り」を通して，自分とは?というワークをもとに自分自身を言葉で表現し，友だちと1対1の方法「面接形式」で全員と交流し，友だちから見た「自分」も知る。	4時間
第二次	《これから10年の計画を立ててみよう　～未来を描こう～》 ○調べたことをもとに，「未来予想図」をかく。 ○自分が将来つきたい職業を考え，今の自分やこれからの自分の生き方にとって必要な力について考える。（オークション形式）	3時間
第三次	《自分の10年の歴史を振り返り，年表を仕上げよう　～過去を整理しよう～》 ○自分の生い立ちを振り返り，自分1人ではわからない年代のことをおうちの人や施設の先生にたずねたり，写真を見たりして，自分の歴史10年分を整理し，記録していく。 ○現在・未来と作ってきた「未来予想図」と過去をつなげ，自分史年表を仕上げる。	3時間

5. 指導にあたって

4年生では10歳を迎えるこの時期に，今一度自分自身を見つめ直し，明るい将来設計を描くことができるような取り組みを考え，このような学習を設定した。なぜなら10歳という思春期の入り口に立ち，特に愛着（アタッチメント）に課題のある子どもたちの多くが，知らず知らずのうちに自分を見つめ，心を揺らす時期にさしかかるからだ。また，一般的にも自己をもてあまし，時には外的に攻撃性として表れたり，時には内的に自己否定からくる自虐的な行動として表れたりする時期でもある。

そのため，過去にあったことを話したり，書き出したりして心の整理をすることで，心のケアをしていくライフストーリーワークの視点が重要であり，特に愛着に課題のある児童にとって，欠かすことのできないものだと考えられる。自分の生い立ちを整理することで，途切れ途切れになったつらい記憶の一部を一緒に紡ぎ，悲しかったことは過去のことだと再認識することで，安心して自分の未来像を描くことができるのではと考えた。その際，ライフストーリーワークの第一人者であられる才村眞理先生と，本校の校区にある児童養護施設の下川隆士施設長から，学校現場でライフストーリーワークを行うにあたっての注意すべき点など，いろいろとご教授いただいた。特に，児童養護施設から通う子どもたちにとって再トラウマ体験とならないよう，施設長には，毎年，その年の４年生の子どもたちの成長段階と過去を振り返る作業を進めてよいかどうかの確認と，特に気を付けておいたほうがよい点などを教えていただくなどお世話になっている。今年度は，４月からの関わりの中で，特に生い立ちに関して話す機会がなかった子どもたちとのライフストーリーワークとなることもあって，学校での取り組みの前に施設職員の先生方から，施設から通う子どもたち一人一人の生い立ちや施設での様子，里親さんとの関係など，公開できる範囲の詳しい情報を今一度教えていただき，学校での個別の取り組みを始めていくことにした。その際には，担任だけでなく，以前から本校で勤務している人権担当が中心となって話を進めている。

まず，最初に自分を見つめ直す作業の第一段階として，自分の「将来の夢」を考える。「自分が就きたい職業は？」と問われて，すぐに言える児童もいれば，社会にはどんな仕事があるのか，よく知らない児童も多い。そこで「お菓子」が作られ，販売されるまでにどれだけの職業が関わっているのか，ウェビング図を用いてみんなで確かめ合う。さらに，インターネットの「適職診断」を利用して，自分に向いた職業を診断したり，自分の興味があることから仕事を検索したりして，いろいろな職業を調べるようにする。そして，その職業に就くためにはどのような経歴が必要であるか，仕事の内容などをガイドブックやインターネットで調べ，自分でまとめるようにする。

次に，履歴書作りという設定で，今の自分自身を振り返り，「将来の夢」や自己アピールとして「今，自分が困っている事」や「今まで話したことがなかったけれど，実は…」など今まで話したことがないような話を書くようにする。その後，会社の面接と称して一対一で話の聞き合いをし，次々に相手を変えて自分自身を伝え合う「面接」を行っていく。その際，教えてもらった話について，ホットメッセージを贈りあうことで，クラスの仲間のことをより深く知り，話してよかったと思えるようにする。

さらに，その夢に向かってどういった未来設計を立てればよいのか考え，まずは，今後の未来年表をまとめていく。そして，今の自分に足りない力（能力を含む），もっと身に付けたい力を考え，オークション形式で自分が欲しい力を競り落とすようにする。友だちと競り落とすことで，本気で自分が欲しいと思う力について考えられるように，楽しく活動できるオークション形式を設定した。そして，活動の最後に，その力を本当に身に付けるためには，自分が何をすればよいのか想像し，みんなの前で宣言するようにする。改めて，今の自分自身と向き合う時間となる。

最後に，現在・未来への連続した活動の締めくくりとして，今まで生きてきた自分の過去（生い立ち）を振り返り，10年間の自分史を整理していく。そして，その際には授業展開内に記した本校のライフストーリーワークの視点に沿って，保護者への協力の依頼と本人との関係性を大切にしながら取り組みを進めていく。こうしたプライベートな内容を扱う授業は，学校という集団の場ではふさわしくないとも言えるが，自分のつらかったことを聞いてほしいという自発的なつぶやきを癒やせるのは，仲間のあたたかい言葉かけであり，共感から生まれる安心であるとも言える。だからこそ，自分の過去を振り返るきっかけとして，過去の10年史作りの授業を組み入れている。特に配慮が必要な児童とは，放課後などに個別に聞き取りを進め，みんなと一緒の時間には，自分がみんなに知らせてよい情報のみを書くことを促すようにする。個別の取り組みでも，決して自己開示をさせることが目的ではなく，空白の記憶やあえて誰にも言ったことがなかったつらい過去やさみしい気持ちを聞き取り，一緒に文章化したものを読み上げて確かめ合うことで，その想いを共有することが大切であると考える。本児の記憶のトビラを無理にあけようとするのではなく，話したくないことは話さなくてもよいことを大前提に，児童の気持ちを一番に考えながら，これまで強いられてきた我慢やさみしさを少しでも和らげるきっかけになればと願う。

子どもたちの心の傷を最大限に配慮しながら，保護者や施設職員，旧担任や養護教諭や教科担任など，子どもたちと関わってきたすべての人たちとともに協力しながら取り組んでいきたい。

6．授業展開

【第一次】10歳のハローワーク　**～今の自分を知ろう～**

	学習活動	指導上の留意点等 〈使用教材〉
導入	①1学期に社会科で学習した「職業」について想起し，知っている仕事について意見を出し合う。	○環境事業局や浄水場に社会見学に行ったことや消防・警察について学んだことを思い出し，「仕事」について考えるようにする。
	②「仕事」を通して「今」「未来」「過去」の自分に目を向けて学習することを伝える。	○本学習の大きな「めあて」を確認した上で本時の学習のめあてを伝えるようにする。
	めあて　**いろいろな「仕事」について知ろう。**	
	③「お菓子の箱」を提示し，「このお菓子，1箱を売るために，どれだけの職業がかかわっているのか」意見を出し合う。 原材料より　・小麦・カカオ・砂糖を栽培する。加工する。 ・牛乳・バター　牛を育てる。牛乳に加工する。バターに加工する。 商品より　・商品開発の仕事 ・箱のデザインをする ・箱を作る 販売より　・スーパーマーケットでの仕事など	○ワークシートにあらかじめ「原材料」を載せて置き，そこからも職業を考えられるようにする。 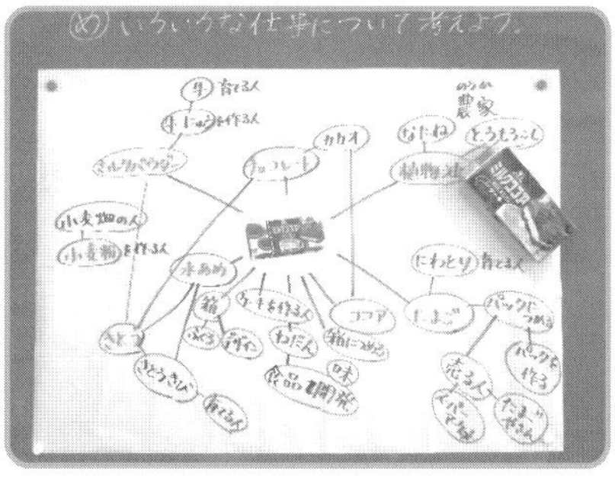
	④インターネットや図書館の本を用いて，どんな職業があるのかをできるかぎりたくさん知る。	〈学研キッズネット〉〈13歳のハローワーク〉 ○児童が限られた時間の中で知らなかった職業にたくさん出合えるようにする。

導入

⑤インターネットを用いて，適職診断を行い，自分に向いている職業を知る。(参考程度に)

○ゲーム形式でアンケートに答え，自分に適した仕事を客観的に知る機会となるようにする。

○仕事内容や１日の生活，職に就くまでの進路などをまとめるようにする。

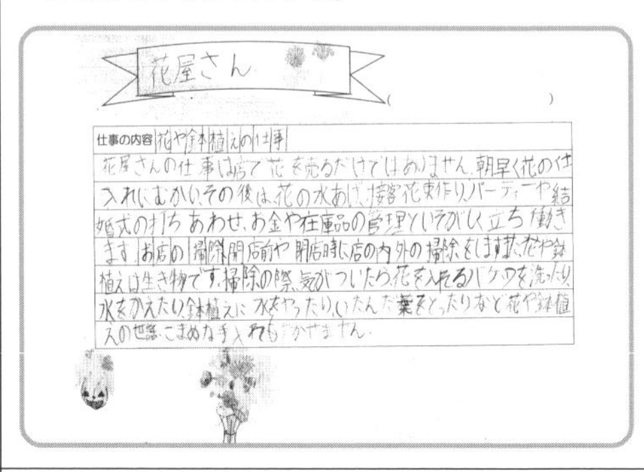

⑥調べたことを画用紙にまとめる。

⑦自分が調べたことを発表し合う。

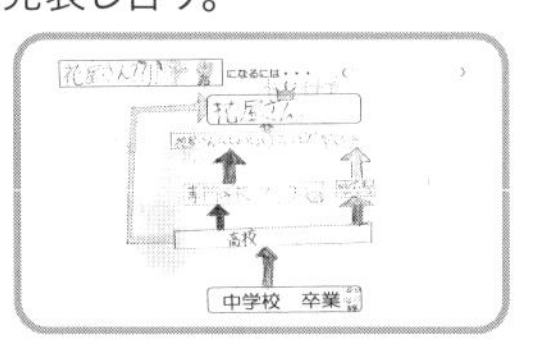

深める

めあて　今の自分自身を紹介しよう。

①仕事に就くためには，職種によって入社試験や面接試験などがあるケースを知る。

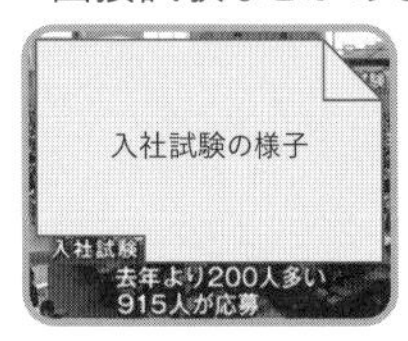

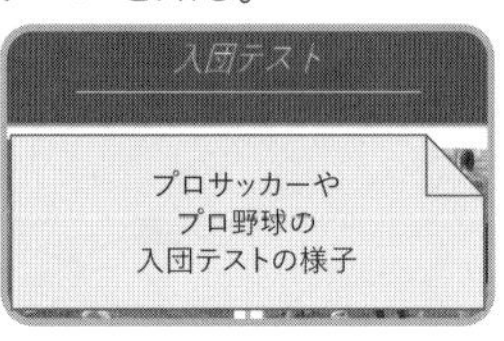

○写真資料などで入社試験や面接，履歴書などを知ることができるようにする。

履歴書
(りれきしょ)
を書く

②「履歴書」と称した自分ワークを書くことで，自分自身と向き合う。
- ○名前・家族構成・小学校に入るまでの履歴
- ○自分アピール
  - ・今まで話したことがなかったのですが…
  - ・実はわたし，こんなことができるのです！
  - ・今，こんなことで困っています！

○簡単な自己紹介と併せて，今悩んでいることや実は…というような内容も盛り込み，伝えたいと思う児童は，正直に自分の気持ちを伝えられるように支援する。

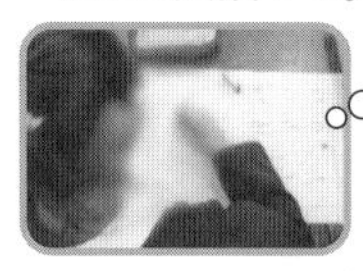

③「面接」と称した友だちとの話し合い形式で自分のことを伝え合い，客観的に見た自己とも向き合う。

○１対１の話し合い形式で，できるだけたくさんの人と面接できるように工夫し，話してよかったと思えるように，お互いにホットメッセージを贈りあうようにする。

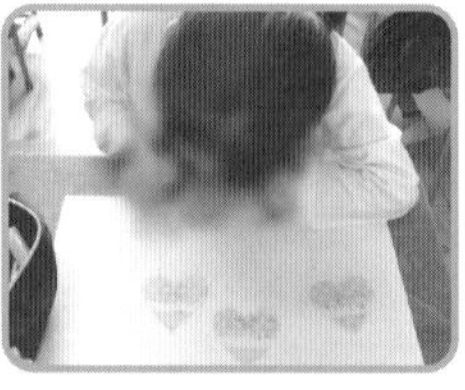

④自分自身を振り返り，話を聞いてもらったり友だちの思いを聞いたりしたことで，気がついたことや励ましの言葉を書き，ホットメッセージを贈りあう。

○友だちからのメッセージを必ず書いてもらえるようにし，話してよかったと感じられるようにする。

まとめ

①友だちから書いてもらったホットメッセージをデザインを考えながら画用紙に貼る。

【第二次】これから10年の計画を立ててみよう　～未来を描こう～

<table>
<tr><th></th><th>学習活動</th><th>指導上の留意点等
〈使用教材〉</th></tr>
<tr><td rowspan="2">導入</td><td colspan="2">めあて　「未来の自分」をえがこう</td></tr>
<tr><td>①調べたことを踏まえて，未来年表を作成し紹介する。
○自分の未来を楽しく描けることができるよう，双六を作るような形でまとめていく。
●スタート：小学校卒業～
●ゴール：就職，結婚などその後（人によってさまざま）
○はっきりと自分が目指す職業が決まっていない児童は，一つの選択肢として，今，少しでも興味がある職業について調べ，その仕事に就くためには?といった仮定の未来を考えるよう促す。</td><td>○希望の職業に就くために，10歳以降の人生をどのように進んでいけばよいのかを，年表にまとめる。
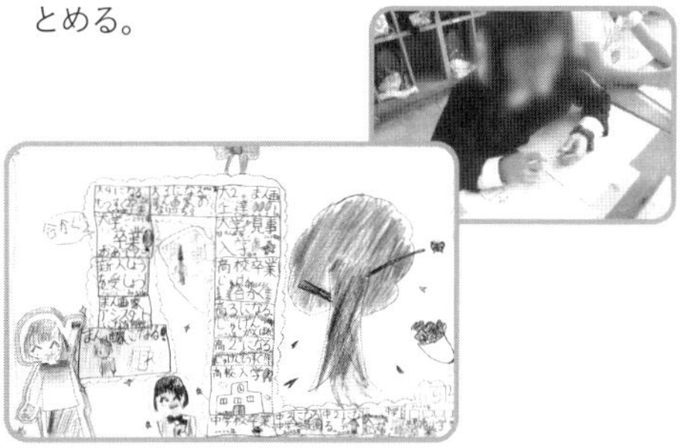</td></tr>
<tr><td rowspan="3">深める</td><td colspan="2">めあて　未来の自分のために，「今の自分」がほしい力を考えよう!</td></tr>
<tr><td colspan="2">①「自分につけたいこの力オークション」をする。
自分につけたいこの力!　オークションのルール
＊自分がほしい力は，1人1～3つまでもらえます。　＊チップは，1人10まい使えます。
＊一番ほしい力に，チップを多く使う方がよいです。
＊オークションが始まったら，予定していたチップの数をふやしてもよいです。
＊オークションでは，チップを一番多く使った人が，その力を手に入れることができます。
＊チップ10まい分で，どんな力を買いたいのか自分で予定を立ててみましょう。</td></tr>
<tr><td>
さあ，今度は「時間をきちんと守ることができる力」ですよ！ 電車の運転手さんとか，看護師さんも役に立つかもしれませんね</td><td>○希望の職業に就くために，今の自分に必要な力を考え，楽しみながらゲームに取り組む。
○自分が手に入れた力を整理し，今の自分に足りないと感じている力であることを確かめる。
あと，チップが5枚あるから，何の力を買おうかな?
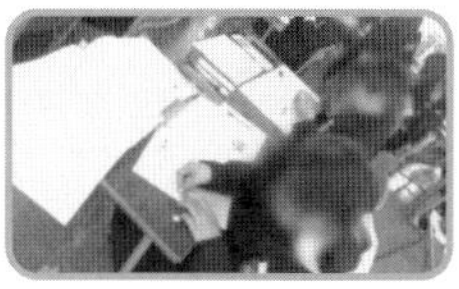</td></tr>
<tr><td>まとめ</td><td>①オークションを終えて，手に入れた力を本当の力にするためには，今日から自分がしていくことを考え，発表する。
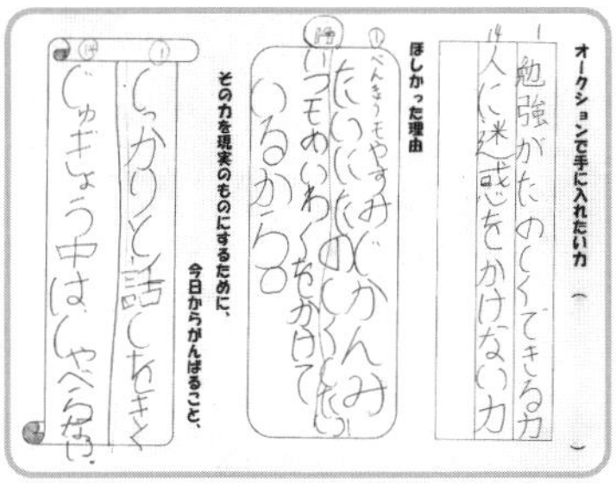
</td><td>○スモールステップで考えるように指示し，現実的に続けていけそうな努力を発表できるようにする。</td></tr>
</table>

【ほしい力 リスト】

勉強がたのしくできる力
イヤなことでもガマンできる力
相手の気持ちを考える力
だれかを助けることができる力
ルールを守れる力
えがおでいられる力
物を大切にできる力
先を見て動く力
だれとでもなかよくできる力
好ききらいをせずに何でも食べられる力
外国語が話せる力
機械をうまく使える力
動物の気持ちがわかる力
きびしい練習にたえる力
正しく分量をはかる力
毎日きそく正しい生活をおくれる力
ダメなことを「ダメ」といえる力
イヤなことは「イヤ」といえる力
ちがいをみとめ，受け入れる力
人にめいわくをかけない力
人を信らいできる力
世界に出て行ける勇気をもつ力
あきらめずに最後までやりきる力
楽しく運動できる力
正しい言葉づかいができる力
体を大切にできる力
色んなアイデアがうかぶ力
最高の記おく力
最高の演技力
どんなときでも集中できる力
自分の意見を言う力
もめごとを解決できる力
将来の夢をもつ力
自分自身を好きになれる力
時間を守る力
感動できる力
いろいろなものをかたづける力
きちんと話を聞く力
人を楽しませる力
パソコンがうまくつかえる力
早起きをする力
正しい字を書く力
何事にもチャレンジする力
絵がじょうずにかける力

【第三次】自分の10年の歴史を振り返り，年表を仕上げよう　～過去を整理しよう～

	学習活動	指導上の留意点等 〈使用教材〉
導入	①「未来年表」に過去10年をつけ加え，年表そのものを完成させることを伝える。	○あらかじめ保護者や児童養護施設の職員の方々に，子どもたちの生い立ちについてわかる範囲で教えていただくなど，協力依頼をしておく。
	めあて　「今の自分」を整理しよう。	
	②「10歳の自分」を振り返り，今の自分に関する事柄をワークシートに整理する。 ・好きな遊び　・今，がんばっていること ・好きな食べ物　・好きな色　・好きな教科 ・好きな芸能人　・好きな○○など ＊私の周りにいる人　＊大切なもの	10歳のわたし
深める	①自分の過去10年に関するネタ集め（振り返り）をする。 ②資料を活用し，自分史をつくる。 ○自分の過去を楽しく描けることができるよう，双六を作るような形でまとめていく。以前に作ってある未来年表につながるようにする。 ●スタート：生まれた日～ ●ゴール：小学校４年生　今現在	○家族・施設職員・友だち・先生など，関わった人々との交流を大切にするようにする。 ○思い出せる範囲でよいことを伝えるようにする。 ○自分の過去への振り返りが難しい児童には４年生から１年生の思い出と順番に逆算して過去を振り返り，誰にも言いたくない過去や空白の記憶の部分には，あえてふれないようにする。 ○個別対応で振り返りを行うときには，別室で行い，記録をとってもよいか，必ず確認する。その記録をもとに，別紙で過去年表を作ってもよいし，作らなくてもよいことを伝える。

<table>
<tr><td>深める</td><td colspan="2">本校が考える「ライフストーリーワーク（LSW）」とは
「社会的養護のもとで暮らす子どもたちにとって，そこにいる理由は保護者からの虐待や保護者の不在，保護者の厳しい就労，病気などさまざまである。しかし，その理由が明らかになっていて，自分自身でその事実を受け止められている児童もいるが，なぜ，今ここに自分がいるのか？そこに至った事情や家族の状況について，十分理解できていないまま日々を過ごしている児童も多い。また，保護者との面会がなかったり，不定期だったりするため，安心して先のことを考えることすらできない児童もいる。そんな中で，「自分は自分であってよい」ということを確かめるために，自分の生い立ちや家族との関係を整理することで，記憶の空白部分を埋めていく必要がある。その過去―現在―未来をつなぎ，前向きに生きていけるよう支援する取り組みが，ライフストーリーワークである。」
（才村眞理，大阪ライフストーリー研究会（編）2016『今から学ぼう！　ライフストーリーワーク』福村出版より）
本校校区には児童養護施設があり，家族との関係を密に結べなかったため愛着に課題のある児童が数人そこで生活している。さらに他にも，親の離婚・再婚，親からの虐待，生活背景の厳しい状況から愛着に課題をもつ児童も少なくない。そこで，彼らが今をしっかりと生きていくためにも，過去の自分の生い立ちを分かる範囲で知り，自分の未来を思い描くことのできる力をつけていくことが必要である。そのため保護者や児童養護施設の職員と連携を取り合って生い立ちの聞き取りを行い，子どもたちの空白部分を埋めていきたい。特に，愛着に課題のある児童については，ライフストーリーワークで自分史年表をつくる際には，自分の心の整理のために行う作業であるから，自分が知らせたくないことは，他の誰かに知らせなくてもよいことを大前提とし，現担任との関係性を考えながらも，これまでに本児と接してきた旧担任や養護教諭など，過去を話せる誰かが関係を持ちながら話を進めていくことにする。そして，それと同時に，友だちの思いを受け止めることのできる仲間づくりを進めていく。</td></tr>
<tr><td>まとめ</td><td>①国語科の学習で書いた「10年後の自分へ」の手紙を封筒に入れて，自分史の冊子に貼るようにする。</td><td>○手紙を書く際には，以下のような事柄を書いてもよいと伝えるようにする。
・10年後の自分が読み返したときに，懐かしく思えるように，今の自分のことを書く。
・未来の自分を想像して，こんな自分になっているかも？という内容を書く。
・未来の自分への励まし，アドバイスを書く。</td></tr>
</table>

【学校生活でおこなうライフストーリーワークの意義】

前述のように，特に愛着に課題のある子どもたちには，学校生活を送る中で自分の生い立ちについて改めて考える時期があるように感じられる。今，一緒に暮らしていない保護者を思い，自分が覚えていない記憶を知りたいと願う。それが9歳～10歳を迎える3，4年生あたりの立ち止まりであることが多く，例年3，4年生の子どもたちの中で，そういった場面を迎えることが度々あった。例えば，3年生の社会科で校区地図を作っている際に，「あそこがぼくの家や！」と，自然につぶやかれた誰かの言葉から，自分の本当の家を思い出して涙をこぼす施設から通う児童がいたり，保護者から虐待を受けていた児童が，放課後に友だちと遊んでいる中で自分の悲しかった思いを突然打ち明けたり，友だちが話した自分のお母さんに対する愚痴を聞いた児童が，幼い頃に別れたままのお母さんについてふと思い出したり，といったように。誰かに自分のことを聞いてほしい，知ってほしい。そして，誰かの力になりたい。そういった子どもたちの自発的な思いを，素直に出し合える集団作りが根底にあってこそ，学校という場でのライフストーリーワークを進めることができるのだと考える。

本来のライフストーリーワークは，きちんと役割分担を明らかにし，チームを組んで時間をかけて丁寧に行う治療的個別作業である。しかし，学校では専門性をもって学んだ教職員がたくさんいるわけではないし，常に一人一人と個別対応で行うわけにはいかない。かといって放っておけば，自然と子どもたちの中で自分のつらさと向き合う瞬間が予測もなく訪れ，それが「心の荒れ」として表面化することが多い。そこで，学校においてのライフストーリーワークとして大切にしていることは，自分の過去の整理というだけでなく，自分の気持ちを誰かに話し，誰かに聞いてもらうこと，優しい言葉かけによって癒やされる心地よさを知ることである。今後，何かつらいことがあったときに，一人で抱え込むことなく誰かを頼ることができるスキルを身に付けてほしい，そんな願いがある。大阪の人権教育が大切にしてきた「自分の生活や気持ちを素直に書き綴る【もやもや書き】」を「履歴書作り」に置き換え，「自分を見つめ，語る」ことを「面接」の話し合いとして捉え，それらを心の治療の一つと考える。

同じように授業を進めても，学年によって子どもたちの反応は少しずつ違う。「面接」と称した「友だちとの対話」は，前年度の４年生の子どもたちで盛り上がった「自分が今，夢中になっていること」「実はこんなことができます」話よりも，「実はこんなことが苦手です」「相談に乗ってほしいこと」という内容の方が書きやすい！という子どもたちからの要望で，今年度の子どもたちでは話すお題を変更した。「今までの自分の行動から乱暴者と思われているけど，みんなと仲良くなりたいねん」そんな言葉に「大丈夫，もう乱暴なことをせえへんかったら，できるで。ほんまはやさしいからな」と励まし，「（離婚したため）会えなくなったお父さんに会いたいねん」という言葉に「ぼくもやで」と一言だけのメッセージを返すが，２人にとって，その一言の重みは計り知れない。誰もが面接の時間を大事に思い，話してよかったとうれしそうにはにかむ子どもたち。この仲間なら話しても大丈夫，という信頼関係がなければ，成り立たない授業である。

自分の過去を振り返る場面では，みんなと一緒に書く時間は学校での思い出をまとめることにし，放課後や休み時間などに個別で話をしながら別の用紙に自分史をまとめた児童もいれば，つらかった話を打ち明けていた友だち２人と一緒に過去の振り返りを行った児童もいた。「東京にいるお母さん，おれが小さい頃，ヤクルトで働いててん」「わたしもママたちと暮らしてた時，ママがいつもヤクルト買ってくれたで！」と，今は一緒に暮らせていないお母さんを想いながら，２人とも自分の過去の思い出にヤクルトの絵を描いていた。本来のライフストーリーワークとは，意味づけがちがうかもしれないが，信頼できる友だちと一緒に，さみしい過去を楽しかった思い出に変えることができるのは，２人の楽しそうな様子を見ていて，学校という場だからこそできることだと思った。

さらに，オークション形式で「自分につけたい力」を考えたとき，なぜその力が欲しいのか理由を発表することは，改めて自分自身と向き合うきっかけとなるのだといえる。今の自分に足りないものは何か，将来の夢のためにこれから身につけていかなくてはいけない力は何か，一人一人が真剣に考える。愛着のしんどさ故に，過剰に人前での発表を怖がったり，つい自分の気持ちとは反対の言葉を言って人を苛立たせたりすることの多かった児童が選んだ力は，「だれとでもなかよくできる力」。欲しかった理由は，「初めてあった人とでも，すぐに仲よくなれる人になりたかったから，これがほしかった」と綴り，その力を現実のものにするために今日からがんばることを「人とよく関わるようにして，初めて会う人にも緊張しないようにする」と書いた。みんなとオークションをしていた時は他の力を買っていたが，終わってから「やっぱり本当はこの力が欲しかってん。かえてもいい？」と交渉に来て，手に入れた［だれとでもなかよくできる力カード］は，

5年生になった今も大切に筆箱の中に入っている。さらに，オークションリストには，「自分自身を好きになれる力」と迷っていたのか，そちらには131枚と，ありえない数字のチップの枚数が書かれていた。常におしゃべりが止まらない児童が「人にめいわくをかけない力」を競り落とし，「しっかりと話を聞いて，授業中はしゃべらない」と書いた。子どもたちにとって，ゲーム形式で盛り上がっただけでなく，自分自身を見つめなおす大事な時間になったのだと思う。

「10年後の自分へ」という手紙を書いた際には，さまざまな言葉が綴られていた。「未来の自分はこんなことをしているかな？」「今はコロナが流行っていてたいへんだよ。10年後にはコロナがなくなっていたらいいね」と今の自分の状況や気持ちを書いている手紙があり,「つらいことがあってもがんばれ！ わたし！」「今の自分は最高に幸せだよ。その時のことを思い出してがんばろう！」「つらいことがあっても，ぜったいに死ぬなよ」とまだ見ぬ未来への期待だけでなく，不安を思い未来の自分を励ます手紙もあった。さみしさを抱えながらもがんばってきたからこそ，綴られた一つ一つの言葉に重みがある。10年後の未来の自分は，今，思い描いている未来予想図とは全然違ったものになっているかもしれないが，何かにつまずいたときに，10歳の自分が明るい未来にむけてがんばろうとしていたことを思い出し，再び歩み出せるようになってほしい。

【10年後の自分へ】

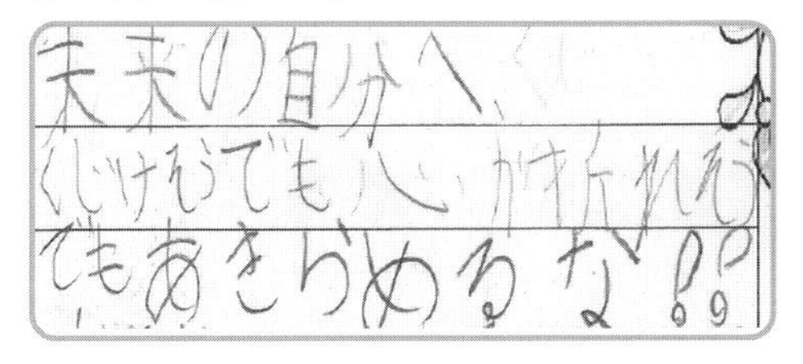
未来の自分へ
くじけそうでも心がおれそ
でもあきらめるな!!

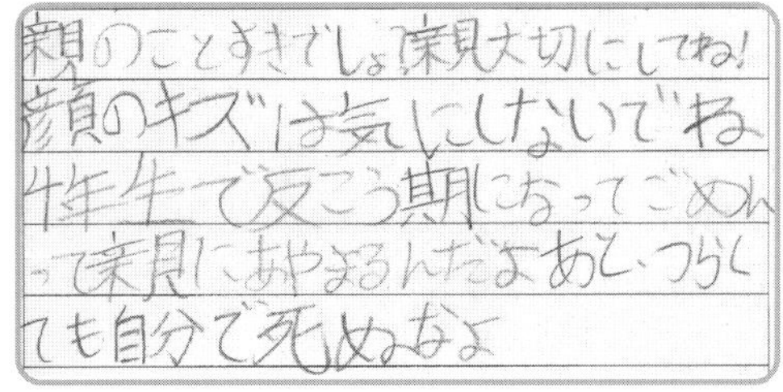
親のことすきでしょ?親大切にしてね!
顔のキズは気にしないでね
4年生で反こう期になってごめん
って親にあやまるんだよあと、つらく
ても自分で死ぬなよ

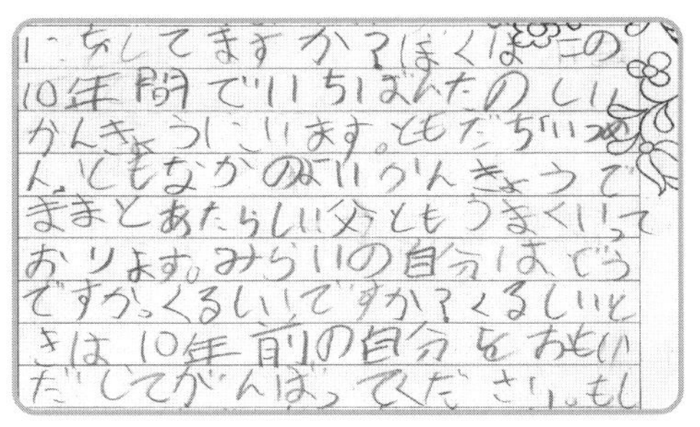
にちしてますか?ぼくはこの
10年間でいちばんたのしい
かんきょうにいます。ともだちいっぱ
ん。ともなかのいいかんきょうで
ままとあたらしい父ともうまくいって
おります。みらいの自分はどう
ですか。くるしいですか?くるしいと
きは10年前の自分をおもい
だしてがんばってください。もし

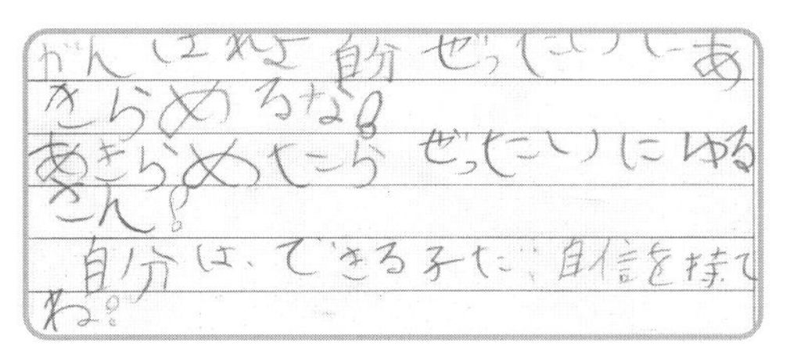
がんばれよ自分ぜったいにあ
きらめるな!
あきらめたらぜったいにゆる
さん!
自分は、できる子だ、自信を持て
ね!

4年

②考えよう みんなの凸凹　――あつまれ！ たしなんの星――
（障がい者理解教育）

1．学習目標

⑴ 発達課題やアタッチメント（愛着）関連障害の特性や特徴を理解し，困難に出合ったときの原因と解決方法を，「環境調整」と「人とのつながり」という視点から考える。

⑵ 本時で取り上げた４つの特性だけではなく，児童それぞれの個性を理解し合い，うまくいかないとき，お互いにどのような努力が必要なのかを対話の中から見いだす。

2．教科等　総合的な学習の時間

3．使用教材　導入の動画・アニメーション・ペープサート・児童用教材（陸上競技場・サッカーコート）

（参考文献：花園大学心理カウンセリングセンター（監修），橋本和明（編）2009『発達障害との出会い』／同2010『思春期を生きる発達障害』／同2011『関係性からみる発達障害』）／同2012『発達障害支援の可能性』以上，創元社／笠原麻里（監修）2016『赤ちゃん～学童期　発達障害の子どもの心がわかる本』主婦の友社／榊原洋一 2016『発達障害の子どもたちをサポートする本』ナツメ社／ヨシタケシンスケ（作），伊藤亜紗（相談）2018『みえるとかみえないとか』アリス館／杉山登志郎 2007『子ども虐待という第四の発達障害』学研プラス／杉山登志郎（編）2019『発達性トラウマ障害のすべて』日本評論社／ドナ・ジャクソン・ナカザワ（著），清水由貴子（訳）2018『小児期トラウマがもたらす病』／ナディン・バーク・ハリス（著），片桐恵理子（訳）2019『小児期トラウマと闘うツール』以上，パンローリング／杉山登志郎 2018『子育てで一番大切なこと』講談社）

4．指導にあたって

本校では『性』と『生』をテーマに，人生に必要な「『生きる』教育」として，その核となるトラウマやアタッチメントに関する理論に向き合ってきた過程で，本校の実態であり課題でもある「アタッチメント関連障害」と「発達課題」の境界と関係性に視点を置くようになった。学力と生い立ち，そして家庭環境との因果関係はどうしても切り離せない。本実践では４つの発達課題における，目には見えにくい困難や生きづらさを授業の舞台にのせ，「本人」「支援者」「環境調整」「関係性」の４つの視点から俯瞰して見つめる。どの学校のどの教室でも見られる景色を，子ども同士の安全・安心な協働へと導く授業を提案する。

発達障害には，ADHD（注意欠如多動性症），ASD（自閉スペクトラム症），LD（学習障害），知的能力障害などがあり，その出方や程度はさまざまで，いくつか重複することもある。発達障害の主な原因は，遺伝と脳機能のトラブルにあることが分かっている。今回は，特にADHDとASDについて取り上げる。

アタッチメント関連障害については，情緒・行動・思考・身体・行動などへのさまざまな影響の中から，本校の児童に多くみられた症状を教材に取り入れる。また，発達性トラウマ障害としては，主に解離性障害とPTSD（心的外傷後ストレス障害）を扱う。

ADHD（注意欠如多動症）

ADHDとは，不注意・多動・衝動的といった特性があり，個々によって優勢されるタイプが変わる。不注意では，一定時間一つのことに集中するのが苦手な特性がある。集中しても，他の刺激に気が散ってしまい，集中力が長続きしない。また，注意が向かないために，物をよく無くし忘れ物も多い。何をどこに置いたのかを忘れてしまい，いつも探し物をしている。多動性では，じっとするのが苦手な特性がある。状況とは無関係に体を動かし，授業中や食事中もすぐに席を立ち，うろうろしてしまう。高い所から飛び降りるなど危険な遊びをすることもあり，それに伴いよくけがをする。衝動性では，「欲しい」「したい」「話したい」という欲求が強く激しく出て衝動的に動くような特性がある。順番を待つことが難しく，皆が並んでいる列に割り込んでしまう。また，授業中に先生の話を最後まで聞かずに答えを言ってしまうので，結果として的外れなことや授業妨害していると思われることがある。他人に対して余計な干渉をしたり，邪魔をしたりすることもある。

ASD（自閉スペクトラム症）

人とのコミュニケーションが苦手で，こだわりが強いという特性がある。以前は，「高機能自閉症」「アスペルガー症候群」などの定義があったが，現在は，自閉症スペクトラムという診断名に統合されているので，症状は幅広い。

ASDは，喜怒哀楽の感情を表現することが難しい。人にあまり関心がなく，愛着行動もあまりみられない。人に興味がないので自分のペースで遊び，言葉の発達に遅れのない子は自分の話だけを一方的に話すことがある。そのため，話を合わせてくれる大人のほうが話しやすい。具体的な指示や視覚的な支援があると理解できるが，「あれとって」など曖昧な指示は理解しにくい。相手の表情や感情を読み取りにくいので，相手を不快にさせてしまうような言い方をしてしまうが，否定的な言葉に強く反応して必要以上に被害者意識を感じてしまうところがあり，そこが二次障害につながりやすい。

こだわりが強く，普段と違うことや予定外のことに対応できずに強い不安を感じると，パニックになることがある。同じことを繰り返すこと（「情動行動」）がある。繰り返すことで，不安や緊張感を消そうとしていると考えられる。同時に2つ以上の事をするのが苦手であり，指示が複数あることや複数の動作を一度にすることは苦手なため，球技なども苦手な傾向がある。正解は1つだと考えるところがあり，融通が利かず自分の規則を人に押し付けがちである。ルールを柔軟に解釈することができない。得意，不得意は，はっきりしており，空間認知力が優れていたりずば抜けた記憶力を持っていたりする。感覚がアンバランスなところがあり，聴覚のアンバランスさがよく見られる。五感の感じ方や反応に偏りがあるので，視覚・触覚・味覚・嗅覚の過敏さがあったり，逆に鈍感な側面があったりもする。

アタッチメント関連障害

アタッチメント障害は，乳幼児期の環境がつくりだす障害で，養育者との関わりで発達するはずの脳の各所が未熟な状態を指す。マルトリートメントが原因であり，虐待と言い切れるケースの他にも，親に捨てられた，死別，親の精神疾患，他の兄弟との比較，いつも否定された，過干渉などが挙げられる。養育者の内在化ができていないことは，心身へさまざまな影響を与えることになる。感情面では，恐怖心と孤独が根底にあり，自分を癒やしたり制御したりする方法を知らない。行動面で顕著な点は，自分を愛そうとする人に向ける絶え間ない攻撃性がみられる。思考面では，大脳の前頭葉にある「他人の気持ちを汲む」という部位が未発達なことが多く，相手の立場に立ちにくい。関係性においては支配⇔隷属の結びつきが強く，いつも他人（親）の感情を中心に生きてきた場合，自己の確立が脆弱である。さらに，あやされ，照らし返してもらうことで，不快を快へ導く方法を学ぶ機会を逸しているので，自身の不快に気づくことができない児童が多い。

本校では，脱抑制型反応性愛着障害（誰彼構わず馴れ馴れしく近づき，まるで旧知の仲のようにふるまう）と，抑制型反応性愛着障害（誰にも愛着を示さず，優しくされると困惑する）の両方がみられたが，本実践では後者の事例を扱う。

発達性トラウマ障害

トラウマとは，本来もっている自身の力では解決できないような非常にショッキングな恐怖を伴うストレスであり，主な原因として，命の危険に関わることが挙げられる。あまりにも過酷な記憶ゆえ，例えば冷凍保存のような状態で脳にしまっておくこともある。その場合，あるきっかけ（スイッチ）で解凍されてしまい，新鮮な記憶が鮮やかに蘇る。これをトラウマの再現というが，本校でもしばしばみられた。暴力に脈略はなく，憎いのは目の前の相手ではない。過去の記憶に支配され，そこへの怒りを自分では止められない。このようなPTSD（心的外傷後ストレス障害）に関しては，この他にも侵入症状や回避症状などもみられ，専門的な知識や治療的な視点がなかった時代は，どのように指導すればよいか分からず，途方に暮れていた実態があった。さらに，覚醒や反応性の異常といった言動はADHDと酷似していて，アプローチの仕方に悩むこともあった。解離性障害に近い事例として，記憶のすり替えがよくみられた。問題行動への否定の仕方が尋常ではなく，嘘をついているというよりは，自己防衛のための一つの方法だったと今では考えられる。二次解離，三次解離とまではいかなくても，「記憶」に関わることでみられる児童の不安定な言動は非常に多い。

「環境」の調整が必要な発達課題と，「人」とのつながりを必要とするトラウマやアタッチメントに関連する課題。アプローチの方法が異なる両者ではあるが，クラスの中に必ず存在する課題である。本実践では，ADHD，ASD，アタッチメント関連障害，発達性トラウマ障害，それぞれの特性を知識として習得する。それらを活かし，「環境調整」「理解と支援」という２つの視点から課題を解決していく。

導入は，４人の宇宙人が地球にやってくる場面からスタートし，特性をふるさとの星の様子から説明する。ふるさとの星では特性に合った環境があり，人とのつながり方が存在する。ここでは視覚的なアプローチに重点を置き，それぞれの発達課題の特性を分かりやすく，正しく理解させたい。

４人の宇宙人たちは地球という新しい環境で，困難や暮らしにくさという壁にぶつかることになる。その壁をスポーツ大会という場面に置き換え，ルールづくりやチームワークの在り方から困難を解決していく。100メートル走では，環境調整に視点を置き，物理的な配慮に気づけるような教材とする。サッカーでは，それだけでは成り立たないことに気づかせ，人と人とのつながりや，協力，そして宇宙人本人に必要な努力についても考えることができるようにする。

ライフストーリーワークの取り組みを通し，友達の内面と向き合おうとする意識が芽生えているこの時期に，自分の努力だけでは解決できない特性があるということを知ることで，できないことを認め合いながら，より助け合える関係へと深めていける活動にしたい。また，特性は環境によって表れ方が違い，原因を探ることで環境は調整できることに気づいてほしいと考える。

過去にあった４つの特性に似た傾向がみられると思われた児童の様子（例）

ADHD	Aさん	自分の興味のあることについては積極的に行動できるが，めんどうくさいと感じることや苦手なことへの拒否感は強い。思考が幼かったり，自分の気持ちを上手に話せなかったりするため，みんなとの会話がうまくいかなくてケンカになることが多かった。
	Bさん	順番やルールを守ることが苦手で，勝ち負けに極端にこだわる。自分の思う通りにいかないと，すぐに手が出てしまったり，言葉で相手を傷つけてしまったりすることが多い。物を片付けることが苦手で，常に机の下は物が落ちている。よく忘れ物をしてしまう。
	Cさん	常に声をかけ続けていないと，授業中も物づくりに熱中し，絵を描いたり，消しゴムのカスを練っていたりするなど，落ち着いて学習することが苦手。ゲームのルールを理解しにくいのか，理解していてもルールを破ってしまうため，友だちとのトラブルが多い。
ASD	Dさん	計算領域・暗記分野は得意だが，抽象的な言葉の意味や物語の登場人物の心情を読み取ることが苦手。人からの直接的な関わりには対応できるようになってきたが，予測不可能な対応や自分に理解できない関わり方をされると，どうしてよいかわからなくてパニックになる。
	Eさん	抽象的な言葉や人の心情を読み取ることが苦手。言葉をそのまま聞き取ってしまうため相手の気持ちを考えることなく強く非難してしまい，トラブルとなる。以前は，予定が変更されると，気分を害する様子を見せていた。突然，会話の中で不自然に大人のような発言が混ざることがあり，馬鹿にされたと思った相手とケンカになることが多かった。
	Fさん	こだわりが強く自分が思ったことは口にしないと気持ちが収まらない。宿題のプリント類を持って帰るのを忘れたり，無くしてしまったりすることが多い。相手の気持ちを汲み取って会話することが苦手なので，直接的に相手をしつこく非難してしまうことがあるので，ケンカになる。
アタッチメント関連障害	Gさん	初めての活動，初めて会う人に対しての抵抗感が激しく，試し行動をする。慣れてくると人懐っこく相手に接する。以前は，自分の理解を超えた状況に対して，相手への暴力や言葉での罵りが激しかった。できていることに対しても自分に自信がなく，人前での発表・音読は極端に嫌がっていた。物を片付けることが苦手で，物を大切にいつまでも使うことも苦手。
	Hさん	以前は自分が興味のあることに対しては参加するが，苦手なことやめんどうくさいと感じることは参加せず，無意識にふらふらと離席することが多かった。相手の気持ちを逆なでするような言葉をわざと言ったり，おそらく自分の気持ちとは反対のことを言ったりすることが多かった。自分に自信がなく人前での発表・音読は極端に嫌がり，なかなか素直な気持ちを人前で見せることができなかった。自分の優しさを指摘されることがあっても恥ずかしさのあまりその相手を馬鹿にするような言葉を言ってしまって，相手を傷つけるようなこともあった。自分の大切なものへの執着心は強く，そのことについて話しているとだんだんと興奮してくる。LGBTQ的な在り方に困難を感じていないか，配慮が必要である。
	Iさん	身だしなみを整える，物を片付ける，物を大事に使うことが苦手。優しい気持ちはいっぱいあるのに，言葉がぶっきらぼうなため誤解を受けやすい。自分の興味があることへの集中力はとても高いが，めんどうくさいと感じることや苦手なことへの拒否感も高い。手先が器用で，常に絵を描くか，物作りに没頭している。

6. 授業展開

<table>
<tr><th></th><th>学習活動</th><th>指導上の留意点等
（使用教材）</th></tr>
<tr><td rowspan="2">導入</td><td>①映像を見せ，宇宙人が自分の星へやってきたことに気づく。
②お隣の星からやってきた友だちと一緒に「たしなんスポーツ大会」をすることを知らせる。</td><td>・ゲームの世界で宇宙人たちとともに，イベントを成功させるということを意識させる。</td></tr>
<tr><td colspan="2">めあて　友だちのことを知り，皆が楽しめる「たしなんスポーツ大会」のルールを考えよう。</td></tr>
<tr><td rowspan="2">習得</td><td>① 4 人の宇宙人の特性・住んでいた星を知る。</td><td>・モニターに宇宙人の特性やふるさとの星の様子などを映しながら説明をする。</td></tr>
<tr><td colspan="2">

こんにちは。ぼくマルッチ！ アド星から来たんだ。この星はすごく面白いね！ 見たことないものがいっぱいあるよ。ぼくは，小さいときから，好きなものがいっぱいあって，気になったことはすぐにやってみるよ。だから，今すごくワクワクしてるんだ！ ぼくに怖いものなんてないからね！ へへっ。特に高いところが大好き！ 高いところを見つけると，じっとしていられなくて，すぐに上ってしまうんだ。だからよくケガをしちゃうんだけどね。へへっ。あと，お片づけが苦手だから，すぐ物を無くすし，忘れ物をよくしてしまうんだ。へへっ。そうそう，ぼくこの星に来て，不思議なことがあるんだ。この星のみんなは，なんでいつも人の後ろに並んでいるの？ 順番を守るってなに？ すぐできるほうが楽しいのに。順番なんて待っていたら，夜になっちゃうよ。
あぁ～，楽しいことがたくさんあって目がチカチカする～!! ぼくの星は，優しい色が多かったから，そっちの方が安心するんだよね。行きたいところいっぱいで，時間がないよ，じゃ，またねー!!

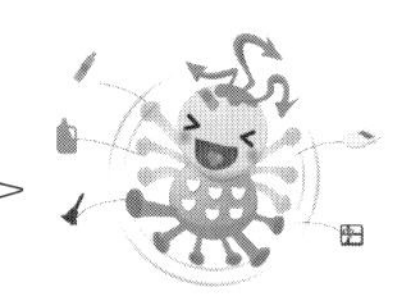

ADHD

これから自己紹介をハジメマス。わたしの名前はスペックとイイマス。オーリス星からキマシタ。今日もわたしは，7 時に起きて顔を洗って，着替えて，7 時 30 分に朝ご飯をタベマシタ。予定はすべて決まってイマス。1 か月先の天気も，電車の時刻もすべて覚えてイマス。ケントさん，お誕生日おめでとうございます。あなたが生まれた年の 2011 年 3 月 3 日は木曜日でした。あなたが 20 歳になる 2031 年 3 月 3 日は月曜日デス。カレンダーを覚えるの得意デス。でも，わたしは気持ちを伝えるのは苦手デス。顔のカードで伝えたいデス。言葉より絵があると分かりやすいデス。大きな音が苦手です。ビックリして固まってしまいマス。静かな所がすきデス。お店は形で見分けています。今，ハマっているのは，1 人カフェデス。みんな 1 人で来て，何かしてイマス。

こんにちは。はじめまして。（はずかしそうに）わたしはアタ，ビボール星から来ました。今，とても緊張しています……。
わたしがいたビボール星では王様がいて，星の住民を強くするために禁止されていたことがあるの。それは「優しくすること」と「なかよくすること」だったの。だから赤ちゃんが泣いていても，抱っこしないの。ここに来て一番びっくりしたことは，みんなが笑顔でいること，みんな友だちと仲良く遊んでいるでしょ，わたしの星ではそんなことなかったから，びっくり！
前，地球人が「かわいい!」って抱っこしてくれたことがあるんだけど，抱っこされるなんて初めてだったから，本当はうれしかったのに，やめてよ!!って反対のことを言ってしまったの。でも最近，「だっこ」や「なかよし」って素敵だと気がついたの。まだ知らないことばっかりだけどね。

アタッチメント

ぼくはトラだ。この星のみんなは優しいなぁ。ぼくがいたドスティ星ではダメなことをしたら，たたいたり大きな声で怒鳴ったりすることで，正しいことを教えるルールがあったんだ。ぼくも小さい時から，いっぱいたたかれた。学校も街も家も，ケンカしている人だらけさ。あいさつの代わりにパンチだった。ぼく，暴力はあんまり好きじゃなくて…。覚えてないんだけど，気がついたらトリートメント星にいて，星の真ん中にある大きな病院にいたんだ。そこにいる，とっても優しい先生に心の治療をしてもらっているんだ。
そのお医者さんが教えてくれたのは，ぼくが大きな音や声が怖くて震えたり，頭に刺激があると暴れてしまうのは，心の傷が原因なんだって。でも，つらいことはよく覚えていないんだ。
</td></tr>
</table>

深める

1 種目目「100メートル走」

① 100メートル走のリハーサルをした時に，それぞれの宇宙人がどのような動きをしたのか，ペープサートで知る。

・ペープサートを使って，それぞれの宇宙人の動きを表し，一人一人の動きを確かめる。（ペープサート）

観客席には，カラフルな洋服を着ている人が，旗やタオルをもって応援しているよ。ああ，目がチカチカする。近くへ行って，もっとよく見てみたい!!!! 好きなものいっぱい！ 観客席へ…「よーい，ドン!」

え?? とってもたくさんの人がわたしを見てる？ はずかしい。もし，転んじゃったらどうしよう，一番遅かったらどうしよう！ わたし失敗することがすごく怖いの。この場から，いなくなってしまいたい！

おい！ なんだあの客！ 応援の仕方，ケンカ売ってんのか？ みんなして寄ってたかって大声で「がんばれ」「負けるな」「しっかり」って。ぼくはがんばってるよ！
……その後殴りにいく。

・行動の根拠を話し合う。

100 m走ってなに。大きな音，怖い。ピストルの合図で何をするのですか。
こんな予定，ありませんでした。

→適応できなかった 4 人それぞれの心の声を演じて示す。

② このままでは全員で100メートル走ができないことを確認し，走ることができなかった原因と解決方法を考える。

・8 班編成とし，少人数で考えられるようにする。（班用ワークシート）

大きな音が怖いなら，この人を遠くへするか，合図を旗にしたらどうかな

観客の人にやさしく応援してもらって，カラフルな服やタオルもひかえてもらおう

スペック君のために，ゴールの所に走るマークをおいておいたら分かりやすいんちゃう？

トラちゃん，耳栓つけたら怒らないかな？

③班で考えた環境調整のための手立てを交流する。

みんなが楽しめるようなルールを考えることはできたかな？

スペック君やトラちゃんのために，足元にランプを用意して，音じゃない方法でスタートを伝えるとどうだろう

マルッチのために，観客席を低い場所にしたらどうかな

活かす	2 種目目「サッカー」 ①サッカーの練習試合をした時に，それぞれの宇宙人がどのような動きをしたのか，ペープサートで知る。 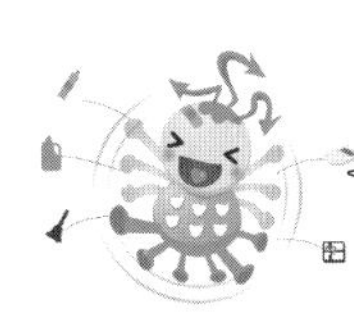 なにあれ??「ゴール」っていうの?? ひゃっほーい! 上って見下ろしたら気持ちいいだろうな～! ……（その後，ゴールに上る） プレー中に，ボールが顔に当たる……（その後，敵，味方関係なく殴る，蹴る。審判に力ずくで止めてもらう。相手が憎いわけじゃないのに自分ではどうにも止まらない。そして，覚えていない…） →サッカーでは，自分たちも試合に参加する設定で行う。 ②このままでは，全員でサッカーができないことを確認し，サッカーができなかった原因と解決方法を考える。 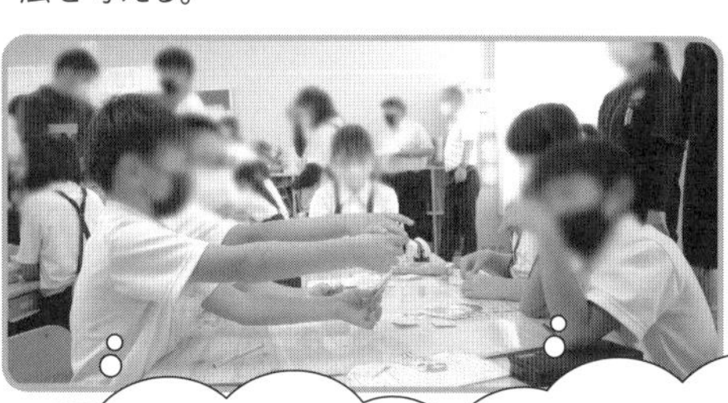 ゴールを低くしたらいいんちゃう? あ! 穴ほって，そこに入れるとか，どう? トラちゃんは，頭への衝撃があかんのやったらヘルメットつけたらどうやろう? ③解決方法を交流する。 ピンクの付箋をつかっているのはどういったケースかな? トラちゃんにボールがあたりそうになったら，ぼくが助けるよ! スペック君のために，ゴール横にルールの絵をおいておこう! アタちゃんには，やさしいの意味を教えて，やさしく続けるのがいいよ ④ 4 人に感想を聞き，導入時と比較する。	・ペープサートを使って，それぞれの宇宙人の動きを表し，一人一人の動きを確かめる。（ペープサート）  ああ，また笛の音が聞こえました。あ! ボールが私の方へ転がってきました。みんなもボールで遊んでいるから，私はボールを持っていきます。あれ? どうして皆怒っているのですか? 手は使ってはいけないのですか?  同じチームの友だちが，「一緒にがんばろう! 大丈夫だよ。」って言ってくれた。これがやさしさとなかよし? とってもうれしかったのに，ギロッてにらんで，手を振り払ってしまったの。はあ…。どうすればよかったのかな… ・ルールしか出てこなければ，ペープサートを使って，宇宙人の心の内を話す。  スペックは，キーパーになったらハンドしてもいいよな? キーパーの動きなら分かりやすいからいいんちゃう? いや，キーパーはトラちゃんやで! ボールがきたらパンチしたらいいやん!
まとめ	①ルールを変えたりその子に寄り添ったり，本人も努力することで，課題を解決できたことを振り返る。 ②皆で解決方法を考えようとすること自体が環境を変える大きな一歩だということを確認する。	・これまで学級で培ってきた仲間づくりや人権意識がここでも活かされることに気づくことができるようにする。

5年

①愛？ それとも支配？
――パートナーシップの視点から――

1. 学習目標

⑴ さまざまな形のパートナーについて考えたり，違いについて説明したりすることで，「人」と「人」との関係性への理解を深めることができるようになる。

⑵ 親しい仲であるがゆえに生まれる支配的な言動に気づき，相手を大切にすることの意味を考える。

⑶ パートナーとの良好な関係を築くために，必要なことについて考え，そのために「今」できることを見いだすことができるようになる。

2. 教科等 総合的な学習の時間

3. 使用教材 プレゼンテーション

（参考文献：伊田広行 2011『ストップ！デートDV』解放出版社／辻由起子氏講演会資料）

4. 指導計画〈全7時間〉 ※第三次は本書82～87ページ掲載「スマホについて考えよう」参照

第一次	《性の多様性について考えよう》 ○小学生向けDVD教材「いろんな性別～ LGBTに聞いてみよう!～」を視聴し，外見やふるまい，からだ，こころ，好きな人の性別という視点で，改めて性について学ぶ。 ○差別的な言葉を知り，正しい言葉を学習することで，気づかなかった偏見に気づくことができるようにする。	1時間
第二次	《パートナーシップについて考えよう》 ○アニメのキャラクターから，さまざまな組み合わせのパートナーを見つけ出し，分類することで，関係性の違いに気づき，「恋人」や「恋愛」とは何か，現段階での自分たちの考えを話し合う。 ○グループで協力しておでかけプランをつくることで，譲り合い，相手の幸せを願うストーリーを児童の対話の中から展開させるようにする。	3時間
第三次	《スマホについて考えよう》 ○インターネットの世界に立つということの，意味を捉えさせる。 ○Instagram・X（旧Twitter）・LINEでのトラブルについて考え，対処法を学ぶ。	1時間
第四次	《「愛」と「支配」を見分けよう》 ○児童が作成したパートナーの数年後を提示し，親密さゆえの支配的な言動を見つけることができるようにする。 ○「好きだから」「つきあっているから」という理由で，支配と我慢の関係になった2人の問題点と改善点を話し合い，言語化する。 ○前時に取り組んだ「好きだから」との違いを見つける。 ○関係性が悪化した場合，どうすれば改善できるかを見いだすことができるようにする。	2時間

5. 指導にあたって

高学年では，「人」と「人」との関係性をテーマに学習を展開する。異性への関心が高まり出す

5年生というこの時期に，さまざまなパートナーの中から，特に「恋人」に視点を置き，「恋愛」を通して，お互いを尊重することの意味をじっくりと考える機会をもった。
第一次では，DVDの視聴を通し，LGBTQについて学ぶ。アニメによる分かりやすい性の解説や，実際の同性カップルの方々の話を聞くことで，事実を正しく知り，フラットな価値観をもつことができるようにする。
第二次では，アニメキャラクターから，特別な関係にあるペアを探し出し，その根拠を探る。日頃，自分を主体にした「お父さん」「お母さん」「兄妹」「好きな人」などというような見方から，「夫婦」「親子」「兄弟」「友だち」「恋人」等というような，客観的な見方をし，比較することで関係性について理解を深める。特に説明しづらい「友だち」と「恋人」の違いについて，辞書で調べたり生活体験の中から話し合ったりすることで，「人を好きになる」という気持ちは，表現しにくく，でも特別で素晴らしい感情であることを捉える。また，グループでおでかけプランをつくることで，意見を譲り合ったり，相手が喜ぶことを考えたりし，2人にとって幸せな1日のストーリーをつくり出すことの楽しさを味わうことができるようにする。
第三次では，児童が愛着をもって生み出した2人の関係性が，悪化していることに気づかせ，支配的な関係に陥ってしまっている言動や根拠を言語化して伝え合う。「干渉」「依存」「束縛」などをテーマに提示する6つの事例から，親密さゆえに精神的な距離感を逸してしまっていることの原因を，対話の中から見つけていく。
束縛は愛ではないこと，相手の自己決定や自由や行動を阻害してはならないこと，相手のすべてを知る権利はないこと，境界線をもつことなど，友人関係であれば守れるような当たり前のことを，恋愛感情を抱くことで間違うこともあるという点を知ることで，人を好きになるということの危険な側面の一端に触れるようにする。
さらに，悪化した場合の対処法についても考え，「別れる」という選択も選択肢の一つであるということを，あえて確認する。
小学校5年生という段階で「デートDV」や「恋愛」について扱うのは，賛否両論あるであろう。しかし，本校の児童の課題として長年ある自己肯定感の低さと中学進学後の実態を考慮したとき，本当に人を好きになり男女交際がスタートする前に，小学校の授業の中で，人権教育や相互尊重という視点から，恋愛について客観的に捉えることが大切ではないかと考える。友だちとの対話の中で恋愛の楽しさを体験し，起こりうる困難と向き合って，みんなで価値観をぶつけ合いながら思考を巡らせることで，11歳の今この時にこそ，すべてにつながるパートナーシップの在り方について，真剣に考えてほしい。そしてそれは，異性を異性として意識し始め，親子や友だちなど，「人」と「人」との関係性の中でさまざまに悩み，思春期の揺れが最大限に大きくなる5年生という学年にこそ，重要な取り組みではないかと考える。
心の穴を埋めるためではなく相手の幸せを願うことができる，そんな恋愛をしてほしいと願う。

6．授業展開

【第一次】小学生向けDVD教材「いろんな性別 ～LGBTに聞いてみよう～」(「新設Cチーム企画」制作，2012年)を視聴する。

【第二次】パートナーシップについて考えよう

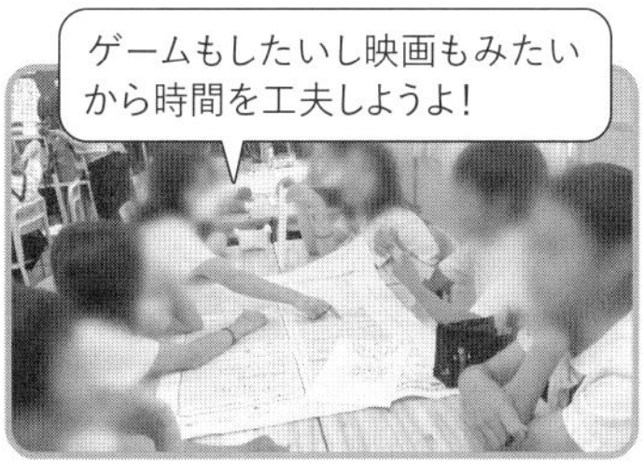

	学習活動	指導上の留意点等〈使用教材〉
導入	①さまざまなアニメに登場するキャラクターの家族を提示し，パートナーを見つける。	○パートナーとはお互いに特別な存在と思っている状態をさすことを確認する。（辞書など参照）
	めあて さまざまな形のパートナーについて考えよう。	
	②それぞれにつくったパートナーを仲間分けする。	○「夫婦」「親子」「兄弟・姉妹」「友だち」「恋人」など，グループ分けすることでさまざまな形があることを実感できるようにする。
深める	①それぞれのパートナーの違いを考える。 親子は血がつながってるけど夫婦はちがう 夫婦には手続きがいるけど恋人にはいらん	○違いを説明することで，関係性への理解をより深めるようにする。 「親子」と「夫婦」のちがいは？ 「夫婦」と「恋人」のちがいは？ 「恋人」と「友だち」のちがいは？ 5年1組アンケート結果
	②説明しにくい「恋人」について，辞書や児童アンケートを用いて考える。 友だちの好きと恋人の好きはどうちがう？	友だちと恋人のちがいは，「好き」のレベルがちがう？ う〜ん…難しい！
	③グループで，おでかけプランを立てることにチャレンジする。 名前は何にする？ 趣味はどんなことやろ…夢は，お店をもつこと！	○グループで役割分担し，しっかりと話し合うことで譲り合いながらお互いに楽しい時間をすごせるようなストーリーを考える。 ゲームもしたいし映画もみたいから時間を工夫しようよ！
まとめ	①各グループ発表し，楽しそうだな，幸せそうだなと思うところを伝え合う。	○発表も役割分担して行い，分かりやすく伝わるように工夫する。

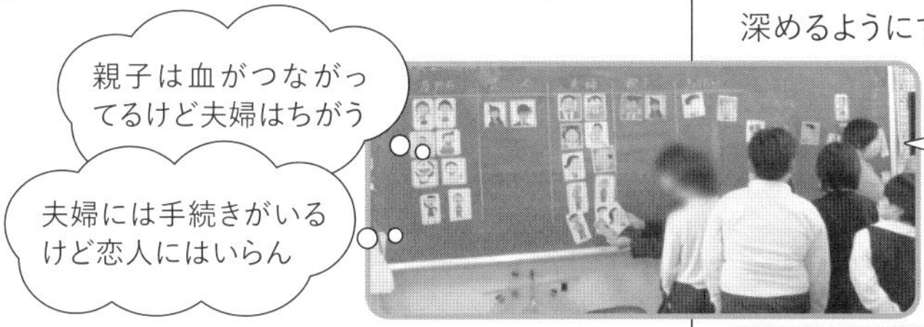

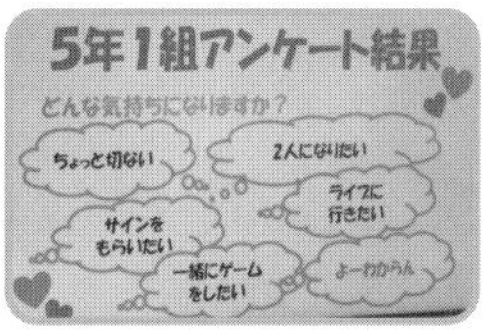

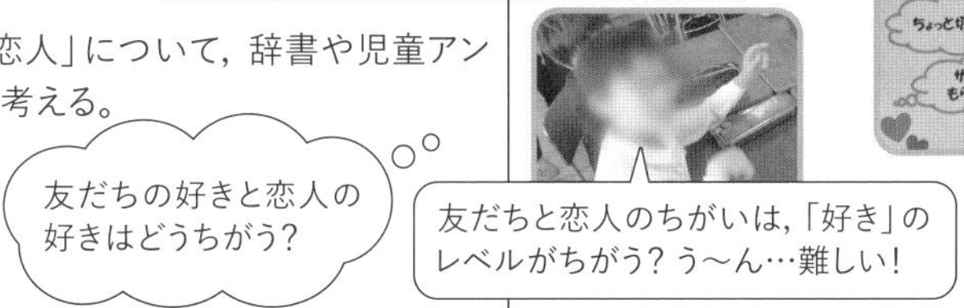

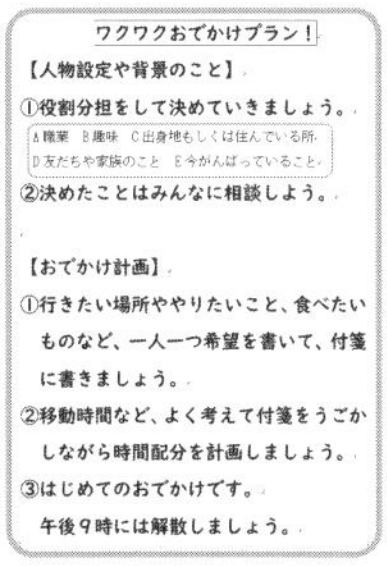

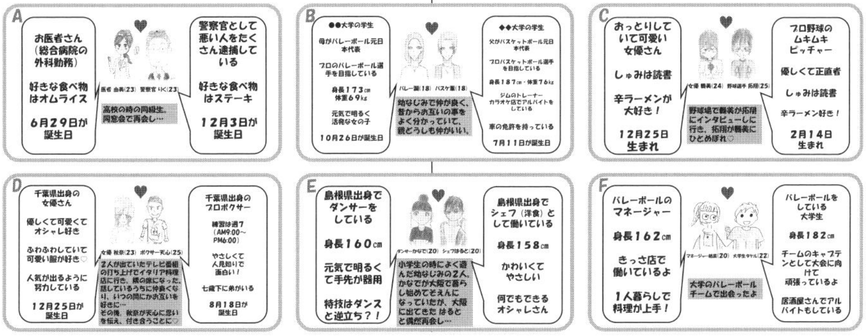

まとめ	②相手に好意をもっているからこそ，生まれる言動を見つける。	○自分たちの経験も振り返りながら友だちとの違いに気づくようにする。

【第四次】「愛」と「支配」を見分けよう。

	学習活動	指導上の留意点等 〈使用教材〉
導入	①前時に立てたおでかけプランに登場した２人のどちらかが，悩んでいる様子を提示する。 **めあて** 良い関係を築く方法を考えよう。	○どんなことがあったのか，想像することで，事例をよみとく構えをつくる。
深める	①２人の数年後を描いた様子を提示する。	○各班，率直な感想を交流しあい，関係性がどのように変化したのかを全体で共有する。 ○男女，両方の立場で考えられるように留意する。
	②関係があった６つの事例をよく読み，それぞれに，キャッチコピーをつける。	○加害側の言い分（指導者より）を聞き，何がどのように間違っているのかを友だちと話し合い，言語化できるようにする。

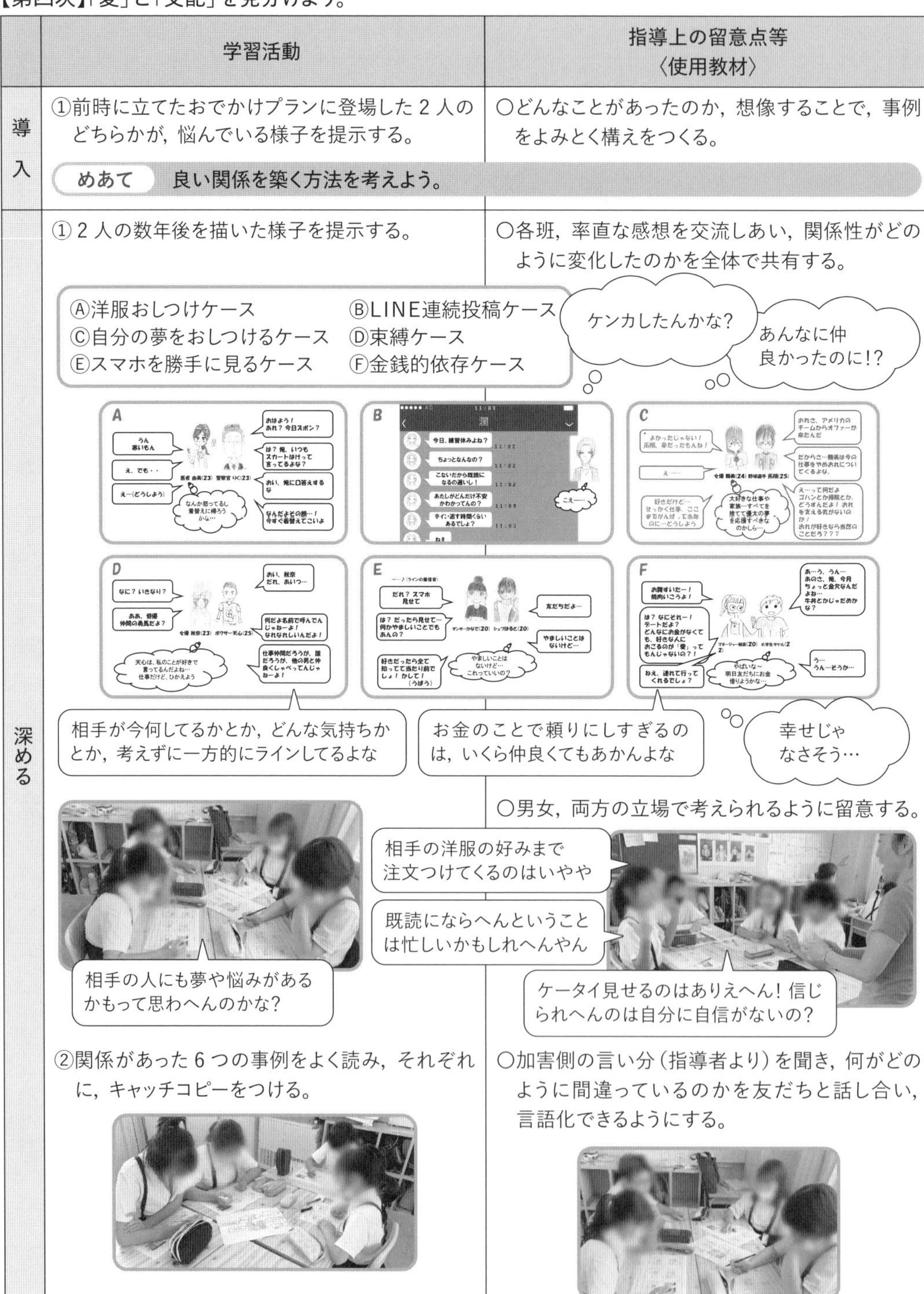

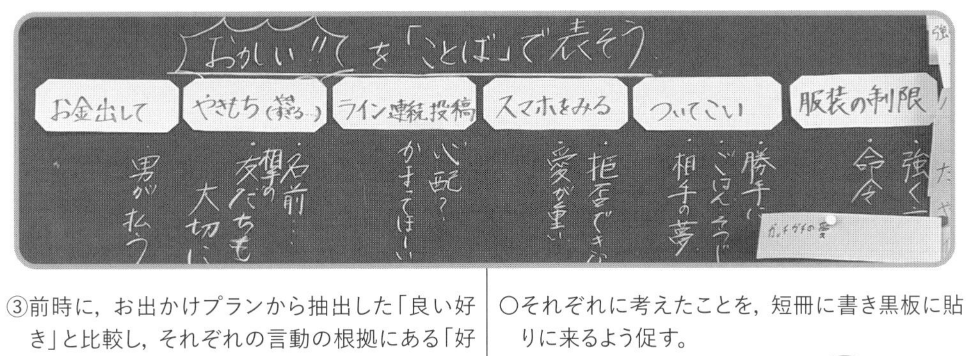

深める	③前時に，お出かけプランから抽出した「良い好き」と比較し，それぞれの言動の根拠にある「好きだから」とは，どんな「好き」なのかを自分の言葉で言い表す。	○それぞれに考えたことを，短冊に書き黒板に貼りに来るよう促す。
まとめ	①6つの問題の解決策を話し合い，相手を理解し，尊重することの大切さを確認する。	○恋人にかかわらず，友だちでも家族でも，すべての親密な関係性に共通すること，そして，もしも我慢や苦痛が続くようであれば，お別れするという選択も解決策であることを伝える。

5年

②スマホについて考えよう

1. 学習目標

⑴ スマートフォンの機能と，その中でもインターネットが可能にしていることを正しく理解し，ボタン一つで，地球上の情報社会に立つことができる便利さとリスクを知る。

⑵「自分」を発信し，つながることの楽しさの裏にあるリスクについて考え，LINEを中心にデジタルなコミュニケーションの在り方とその根底にある情報モラルについて話し合う。

2. 教科等　総合的な学習の時間

3. 使用教材　プレゼンテーション

（参考文献：伊田広行 2011『ストップ！デートDV』解放出版社／辻由起子氏講演会資料／竹内和雄 2014『家庭や学級で語り合う スマホ時代のリスクとスキル』北大路書房／樋口進 2017『スマホゲーム依存症』内外出版社／同2018『ネット依存・ゲーム依存がよくわかる本』講談社／学研まんがでよくわかるシリーズ99『コンピュータのひみつ』，同シリーズ133『インターネットのひみつ』以上，Gakken／草野真一 2014『メールはなぜ届くのか』，同2015『SNSって面白いの？』以上，講談社／西野泰代・原田恵理子・若本純子（編）2018『情報モラル教育　知っておきたい子どものネットコミュニケーションとトラブル予防』金子書房／平成30年度 大阪の子どもを守るネット対策事業（文部科学省委託事業）「事業報告書＆適切なネット利用のための事例・教材集」大阪府／『5年 社会科資料集』文溪堂）

4. 指導にあたって

【視点1：インターネットの世界　～ネットとリアルのちがいって?～】

スマホネイティブの子どもたち，だからこそ，スマホという小さな機械にあるボタン一つで,「インターネット」という地球上に網のように張り巡らされた「情報の世界」に立つということを，まず，実感させたい。

インターネットの世界では，オンライン・オフラインの重ね方も，情報選択や関係調整の力も，表現の自由も「個人」に委ねられる一方，その「個人」がどんなに未熟であっても特別な配慮はない。それなのに，子どもたちはおそらく「つながりたい」という日常の延長から，スマホ生活をいきなりSNSからスタートさせ，準備もままならぬまま，インターネットの世界に飛び込むことが予想される。共感できる喜びに夢中になり，楽しい画像や，ふとしたつぶやき，親しい友だちとの会話でさえ，地球上の知らない誰かに届くかもしれないという危機意識と，個人情報が漏れた先に起きうることについての知識は薄い。つまり,インターネットを使いこなせるが,インターネットを理解していないということである。だからこそ,今,小学校5年生という段階で,手に持っているスマホの先にいる目に見えない人たちの存在を想像する力を培う時間の中で，ネットにつながる「個人」として自身を俯瞰しながら，情報モラルを身につけさせたい。

【視点2：「つながる」ってどういうこと？　～SNSの「よさ」と「きけん」～】

YouTubeやホームページなど，子どもたちの日常では情報を「受信」することが多い。したがって，ここでは，自身の情報を「発信」する意味と，その先にある「つながり」や「危険」に視点を置きたい。今回の授業では，進学先の中学校の生徒の間でも使用頻度の高いInstagramとX（旧Twitter）を教材として用い，そのメリット・デメリットを学習する。また，ここでは，それぞれのSNSの使用方法に着目するのではなく，その特性によって起こりうる事態について考える時間とする。

Instagram

良い事例（口頭）	危険な事例教材
・楽しさ伝わるリアル絵日記の要素	・画面に映る内容から場所の特定ができること

X（旧Twitter）

良い事例（口頭）	危険な事例教材
・素早い拡散で救われた命	・「つぶやき」拾いからの知らない人との出会い

「自分」という情報をネット上に載せるということ

良い点	注意すべき点
・自分が伝えたいことをみんなに知ってもらえる。 ・「いいね」がもらえる。 ・日記みたいに記録できる。 ・「つながり」機能で懐かしい人にネット上で会える。 ・#などで共通の趣味の人ととの出会いが広がる。	・自分の住んでいる場所が分かるかもしれない。 ・どんな人か分からない人とは会わない。 ・自分の考えとはちがう人からの意見も受け取ることも理解しておく **ふざけた画像を投稿をした事例から** ・損害賠償 ・情報はずっと残るもの…就職まで影響する時代

「友だち」という情報などをネット上に載せるということ

良い点	犯罪ということ
	●「この学校を爆破する」とネットの掲示板に→威力業務妨害罪 懲役３年以下罰金50万円以下 ●「お前を殺す」とLINEに→脅迫罪 懲役２年以下罰金30万円以下 ●「○年○組の△△はカンニングした」とXに→名誉棄損罪 懲役３年以下罰金50万円以下 ●「◇◇きしょい（気持ちが悪い）」とLINEに→侮辱罪 拘留（30日未満）または科料（１万円未満） ●人のHPを勝手に書き換える→不正アクセス禁止法違反 懲役３年以下罰金100万円以下

【視点３：身近な「LINE」こんなときどうする？　～コミュニケーションの在り方を問う～】

子どもたちが初めてスマホを手にしたとき，一番にLINE機能を使うことが予想される。LINEは，対面コミュニケーションとの共通点が多い反面，スタンプや短文化など対面では使わないような方法で会話が弾む。したがって，画面上にある内容の解釈はさまざまで，テンションを共有できる楽しさがある一方，誤読も生じやすい。本時では，さまざまな事例を通し，「対話の基本」に立ち返りながら，LINEが，おしゃべり・手紙・電話などに並ぶコミュニケーションツールの一つであることをしっかりと捉えさせたい。

また，他のSNS同様，たくさんの「つながり機能」はあるものの，関係がこじれたときの対処機能や会話をやめる方法に乏しいのがLINEの特徴でもある。これらの対処方法としてあるのがブロックや既読無視であり，この方法がコミュニケーション上良いとは思えない。スマホを介し，どんなにSNS上の利便性があったとしても，人との向き合い方や距離の置き方は，リアルと同様であるべきことをクラス全体で考え，LINEをさわるスマホの先に「人の心」があることをしっかり確認したい。

❶読み間違いをどうするか（誤解から関係がこじれたときの対処法）
❷終わらない会話の終わらせ方（グループ機能や連続スタンプなど）
❸未読スルーや既読スルーの受け止め方（ブロック機能や読んだら既読がつくなどの機能）

【視点４：ルールをつくろう　～便利なスマホと上手につき合うために～】

上記の視点１～３を踏まえ，もし自分がスマホを持つとしたら，またすでに持っている児童については，これからどのようなルールを決めたら安全にかつ楽しく便利にスマホを活用できる自分になれるのかを，話し合う。

❶インターネットの世界に立つ意味を踏まえたソーシャルメディアの発信・受信

❷「自分」をネット世界に載せるということは…
❸「自分以外」でも…ネット世界に載せるということは…
}つながり機能のその先に
❹LINEの先に「人の心」

5. 授業展開

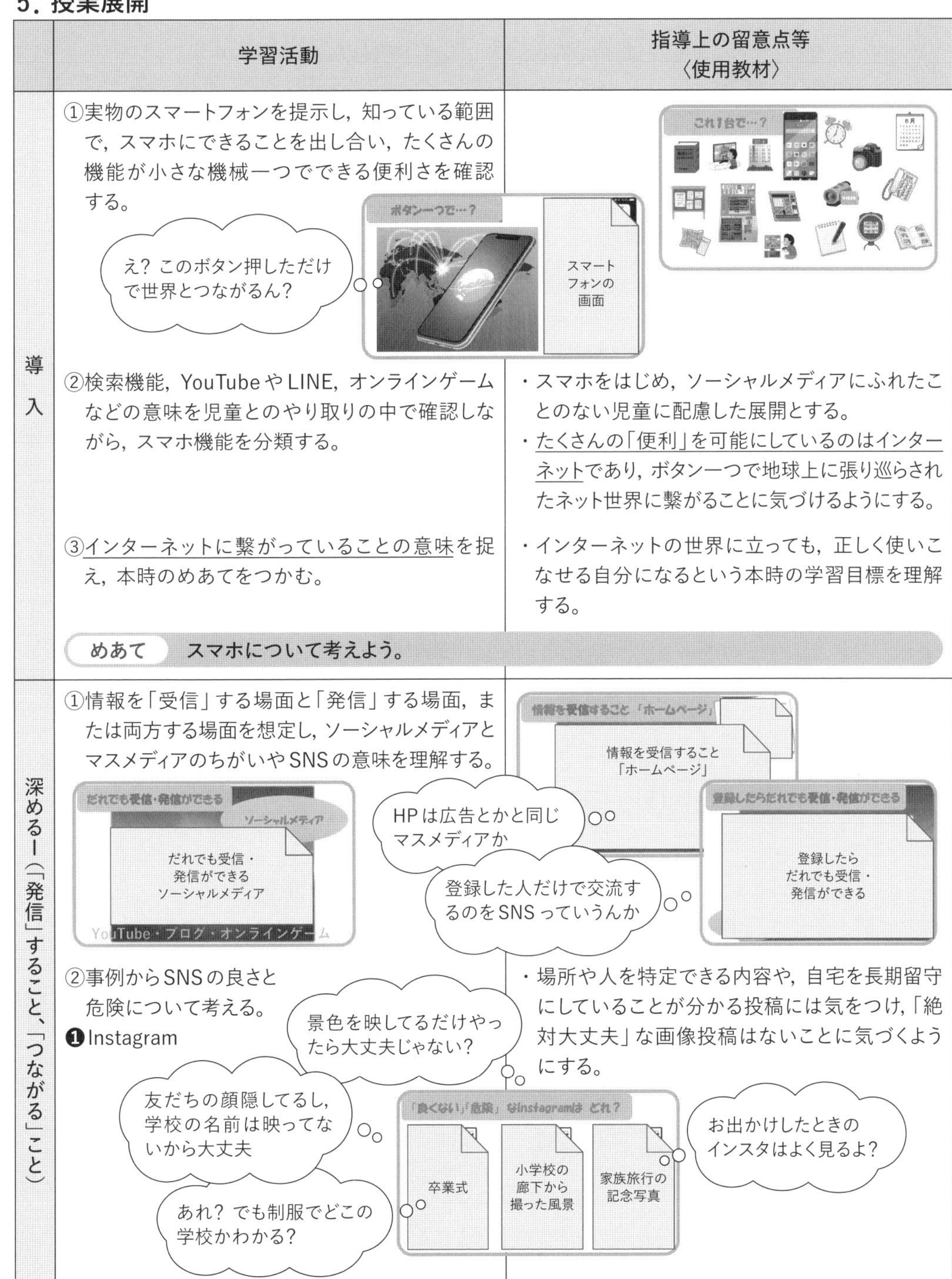

	学習活動	指導上の留意点等 〈使用教材〉
導入	①実物のスマートフォンを提示し，知っている範囲で，スマホにできることを出し合い，たくさんの機能が小さな機械一つでできる便利さを確認する。	
	②検索機能，YouTubeやLINE，オンラインゲームなどの意味を児童とのやり取りの中で確認しながら，スマホ機能を分類する。	・スマホをはじめ，ソーシャルメディアにふれたことのない児童に配慮した展開とする。 ・たくさんの「便利」を可能にしているのはインターネットであり，ボタン一つで地球上に張り巡らされたネット世界に繋がることに気づけるようにする。
	③インターネットに繋がっていることの意味を捉え，本時のめあてをつかむ。	・インターネットの世界に立っても，正しく使いこなせる自分になるという本時の学習目標を理解する。
	めあて　スマホについて考えよう。	
深める－（「発信」すること、「つながる」こと）	①情報を「受信」する場面と「発信」する場面，または両方する場面を想定し，ソーシャルメディアとマスメディアのちがいやSNSの意味を理解する。	
	②事例からSNSの良さと危険について考える。 ❶Instagram	・場所や人を特定できる内容や，自宅を長期留守にしていることが分かる投稿には気をつけ，「絶対大丈夫」な画像投稿はないことに気づくようにする。

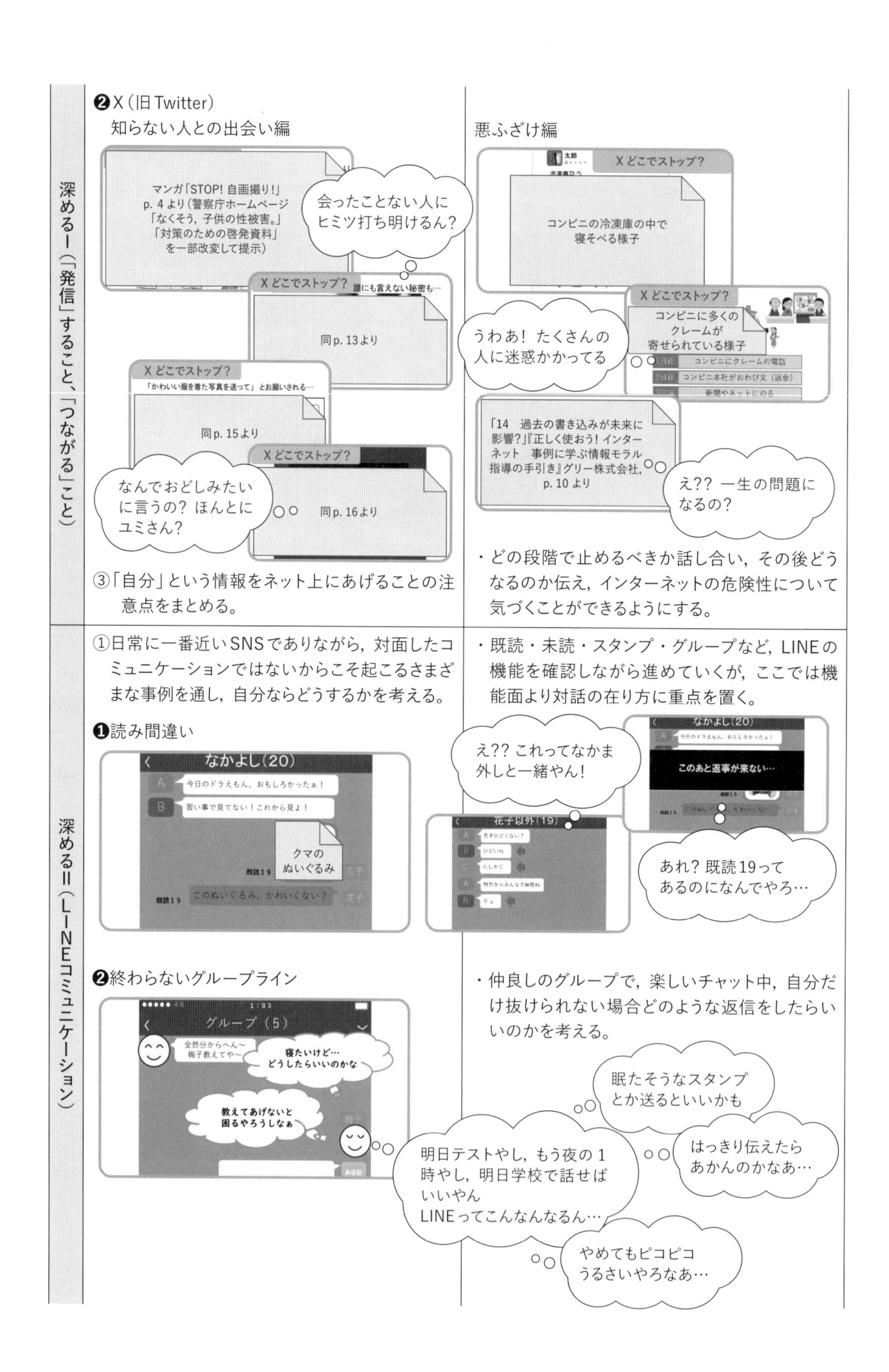

深める I（「発信」すること、「つながる」こと）

❷X（旧 Twitter）

知らない人との出会い編

③「自分」という情報をネット上にあげることの注意点をまとめる。

悪ふざけ編

・どの段階で止めるべきか話し合い，その後どうなるのか伝え，インターネットの危険性について気づくことができるようにする。

深める II（LINE コミュニケーション）

①日常に一番近い SNS でありながら，対面したコミュニケーションではないからこそ起こるさまざまな事例を通し，自分ならどうするかを考える。

・既読・未読・スタンプ・グループなど，LINE の機能を確認しながら進めていくが，ここでは機能面より対話の在り方に重点を置く。

❶読み間違い

❷終わらないグループライン

・仲良しのグループで，楽しいチャット中，自分だけ抜けられない場合どのような返信をしたらいいのかを考える。

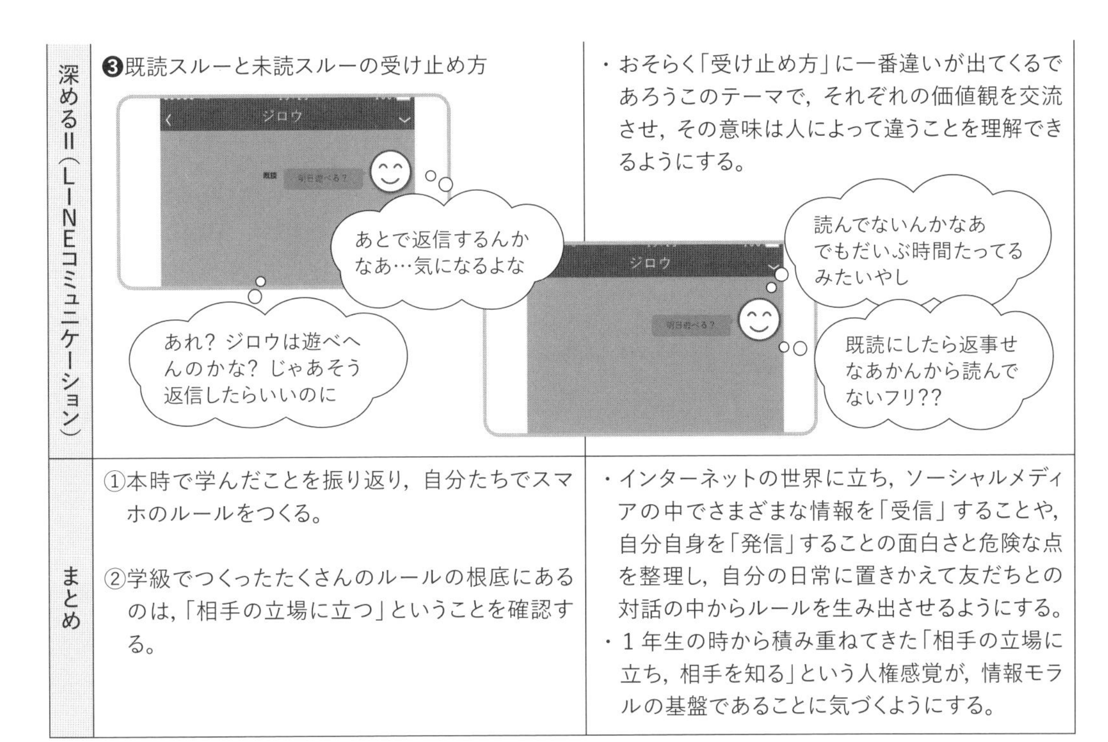

深める II（LINEコミュニケーション）	❸既読スルーと未読スルーの受け止め方 	・おそらく「受け止め方」に一番違いが出てくるであろうこのテーマで，それぞれの価値観を交流させ，その意味は人によって違うことを理解できるようにする。
まとめ	①本時で学んだことを振り返り，自分たちでスマホのルールをつくる。 ②学級でつくったたくさんのルールの根底にあるのは，「相手の立場に立つ」ということを確認する。	・インターネットの世界に立ち，ソーシャルメディアの中でさまざまな情報を「受信」することや，自分自身を「発信」することの面白さと危険な点を整理し，自分の日常に置きかえて友だちとの対話の中からルールを生み出させるようにする。 ・１年生の時から積み重ねてきた「相手の立場に立ち，相手を知る」という人権感覚が，情報モラルの基盤であることに気づくようにする。

6年

家庭について考えよう
――結婚・子育て・親子関係――

1. 学習目標

(1)「結婚」について法律や経験談から知識を広げ，友だちとの対話の中から夫婦というパートナーシップに必要なことを見いだしていく。

(2) 未来の家庭についてイメージしたことのすべてを間取り図に書き込み，今の自分にとっての「幸せの形」について考える。

(3)「子育て」について体験を通して理解し，親子関係について，「親」と「子」の両方の立場に立ち，心の傷の治療方法について考える。

2. 教科等　総合的な学習の時間

3. 使用教材　プレゼンテーション／育児セット（オムツ・ミルク・沐浴・妊婦さん体験等）

（参考資料：憲法に関する資料／西澤哲 2010『子ども虐待』講談社／友田明美 2017『子どもの脳を傷つける親たち』NHK出版／児童虐待防止協会研修資料）

4. 指導計画〈全6時間〉

第一次	《「結婚」とは?》 ○「結婚」や「夫婦」についてイメージすることを話し合い，その意味を辞書で調べ，必要な手続きを知ることで，5年で学習した「恋愛」との違いに気づく。 ○結婚生活に必要な法律をグループで話し合って考えた後，民法の内容について知る。 ○結婚生活の良い点と大変な点を，人生の先輩（本校教職員）から学ぶ。	1時間
第二次	《「子育て」を体験しよう》 ○ミルクの作り方，おむつの替え方，沐浴の仕方や妊婦体験を通し，実践を通して育児についての理解を広げる。 ○「いのちのあべの」さんをゲストティーチャーとしてお招きし，実際の赤ちゃんと触れ合い，お母さんの体験談を聞くことで育児の喜びと苦労について理解をさらに深める。	2時間
第三次	《生活にかかるお金について考え，未来の「家庭」をえがいてみよう》 ○生活費の種類や金額についてゲームを通し習得する。 ○これまでの学習を活かし，将来の自分の家庭をえがく。家の間取りや家族構成，そして自分にとっての幸せエピソードを具体的に考える。	2時間
第四次	《親子関係について考えよう　～心の傷のメカニズム～》 ○日常生活で親子関係がうまくいかないときのことについて，「親」と「子」の両方の立場に立って，両者の心情を考える。 ○事例をもとに，「親」の背景や心情を想像し原因や解決方法を考え，「子」へ与える心身の影響を知り，できてしまった心の傷を日常生活で癒やす方法を考える。	1時間

5. 指導にあたって

6年生では,「結婚」「子育て」「家庭」「親子関係」をテーマに, 人と人との関係性に視点をおき, 法律や日常生活, 体験活動や身近な大人の体験談など, さまざまな視点から, 身近なテーマを授業の中で捉え直していく。

「結婚」の授業では, 夫婦関係に必要な法律を自分たちでつくり, 実際の民法の内容と比べて大きなギャップがあることに気づかせ, 相互尊重についての法律はもちろんなく, それらはお互いの努力にかかっていることを知る。また, 日本の結婚とは違う国がたくさんあることや, 時代によって, 今とは考え方が違っていたことを理解し, 文化的な視点で結婚を見つめることができるようにする。

「子育て」の体験授業では, まず実践的な学びとして沐浴, オムツ, ミルク, 妊婦体験や抱っこひも体験などに取り組んだ後, 実際に赤ちゃんと触れ合ったり, お母さんのお話を聞かせていただいたりすることで, 親として命を預かる責任について考え,「育児」という視点から, 命の重みとあたたかさを体感できるようにする。

未来の「家庭」を描く授業では, 間取り, 家族構成, 自分の仕事等, 取り組みやすいところから描いていき, だんだん形にしていくようにする。1人で暮らすこと, 友だちと暮らすこと, 動物と暮らすことなど, 家族をもたないという選択肢も尊重し, 自分が幸せだと思う未来に自信をもってのびのびと表現し合える空間を大切にしたい。

「親子関係」の授業では,「子」が「親」から受ける心の傷に焦点をあてていく。心の傷の信号機という切り口で, 自身の心と向き合う時間を設け, どんなときにどんなことで心にダメージを受けるのか, 自分と向き合う。一番愛してほしい人から受けた心の傷がその後の人生に与える影響を丁寧に学んでいく時間だ。「子」の立場に立ったとき, 愛すべき人から受ける心の傷は, 特別深いものになること, しかし, それは, 日常の中で治療できるということを伝え, その方法を子ども同士の対話の中から見いだしていきたい。

「親子関係」という子どもたちにとって一番身近な事柄を授業で扱うからこそ, それによる心の傷を抱えている児童への配慮は最大限に必要である。本研究を通し, 子どもたちは「安全・安心」の守り方を知り,「自己」と向き合い,「人」を大切にすることを学んできている。そんな今だからこそ, あたたかい「集団」の中でお互いの人生を分かち合い, 同じ方向を向き, そこに言葉はなくとも, 今ある心の傷に友だちの力をもってエンパワメントできるのではないかと考える。自身の苦労を引け目に感じるのではなく, 困難な人生を「がんばって乗り越えてきたんだ」と誇れるような授業を, 心を込めて届けたいと考える。

6. 授業展開

【第一次】「結婚」とは?

	学習活動	指導上の留意点等 〈使用教材〉
導入	①パートナーの形の一つでもある「夫婦」から連想されることや, 5年時に学習した「恋人」とのちがいを伝え合う。	○日常生活から想起するようにする。 ○婚姻届けを出すという手続きがあることや法律が定められていることを知る。
	めあて 「結婚」について知り, 夫婦について考えよう。	

深める

①婚姻に関する法律を提示する前に，自分たちで夫婦に必要な法律を考える。

○お互いに幸せでいられるために必要だと思うことを列挙していく。(主観でよい)

【児童の考え(一部)】

- 夫婦の間でうそをつかない
- 暴力をふるわない
- 不倫しない!!
- ずっと一緒
- 相手をまず優先する
- 課金しすぎない
- 飲みに行きすぎない
- 記念日を大切にする
- 仕事ばかりにならないようにする
- お互いの役割を決める
- 1週間に1回は会う
- ほしいものはできるだけ買う
- すぐあやまる
- 1か月に1回お互いに好きなものを食べる
- お互い自由に!
- 年1回旅行に行く
- 好みを押し付けない
- 愛を利用してさぎをしない
- タバコ・ギャンブルだめ!

②世界の結婚や，結婚にまつわる日本の歴史を学ぶ。

○世界に視野を広げたり，歴史をたどったりすることで，夫婦の在り方はさまざまだということが分かり，結婚を文化としてとらえることができるようにする。

えー!! 奥さんがいっぱいいるってこと?

今は自由だなあ…

③実際の憲法24条や民法について知り，自分たちが考えた法律との違いを捉える。

②法律があります

お互いが**納得**して成り立つもので，夫婦が**同じ権利**をもち，お互いの**協力**により続けていくものである。

※原文を見せた後，解説として提示。

「気持ち」についてのきまりはないんだね

あれ??これだけ?

《民法より》

- 男性，女性ともに18歳から結婚ができる。
- どちらかの苗字にそろえる。
- 3親等以内の家族とは結婚できない(いとこはできる)。

④結婚生活の素晴らしい点と，大変な点を人生の先輩(教職員)からクイズ形式で学ぶ。

人生の先輩に聞いてみよう【○○先生】

良い点	大変な点
○家事の分担ですることが減った。 ○帰ったら「その人」がいるという安心感。アホな話も大事な話も話せる！聞ける！ ★喜びは(2)倍 しんどいことは(半分)	○自分たちの夫婦だけが楽しいだけではなく、お互いの家族に「なじむ」努力や気づかいが難しい。 ○自分が良かれと思っても相手は嫌かもしれない。

人生の先輩に聞いてみよう【○○先生】

良い点	大変な点
○(安心)できる。 ○(健康)に気をつけるようになる。 ○同じ(食べ物)や同じ時間を味わえる。 ○しんどい時にもそばにいてもらえる。 ○(責任感)がわく。 ○(結婚式)はたくさんの人に祝ってもらえるので頑張ろうと思えた。	○苗字が変わるので(銀行)や運転免許証など手続きがめんどくさい。 ○けんかをしても(恋人)とちがいすぐに別れられない。「好き」なだけでは続けられない。 ○(嫌な所)も許せるかどうか。 ○ムカつくこと(9)割 幸せ(1)割！ だから(感情)の調整が大事。

法律では決まってないけど，「努力」がいるんかどの先生も言ってる!

「良い点」のことは，父さんも同じこと言ってた!

まとめ

①夫婦で一緒に暮らすには，素晴らしい点も大変な点も理解した上で，なぜ人は結婚するのか，自分はどうしたいかなど，話し合う。

○辞書や法律，体験談から学んだことをもとに，自分の考えを伝えあう。

子どもを産みたいな～楽しい家庭をつくりたい!

自由がいい!
1人で好きなように暮らしたい!

【第二次】「子育て」を体験しよう

	学習活動	指導上の留意点等 〈使用教材〉
導入	①「親子」へと視点を変え，実技と体験を通して子育てについて学ぶことを伝える。 めあて　「子育て」について学び，体験しよう。	
深める	①実技体験を実施する。 実技体験 	○育児にまつわるエピソードを聞いたり，体験したりすることで，喜びや苦労を学ぶ。
	②赤ちゃん先生クラス 赤ちゃんと触れ合おう 	○NPO法人ママの働き方応援隊より
まとめ	①子どもを育てるということの，親としての気持ちの持ち方を知る。 ～命をまるごと引き受けるという覚悟～ 赤ちゃんを産み育てるということは命をまるごと引き受けること。大変だなあと思う反面，うれしいこともその何倍にもなって返ってきます。さらに，その成長をそばで見られることは代えがたい喜びです。	○命の重みや責任を改めて感じることができるようにする。

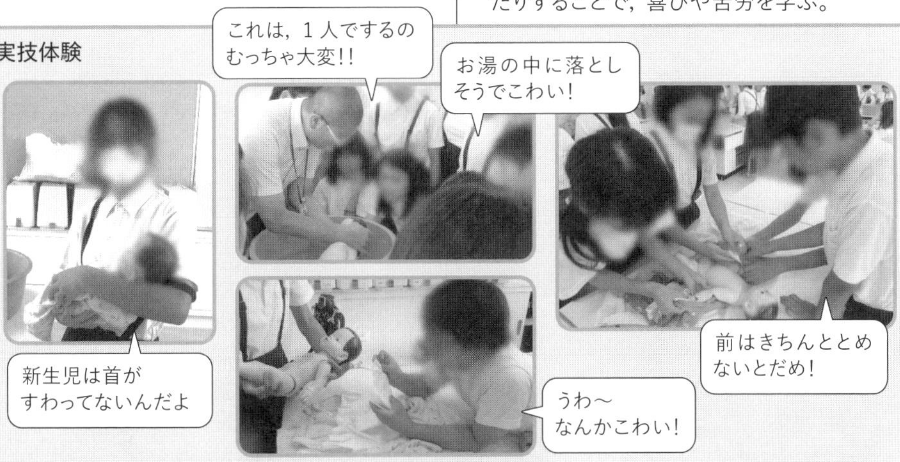

【第三次A】生活にかかるお金について学ぼう

	学習活動	指導上の留意点等 〈使用教材〉
導入	①「ものの値段ゲーム」をし，現在の物価について，現実に近い感覚をもつようにする。  ②生活や暮らしについて，学習するという本時のめあてをつかむ。 めあて　暮らしにかかるお金について考えよう。	○自身が思っていた物価と現実とを比較しながら，ゲームに取り組むように促す。〈スライド〉  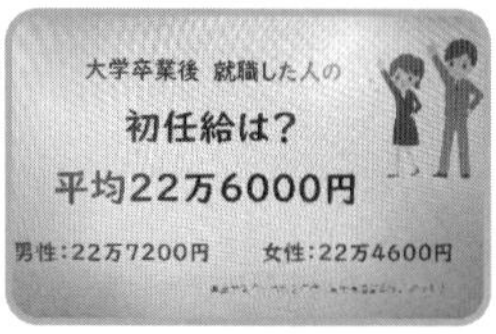 トイレットペーパー　1袋（12巻）のお値段は？　約400円 大学卒業後　就職した人の　初任給は？　平均22万6000円　男性：22万7200円　女性：22万4600円
深める	①１人暮らしにかかる費用について，値段設定と項目とを組み合わせる。 ②４人暮らしにかかる費用について，どの項目にいくらかかるのかを予想させ，現金38万円（教材用お金）を分配させる。 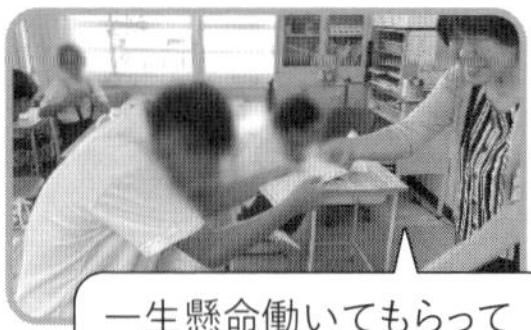 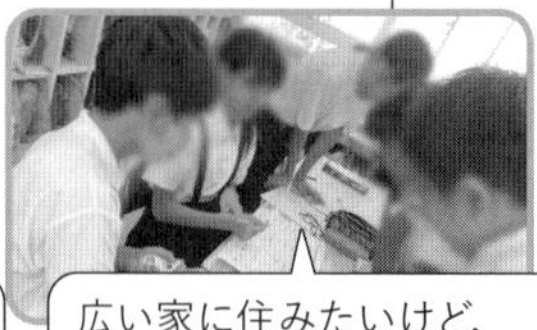 一生懸命働いてもらってありがとう！これが，１カ月分のお給料です！ごくろうさまでした！ 広い家に住みたいけど，そうすると食費や遊ぶお金を減らさなければならない…うーん悩むなあ ③答え合わせをする。	○値段については固定し，項目は選択できるようにする。 ○４人それぞれの価値観をしっかり伝え合えるように促す。 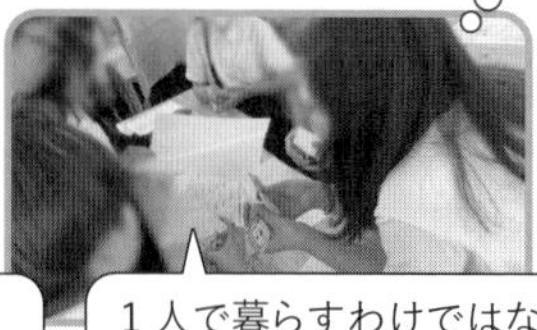 38万円で，お札になるとこんなにもたくさんあるんだ １人で暮らすわけではないから，どんな生活がしたいのか，しっかり話し合うことが大切なんだね これ以上の暮らしをするには，たくさん仕事をしたらいいのかな
活かす	①自身の暮らしでは，どのようなお金の使い方をしたいかを考え，ワークシートに予定を書く。 ②次時，「理想の間取り」につなげる。	○自分にとって，何が幸せか，じっくり向き合える時間にする。

【第三次B】未来の「家庭」をえがいてみよう

	学習活動	指導上の留意点等 〈使用教材〉
導入	①「結婚」と「子育て」について学んだことを活かして今現在自分が思う未来の家庭について考える。 めあて　未来の「家庭」をえがこう。	○家庭をもたないという選択肢もあることを確認し「自分にとっての幸せ」に視点を置くようにする。

深める	①住みたい家の間取り，未来の仕事，家族のこと，幸せエピソードなど，まずグループで役割を決めてつくる。 ②自分にとっての幸せな未来を想像し，具体的に描く。 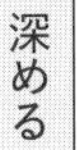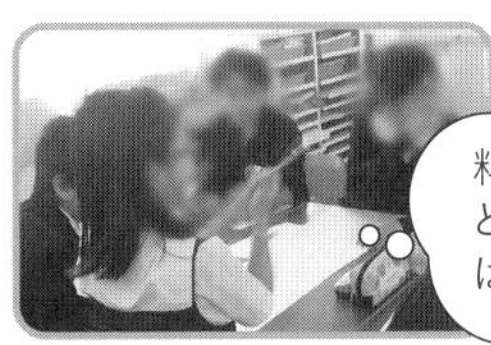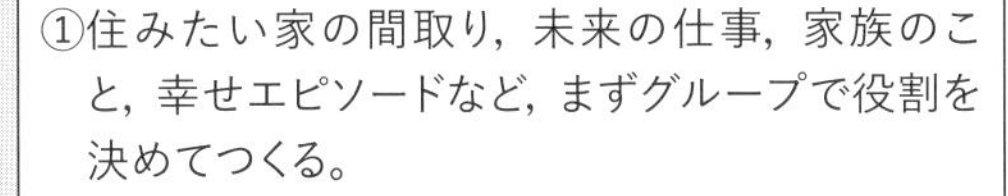 	○自分の分担のところについては，責任をもって決断し，それぞれの考えを合わせた家庭像をつくる。 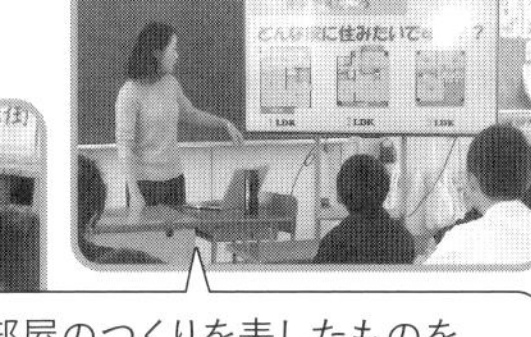
まとめ	①ドリームハウスプレゼンテーション   	○自分が幸せだと思う家・家庭の在り方を，ポスタープレゼンテーションの形で発表する。  ○それぞれの「幸せの形」を認め合い，のびのびと発表できる空間を大切にする。

【第四次】親子関係を考えよう　～心の傷のメカニズム～

	学習活動	指導上の留意点等 〈使用教材〉
導入	①「心の中の信号機」を用い，今の自分の心の状態と向き合う。	○今自分がどの状態にあっても，みんなで生きていくために本時の学習があることをとらえる。
	めあて　心の傷について考えてみよう。	
	②これからの人生で，起こるかもしれないさまざまな出来事について，心の信号機を用い，それぞれのどのレベルか，話し合う。	○班の友だちの価値観をしっかり話し合い，班としての答えを出せるようにする。 ○きっちり分類しなくてもよいことを確認する。

お父さんとお母さんのけんかは，傷つく

人によって，心の傷つき方ってちがうねんな…

心の中の　信号機

父と母がお別れした
時間を守らなくておしりをパチン
友だちに無視された
夜，父と母がけんかをしていた
クラスのみんなにいじめられた
好きな人に振られた
試合でミスをした
運動会のリレーでこけて笑われた
食事など，家で必要なお世話を受けられなかった
暴力的な犯罪の被害を受けた
事故で重傷を負った
震災や火災などを体験した
お家の人から繰り返し暴言・暴力を受けている
宿題をしたのに忘れてきた
テストで悪い点をとった

失恋は赤やわ！
え，みんなちがうの？

ぼくは笑われることが赤や…
めっちゃショック

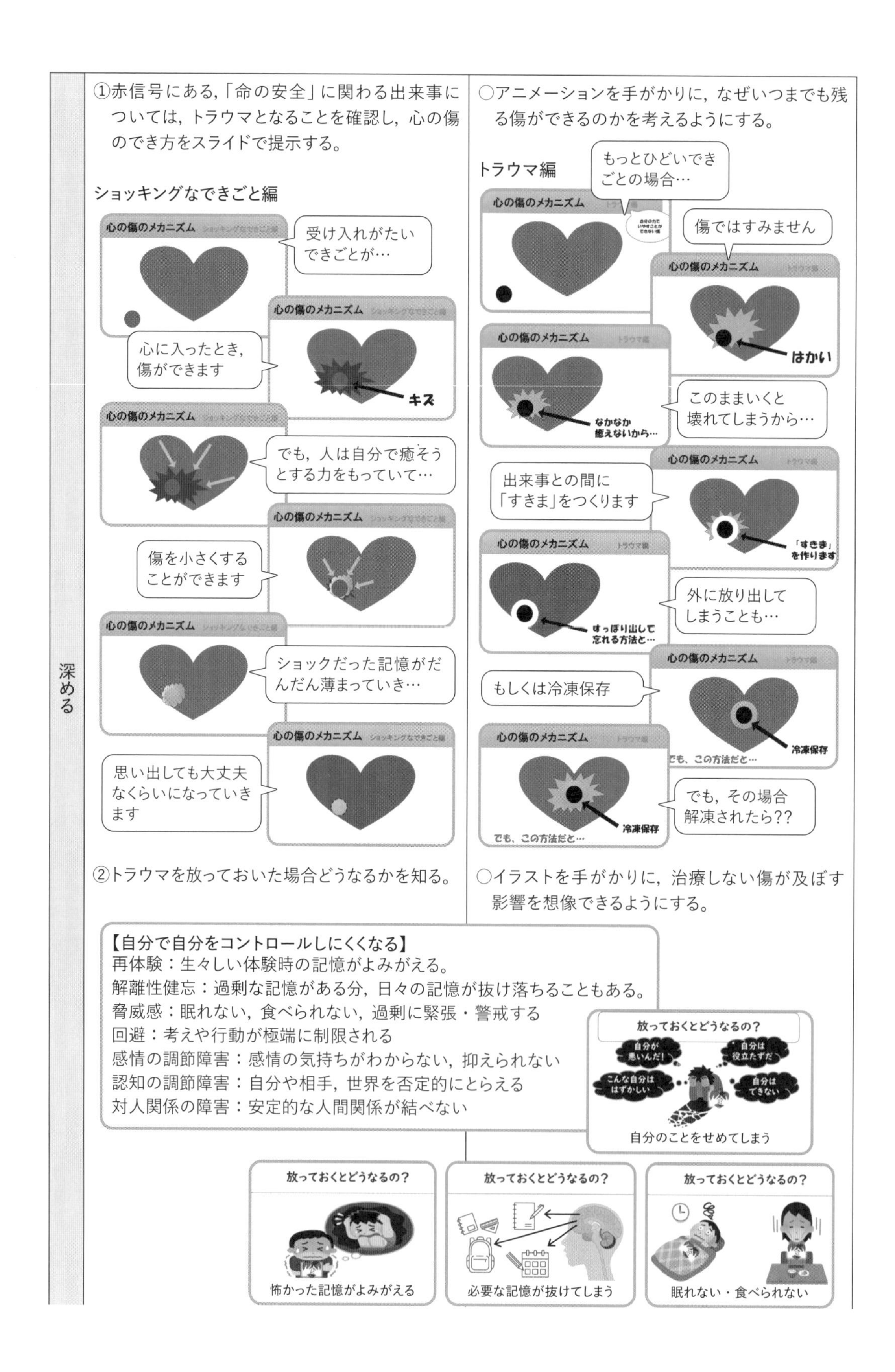
深める
①赤信号にある,「命の安全」に関わる出来事については,トラウマとなることを確認し,心の傷のでき方をスライドで提示する。
ショッキングなできごと編
心の傷のメカニズム
受け入れがたいできごとが…
心に入ったとき,傷ができます
キズ
でも,人は自分で癒そうとする力をもっていて…
傷を小さくすることができます
ショックだった記憶がだんだん薄まっていき…
思い出しても大丈夫なくらいになっていきます
○アニメーションを手がかりに,なぜいつまでも残る傷ができるのかを考えるようにする。
トラウマ編
もっとひどいできごとの場合…
傷ではすみません
はかい
このままいくと壊れてしまうから…
なかなか癒えないから…
出来事との間に「すきま」をつくります
「すきま」を作ります
外に放り出してしまうことも…
すっぽり出して忘れる方法と…
もしくは冷凍保存
冷凍保存
でも、この方法だと…
でも,その場合解凍されたら??
②トラウマを放っておいた場合どうなるかを知る。
○イラストを手がかりに,治療しない傷が及ぼす影響を想像できるようにする。
【自分で自分をコントロールしにくくなる】
再体験:生々しい体験時の記憶がよみがえる。
解離性健忘:過剰な記憶がある分,日々の記憶が抜け落ちることもある。
脅威感:眠れない,食べられない,過剰に緊張・警戒する
回避:考えや行動が極端に制限される
感情の調節障害:感情の気持ちがわからない,抑えられない
認知の調節障害:自分や相手,世界を否定的にとらえる
対人関係の障害:安定的な人間関係が結べない
放っておくとどうなるの?
自分が悪いんだ!
自分は役立たずだ
こんな自分ははずかしい
自分はできない
自分のことをせめてしまう
放っておくとどうなるの?
怖かった記憶がよみがえる
放っておくとどうなるの?
必要な記憶が抜けてしまう
放っておくとどうなるの?
眠れない・食べられない

深める

【どんなときに出てくるのか?】
○「その日」「その時間」が来た：トラウマ体験にあったのと同じ日付や，同じ曜日，同じ時間帯にフラッシュバックをはじめとする症状が出やすくなることがある。
○ストレスを感じている：疲れているときや，心配事をかかえているときなども要注意。
○そのときと同じ気持ちになる：状況は違っても，不安や混乱，恐怖などの感情がわいてきたときに，トラウマ記憶がよみがえってくることがある。
○妊娠・出産：特に親子関係の問題でトラウマを抱えている場には，自分が親になることへの不安やためらいを強くもつ人が少なくない。不安が引き金になって状態の悪化につながることもある。
○子育て中：自分がトラウマを負った年代に子どもがなったときに，トラウマ体験を思い出して症状がひどくなったり，自分が親にされた行動をくりかえしたりすることがある。
○好きな人ができた：恋愛は，親密な関係を結び直すきっかけとなる。安定した関係を結ぶことができたら，回復へ大きな力になる。一方で，特定の相手が現れることでアタッチメント（愛着）のパターンが出やすくなる。恋愛関係のつまずきで，対人関係の問題や自己否定感などが現れやすくなる場合もある。

③心の傷の治療法を考える。
【心の傷のプロフェッショナル】

○専門的な支援者を「職業」として提示し，その治療方法を紹介する。

精神科医さん

患者さんの話をじっくり聞いて，心の健康をきちんと調べます。
その上で必要な薬や治療方法を考えていきます。

心療内科医さん

心のしんどさが，体にでてしまい，苦しんでいる患者さんの話をよく聞いて，しっかり検査し，正しい治療方法を考えていきます。

臨床心理士さん

心理学を専門として，心理検査やカウンセリングで時間をかけて困りごとについて聴きながら，一緒に解決していきます。

スクールカウンセラーさん

学校生活やお家のことで，悩んでいる子どもたちの話を聞いて，一緒に解決していきます。
先生方や保護者の方との連携も大切です。

【誰が治すのか??】
【専門的な支援者】精神科医，臨床心理士などのセラピスト（治療者）は，患者さん自身の治る力を引き出し，回復を促すのが本来の役目。生活面の支援が必要な場には，保健師，ソーシャルワーカーなどが力を貸してくれる。
【身近な人】家族や友人，パートナーなど，身近な人がトラウマについても学んでくれることが，大きな支えになる。
【自分自身】治療者は症状をみながら，その人に合っていると考えられる方法で回復を促してくれる。ただ，自分のことを一番よくわかっているのは，自分です。あなたはあなたの専門家。自分を嫌ったままで回復の道を歩むのは困難。自分を大切にすること，今の自分を認め，受け入れることから回復は始まる。

【身近な人】
さまざまな心の状態をもつ人々が，みんなで生きていくときに，どのようにつながり，お互いにどのような関わり方をすればよいかを考え，グループで図式化する。

【自分】
心の傷を治療する最後の１人が，「自分自身」であることに気づくことができるようにする。

まとめ

①自己のレジリエンスについて考え，ワークシートにまとめる。

○これから先の人生，さまざまな出来事に出合うなかで，心の信号は何色にもなることを理解し，傷に強くなるには，どうすればよいかを考えることができるようにする。

【レジリエンスとは】

レジリエンスとは，精神医学の分野では深刻なトラウマを経験したり，慢性的なストレス下で生活を続けたりといった過酷な環境にあっても，うまく順応できる能力，またはその過程や結果のことをいい，「精神的回復力」「精神的弾力性」とも呼ぶ。

実際，マルトリートメントを経験していても，発達の段階で精神的な疾患などを発症することなく成長していく子どももいる。そうした個人差は，どこから来るのか，近年研究が進んでいる。

【レジリエンスを左右する要因】

❶個人的な特性：知能が高い，自己肯定感が高い，自己が柔軟で自制心がある，必要に応じて他人とコミュニケーションがとれる，状況判断ができる，前向きな考え方をする，といった性質。

❷家庭的な特性：温かで安心できる家庭環境，親子の健全な愛着形成など。

❸社会的な特性：家族以外の大人や友人などの安定した関係，学びの場の充実，地域の人たちとの関係や公的機関の支援なども含めた社会的ネットワーク。

②心の安全基地について提示し，そこに棲む人や思い出の大切さについて，気づくことができるようにする。

「安全基地」をもとう

思い出

大切な人

③子どもたちに伝えたいこと

卒業をひかえた君たちへ

「人」は「人」で傷つき「人」によって癒やされます。

だからこそ，「人」とつながることをおそれないでください。まず，あなたが「しあわせ」に

そして，だれかを「しあわせ」にできるように。

中学校
「『生きる』教育」学習指導案

7年 脳と心と体とわたし
——思春期のトラウマとアタッチメント——

8年 ①リアルデートDV
——支配と依存のメカニズム——
②思春期における情報モラル教育
——誹謗中傷を考える——

9年 ①社会の中の「親」と「子」
——子ども虐待の事例から——
②社会における「子どもの権利」

8年「リアルデートDV」

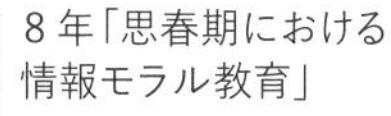

8年「思春期における情報モラル教育」

9年「社会の中の『親』と『子』」

＊田島南小中一貫校としては，田島中学校1年を田島南小中一貫校7年，同校2年を一貫校8年，同校3年を一貫校9年としている。
＊田島南小中一貫校では「障がい」と表記しているが，本書では専門用語としての「障害」と表記が煩雑になるのを避けるため一部を除き「障害」表記に統一した。

7年

脳と心と体とわたし
――思春期のトラウマとアタッチメント――

1. 学習の目標

⑴「心」の傷と「脳」の機能の関係について科学的に捉え，思春期に変化する体や心のつながりから，脳が影響する疾患（トラウマ・うつ病）について理解を深める。

⑵ トラウマやストレスなどの影響で起こる心身の状態について対処法を考え，レジリエンスや安全基地につながる思考がもてるようにする。

2. 教科等　総合的な学習の時間

3. 使用教材　プレゼンテーション

4. 参考文献

・亀岡智美 2020『子ども虐待とトラウマケア――再トラウマ化を防ぐトラウマインフォームドケア』金剛出版
・白川美也子 2019『トラウマのことがわかる本――生きづらさを軽くするためにできること』講談社
・友田明美 2017『子どもの脳を傷つける親たち』NHK出版
・友田明美 2017「脳科学・神経科学と少年非行」『犯罪社会学研究』第42号，現代人文社
・西澤哲 1997『子どものトラウマ』講談社
・フランシス・ジェンセン，エイミー・ナット（著），渡辺久子（解説），野中香方子（翻訳）2015『10代の脳――反抗期と思春期の子どもにどう対処するか』文藝春秋
・松元健二（監修）2019『図解でわかる14歳から知る人類の脳科学，その現在と未来』太田出版
・野村総一郎 2018『新版 入門 うつ病のことがよくわかる本』講談社
・岡田尊司 2011『愛着障害――子ども時代を引きずる人々』光文社

5. 指導にあたって

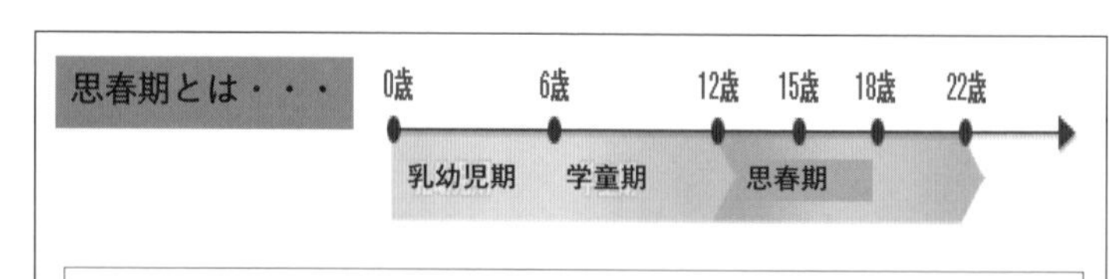

小学校高学年あたりから始まる第二次性徴に伴い，体が子どもから大人へと大きく変化する時期である。
脳と体が劇的に変化し，その影響を受けて，考える力や心にも大きな変化が起こる。
成長痛にも似た嵐が子どもの内部では起こっており，"思春期は，疾風怒涛"という表現がされている国もある。

中学校1年生は，見た目にも発育発達が目覚ましく，性的発育の物理的測定値としてタナー段階から見ても，前思春期から思春期II期以降に進む生徒が増えていく。思春期における第二次性徴の学習は，小学校で4年生体育科保健領域「体の発育・発達」や5年生「心の健康」，中学校1年生保健体育・保健領域「心身の機能の発達と心の健康」の中で，より科学的に学びを深めていく。この時期には心身の機能や性的な発育発達が目覚ましく，

積み重ねてきた学びが自らの全身で起こりはじめていき，それらの発育発達は脳機能と大きく関連し，思春期の脳は一生のうちでも大きな変化を遂げる時期でもある。

タナー段階（イギリス：小児科医，ジェームス・タナー）

人が幼児期から青年期，成人になるまでの成長を，男性器（男性）・乳房（女性）の発達状況，陰毛（男女）の発生・発達状況などで評価している。

【人の脳の構造】

人の脳の構造は，大脳，小脳，脳幹に大別されるが，最も発達した部分は大脳である。大脳は前頭葉，側頭葉，頭頂葉，後頭葉に区別される。大脳を縦に切った断面を見ると脳の表面の近くに灰白色の層が見られ，これが「大脳新皮質」で，進化した脳ともいわれている。人が特に発達しており，認知力・思考力・注意力，運動，聴覚・視覚などの感覚をつかさどっている。脳の内側にある白色の層が「大脳辺縁系」であり，いわゆる原始的な脳の部分である。「大脳辺縁系」には視床，視床下部，下垂体，海馬，扁桃体が含まれ，睡眠や食欲，情動などの基本的な欲求を担う。

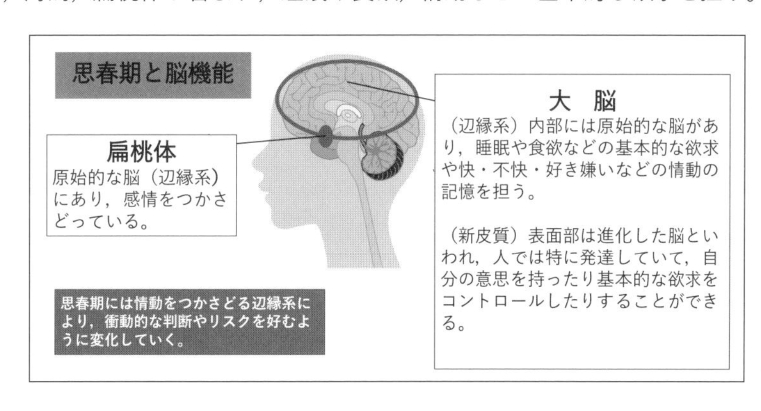

思春期には大脳のいたるところで広がった神経のつながりを作るシナプスが刈り込まれ，機能に磨きがかかり，それにより整理整頓した思考ができるようになっていく。また下垂体・視床下部では成長ホルモンや性ホルモンの分泌により心身の発育発達が急速に起こっていく。また思春期においては感情表出に強い影響を与える扁桃体の働きが活発になる。もともと，扁桃体は恐れ，怒り，嫌悪，パニック，悲観などの感情反応の源であり，本能的な行動や攻撃性や危険な行動はさらに高まっていく。怒りはストレスを高くさせるが，思春期はストレスを抑えるホルモンの働きも悪いため，その影響で記憶と学習をつかさどる海馬が小さくなることもある。また深刻な虐待や不適切な養育の経験でも扁桃体が過活動になることも報告されている。そのような思春期特有の脳のストレス状態は，不安障害やうつ病などの精神疾患になる危険性が高まるとも言われている。

【脳の外傷（高次脳機能障害）】

交通事故や転落による脳挫傷や，脳卒中など脳内で血管が破れることにより脳の損傷及び機能不全が起こることがある。ICD10では，F6の成人の人格及び行動の障害に分類され，本授業においては「高次脳機能障害」を参考とする。高次脳機能障害では，けがや病気により脳に損傷を負うと，記憶障害や注意障害，自分で計画をたて物事を遂行することができない機能障害や興奮したり暴力をふるうような社会的行動障害が見られたりすることがある。MRIやCT，脳波などで見ると原因と考えられる病変が確認できる。症状が100％回復することは難しいが，社会復帰を目指してリハビリテーションを中心に行っていく。

【トラウマ】

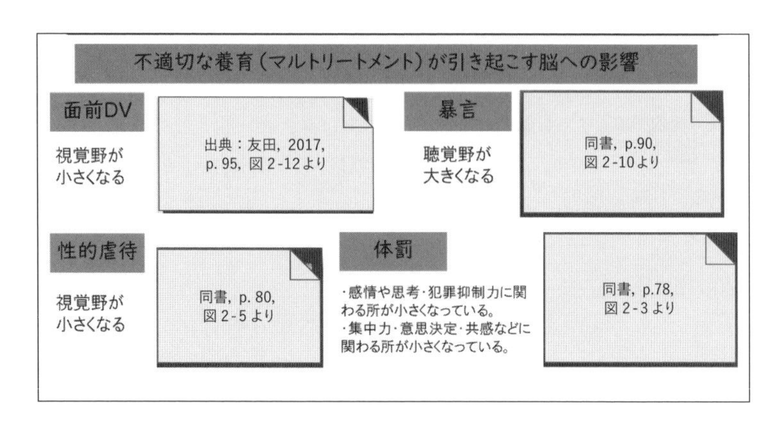

脳の働きが阻害される原因として，トラウマという状態がある。脳の外傷（高次脳機能障害）のようにMRIやCTなど器質的な病変は確認できないが，近年，脳や脊髄の活動に関連した血流の動きを見る「fMRI」により脳の活動を画像化できるようになり，不適切な養育による脳への影響も明らかになってきた。

本時においては，脳の傷となるトラウマについては，「凍り傷」として提示する。どのような出来事がトラウマになるのか，事例をもとに考え，ストレスとの違いについて考える。トラウマの症状として3F：ファイト（闘争），フライト（逃走），フリーズ（凍りつき）があることで感情がうまく表現できなかったり，急な解凍によりフラッシュバックが起こったりするなど，自分のことをコントロールできないしんどさについて理解をしていく。また，性被害が深刻なトラウマ体験となることにも触れていき，トラウマを抱えたときには治療ができることを伝え，専門機関につながれる力を養えるようにする。

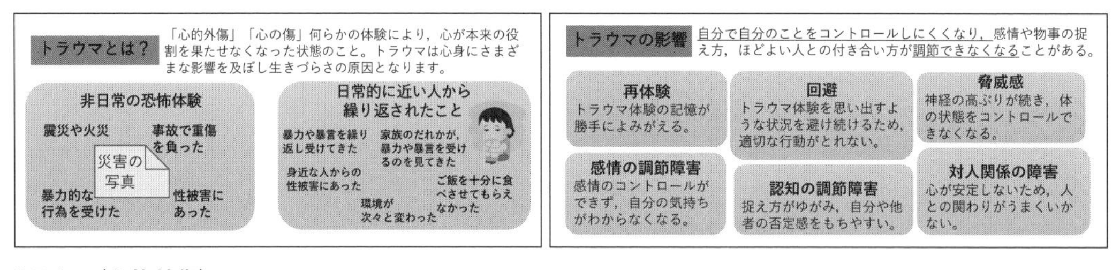

トラウマ（心的外傷）

トラウマとは自然災害や事故，虐待などによってつくられる心の傷。長い間それにとらわれてしまう状態で，また否定的な影響を持っていること。最もよく知られているトラウマの影響にはPTSD（心的外傷後ストレス障害）があり，つらい出来事を何度も思い出してパニックになったり動けなくなったりする。

【うつ病】

うつ病は，精神的ストレスや身体的ストレスなどを背景に，脳がうまく働かなくなる状態である。うつ病のかなりの部分ではセロトニンやノルアドレナリンという神経伝達物質の働きが弱くなるようだが，発症原因としてはよく分かっていない部分もある。日本では，100人に約6人が生涯のうちにうつ病を経験しているという調査結果があり女性の方が男性よりも1.6倍ぐらい多いことが知られている。また女性では，ライフステージに応じて，妊娠や出産，更年期と関連の深いうつ状態やうつ病などに注意が必要となる。症状としては1日中気分が落ち込んでいる，何をしても楽しめないといった精神症状とともに，眠れない，食欲がない，疲れやすいなどの身体症状が現れ，日常生活に大きな支障が生じていく。うつ病は，WHOによる国際疾病分類が定める気分障害の一つであり，重症になると「死んでしまいたいほどのつらい気持ち」が現れることもあるため専門医による治療が重要となる。

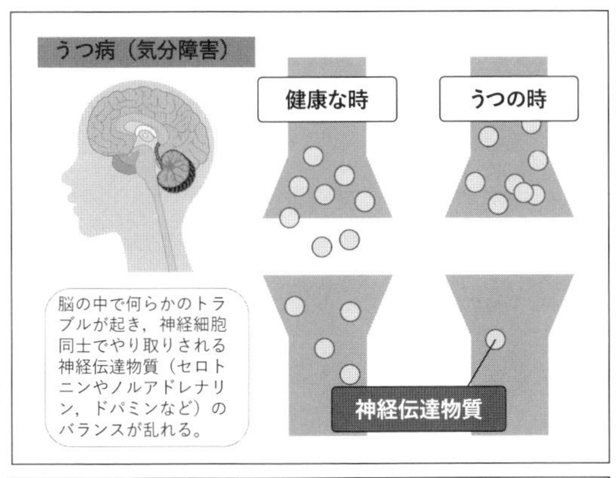

うつ病（気分障害）

下記の9つの症状のうち１または２を含む5つ以上の症状があり，それが2週間以上続いている場合に「うつ病」と診断されることになる。（診断基準：DSM-5）

1	ほとんど毎日，1日中ずっと気分が落ち込んでいる。
2	ほとんど毎日，1日中ずっと何に対する興味もなく，喜びを感じない。
3	ほとんど毎日，食欲が低下（増加）し，体重の減少（増加）が著しい。
4	ほとんど毎日，眠れない，もしくは寝すぎている。
5	ほとんど毎日，話し方や動作が鈍くなったり，イライラしたり，落ち着きがなかったりする。
6	ほとんど毎日，疲れやすかったり，やる気が出なかったりする。
7	ほとんど毎日，自分に価値がないと感じたり，自分を責めるような気持ちになる。
8	ほとんど毎日，考えがまとまらず集中力が低下して，決断できない。
9	自分を傷つけたり，死ぬことを考えたり，その計画を立てる。

ICD10による精神疾患の分類（F０～９）

分類	
F0	器質性精神障害（認知症，せん妄を含む）
F1	薬物・物質中毒（アルコール依存を含む）
F2	精神病性障害（統合失調症を含む）
F3	気分障害（うつ病，躁うつ病を含む）
F4	神経性障害（適応障害を含む）
F5	生理的障害及び身体的要因に関連した行動症候群（摂食障害を含む）
F6	成人の人格及び行動の障害
F7	精神発達遅滞
F8	心理的発達の障害（自閉スペクトラム障害を含む）
F9	小児期及び青年期の行動及び情緒障害

精神疾患の２つの診断基準

① ICD10
・世界保健機関（WHO）が作成しているもので，「疾病及び関連保険問題の国際統計分類」。
・Ｆ０～９でさまざまな精神疾患や障害を網羅している。
・日本の行政機関（厚生労働省や福祉制度に関する書類にはICDのコードが採用されている。

② DSM-５
・アメリカ精神医学会が発行しているもので，「精神障害の診断と統計と手引き」として精神科医療の中でよく使われている。

うつの要因となるストレスについては，日常から見つけ出していく。本校独自のアンケート結果（心と体のアンケート）によると，「悩んだり不安に思ったりすることが多くなったと思いますか？」で，「ある」と答えた生徒は男子29%，女子67%であり女子の方が高い。ストレスは，嫌なことやつらいことだけでなく，うれしいことや楽しいこともストレスの原因になる。うつ病など精神疾患につながらないためにも，ストレスに対処し，どのように乗り越えることができるのかを考えていく。対処方法や乗り越える力として，１人でできることを「レジリエンス」とし，人とのつながりの中でできることを「安全基地」とした。

アタッチメント（愛着）（イギリス：ジョン・ボウルビィ）

人が特定の他者との間に築く心の絆。危機的な状況や恐れ，不安などの負の感情のときに，特定の対象に近づき，自らの安全を確保する経験を積むことで形成される。

養育者等の特定他者などを「安全基地」として，安心して多様な探索活動をすることが可能であるとき，子どものさまざまな学習が適切に行われ，心身の健やかな成長が保障されると考えられている。

※本書 pp. 43-44 も参照

アタッチメントとは？

出生直後から数年間，育てる人との関わりでタイプが決まり，その後の対人関係の在り方に影響する。養育者が離れたときの反応でタイプに違いが出る。

	安定型	回避型	無秩序・無方向型	アンビバレント型
子どもの行動	泣き出したり，抵抗したりするが対象に近づけば落ち着く。	泣いたり，混乱したりせず，養育者と再会しても近づかず目をそらしたり避けようとする。	近づきつつ避けようとするため，不自然でぎこちない。突然すくんだり，うつろな表情を浮かべたりする。	強い不安や混乱を示す。養育者と再会すると近づくが，怒って養育者をたたいたりする。
よくある養育のスタイル	養育者が子どもの欲求や状態の変化に目を配り，ほどよい働きかけができている。	子どもの働きかけに対し，微笑んだり抱きかかえたりすることが少なく，子どもが苦痛を示すとかえって子どもを遠ざける。	子どもを脅えさせたりする行動など不適切な対応が続く。養育者自身が未解決な問題を抱えていて，精神的に不安定なことが多い。	子どもが出すサインに気づきにくく，養育者自身の都合で対応が変わる。

アタッチメントとは？

形によっていいか悪いかではないが，不安定型（安定型以外の３つ）やそのどれにも属していない場合，人付き合いの悩みにつながりやすい面がある。

不安や恐怖などの感情が生じたときに，親に抱っこされることにより，情緒が安定する。

公園で遊んでいて転んでしまった。遠くにいる親に抱きつき，安心感を回復した。

アタッチメント対象が心の安全基地に

基本的信頼感の獲得

安全基地とは，いざというとき頼ることができ，守ってもらえ，安全・安心の拠り所として心の支えとすることができる環境のこと。よい安全基地となるために，①安全感の保証，②感受性や共感性，③応答性，④安定性，⑤なんでも話せるということ，が重要だといわれている。

心の安全基地（アメリカ：メアリー・エインスワース）

子どもにとっての愛着対象が，幼い子どもに提供する心地よい安定や保護が保証された環境を意味する。子どもは母親などの養育者を安全基地のように感じられると，好奇心は外の世界に向けられ，外的世界を探検することができるようになる。危険信号を感じると愛着対象にしがみつき，危険が過ぎると再度探索を行う。必要に迫られたときに心のよりどころとなる『心の安全基地』を持つことによって，つらい境遇や危険を乗りこえていくことができるようになる。

「ストレス」という危機的な状況や不安な感情のときに，つながる存在を「心の安全基地」とすることで，家族・友人・恋人・パートナー・教師・カウンセラー・本や大切な思い出など，自らの安全を確保する感覚をつかんでもらいたい。

また自分自身で行うストレス解消法は，自己をコントロールする力ともいえる。困難を跳ね返す力は自分の強みでもある。不安や悩みを抱えやすいこの時期だからこそ，自らを回復させる力に気づき，粘り強さと弾力性を身に付けていってほしいと考える。

本実践では，まず，「脳のけが」と「トラウマ」を並列に提示する。MRI写真の違いに気づき，症状を学ぶことで，物理的な衝撃がない状態で陥るトラウマのメカニズムの不思議と，理性では抑えることができないような重大な影響を正しくとらえるようにする。グループワークでは，さ

レジリエンスの力

「深刻なトラウマを経験したり，慢性的なストレス環境のなかで生活を続けたりするなどの困難な状況に置かれても，うまく順応できる能力，あるいはその過程や結果のことをいい，『精神的弾力性』，『精神的回復力』とも呼ばれています。」(友田，2017，p. 134)

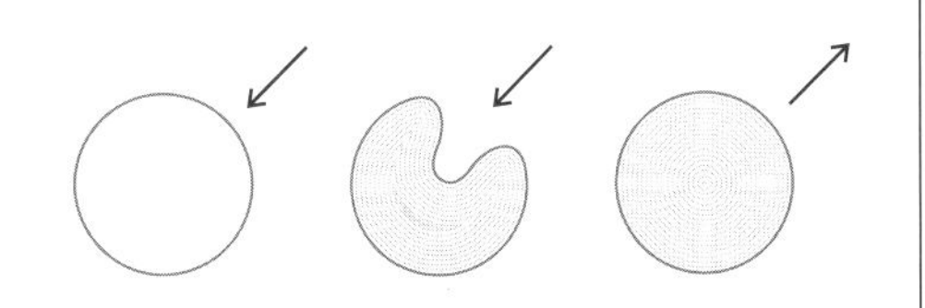

1950年代にナチス・ドイツが行ったホロコーストによって孤児となった人を対象とした調査・報告で，恐怖心・トラウマなどを乗り越え幸せに暮らしている人にはさまざまな状況にうまく適応して生活する回復力があることがわかる。2013年に開催された世界経済フォーラム（ダボス会議）のメインテーマ「レジリエント・ダイナミズム」として考え方が広まった。

出典：「原典：蛭間芳樹（日本政策投資銀行　サスナビリティ企画部，世界経済フォーラム　ヤング・グローバル・リーダー）をDODAが編集」(doda Xキャリアコンパス「今知っておくべき「個人のレジリエンス」5つのポイント https://careercompass.doda-x.jp/article/595/) をもとに作成

まざまなストレス要因の中からトラウマとなってしまうと予想されるものを分類していく。さらに，残ったストレス要因を放っておくとどうなるのか考え，「うつ」のメカニズムと症状を学ぶ。その上で，生徒それぞれがそこまでに至らない理由に向き合い，日頃何気なくしているストレスの解消方法に気づくことができるようにする。

生徒から出された意見を「発散」と「つながり」という視点で分類し，「レジリエンス」と「安全基地」の重要性について伝える。特に，「安全基地」の中に何を詰め込むのか，青春時代を大切に過ごしてほしいと願う。

6. 授業展開

	学習活動	指導上の留意点等 〈使用教材〉
導入	【日常からの抽出】 ①学校生活について振り返る。  	○中学校に入学して半年，新しい環境や初めて出会った友だちとの日々を想起する。 ○うれしいことや悲しいこと，腹が立つことなど，心が大きく揺れる時期であることを理解し，そんな今が「思春期」であることを自覚できるようにする。
	②思春期の「心」と「脳」とのつながりに気づき，めあてをつかむ。	○これまで「心」とは胸にあると認識していた生徒たちに，感情や行動は「脳」の働きに大きく関わることを伝える。
	めあて　脳と心と体のつながりについて考えよう。	

深化

《健康な脳》

①脳の働きについて，一部の基本的な内容を学び，日常にあるケースから脳のどの部位が働いているのか脳カードから見つけていく。

こんな時、脳のどこが働いているのかな？

【ケース１】
体育の時に、ハードル走があった。うまく跳べなくて、転んで足を痛めた。「もうやめよう」と思ったが、何度か練習をしたら跳べるようになった。

こんな時、脳のどこが働いているのかな？

【ケース２】
テスト前で、とても眠たかったが、数学の問題集を終わらそうとがんばった。音楽を聴きながら見直しをすると３問、間違えていることに気づいた。

こんな時、脳のどこが働いているのかな？

【ケース３】
YouTubeで動画を観るのが好きなので、夜遅くまで観ていた。明日は部活の試合があるため、朝６時には家を出ないといけない。すでに４時…でも次に出てきたのが、推しの動画だったため、観てしまった。

○６つの脳カードには大脳辺縁系・大脳新皮質・運動・視覚・聴覚・感覚を示し，人の行動には脳の働きが関係していることを確認する。

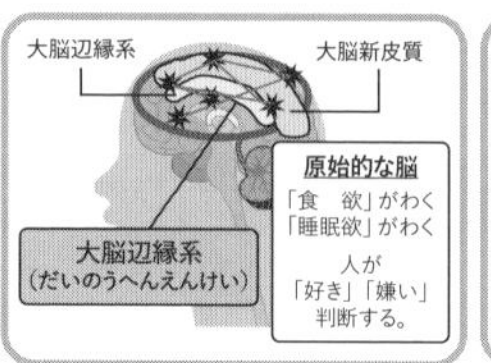

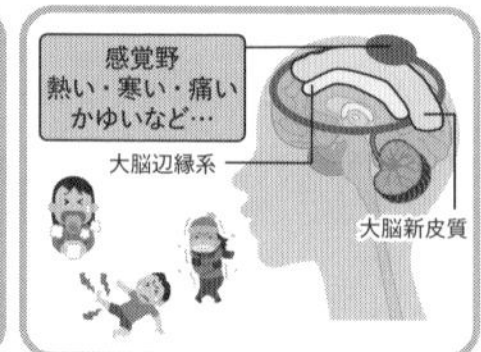

○脳のスーパーカードとして「大脳新皮質」を提示し，動物と人間の違いは，人間には欲求をコントロールする力があることを押さえる。

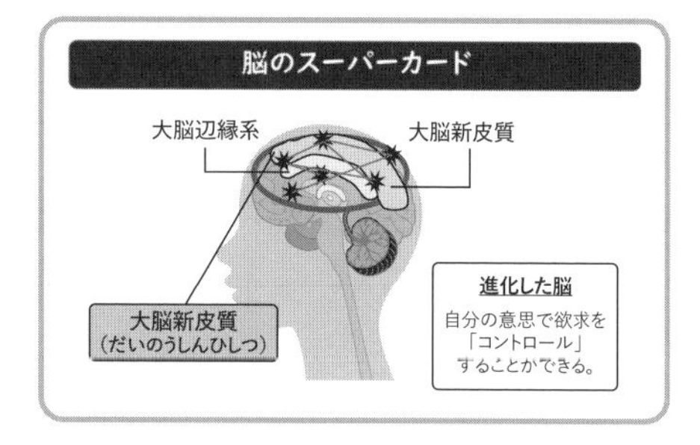

《思春期の脳》

①思春期の脳の特徴や，それが与える影響を知る。

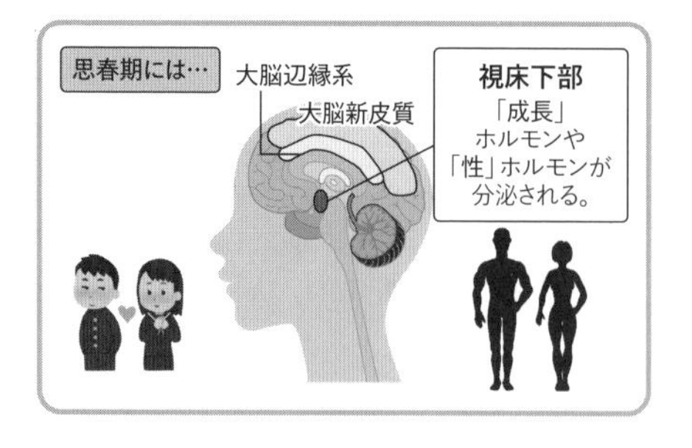

○大脳の働き（大脳辺縁系と大脳新皮質）を確認し，思春期は脳が活発に活動し始める時期であることを押さえる。

○思春期特有の脳の働き（視床下部・扁桃体）の働きを確認する。

○扁桃体の働きが「ストレス」状態のなりやすさに影響することを確認し，思春期には脳が暴走状態になることを理解できるようにする。

深化

《不健康な脳》

【脳のけが】

①状態（MRI写真）を提示し，影響を知る。

○足や手，言語など，脳から遠い場所にある体の部位にも影響があることに気づくことができるようにする。

けがをした
脳のMRI写真

［身体への影響］
・足が麻痺してうまく歩けない
・同じ作業を長く続けられない
・手が麻痺して字が書けない
・言語がうまくしゃべれない
・物の置いた場所を忘れる
・自分で計画を立てられない
・興奮して暴力をふるう
・思い通りにならないと大声を出す

［手当てをしてくれる職業］
・脳外科の先生
・脳神経外科の先生
・リハビリの先生
・理学療法士
・作業療法士
・言語聴覚士

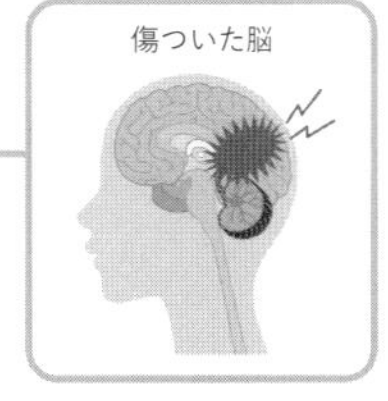

②対処法を学ぶ。

【トラウマ】

①状態（MRI写真）を提示し，メカニズム（詳細は小６指導案）と影響を説明する。

○ぶつけたり出血したりしていないのに，脳に凍り傷ができる状態について確認する。

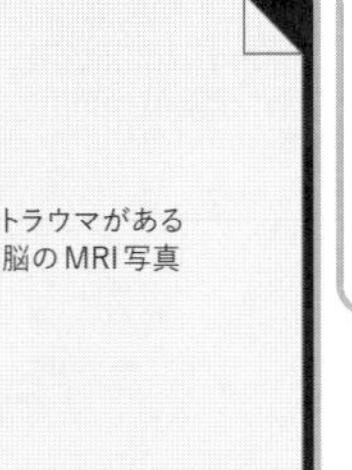

［３つのF］

ファイト（闘争）

危険に立ち向かい、脅威を与えるものや状況、人を攻撃し、打ち負かすことで現状を打破しようとする反応。

フライト（逃走）

危険な状況から逃げ出すことで、命を守ろうとする反応。人づき合いを避けることなどは、逃走反応が固定化した状況の現れ。

フリーズ（凍りつき）

あまりの恐怖に立ちすくみ、凍りついたように動けなくなってしまう状態。闘うことも逃げることもできない子どもが用いることのできる唯一の方法。

②対処法を学ぶ。

［手当てをしてくれる職業］
・スクールカウンセラー
・臨床心理士
・公認心理士
・小児科の先生
・児童精神科の先生

③グループでトラウマ要因とストレス要因の分類をする。

④残った分類カードを手がかりに，生徒たち自身のストレスを引き出す。

○自分の力では耐えられないほどのつらいことや，命の危険を感じるような経験，身近な人から何度も繰り返されるつらい体験がトラウマと呼ばれる凍り傷になることを理解できるようにする。

○トラウマが解凍される症状（フラッシュバック）について確認する。

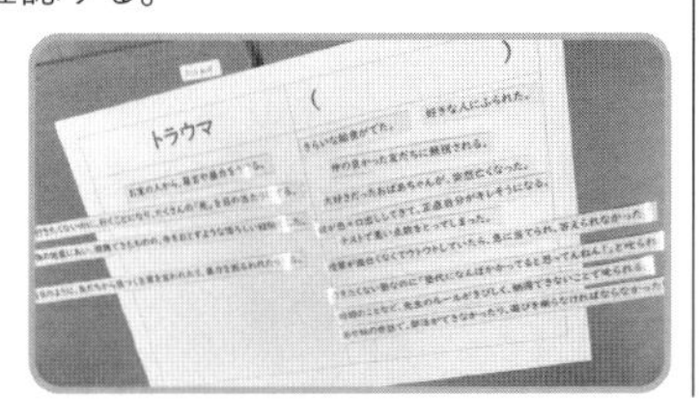

深化	【うつ】 ①トラウマ要因に分類されなかった事例に着目し，ストレスを放っておくと，「うつ」のような病気になることを伝え，そのメカニズムと身体への影響を伝える。 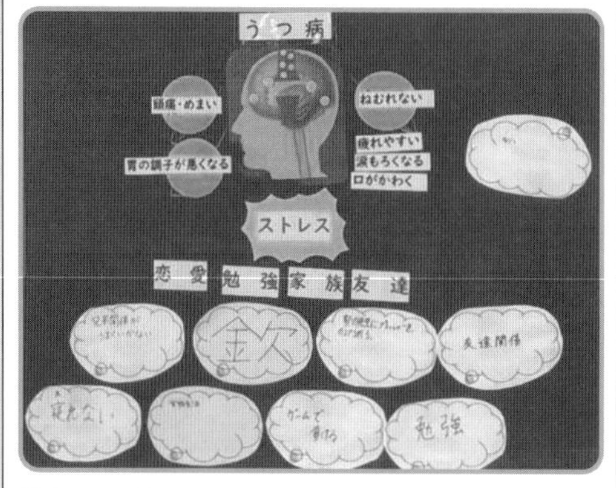 	○脳機能ではなく，神経伝達物質が影響することを，分かりやすく伝える。 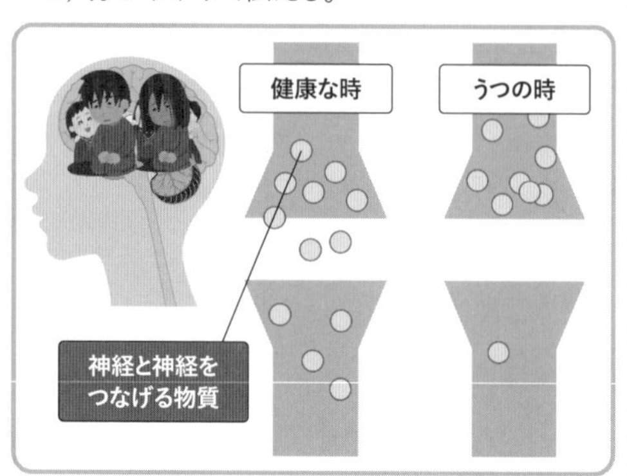
	②多かれ少なかれ，ストレスを抱えている生徒たちが，なぜ「うつ」にまでならないのか，無意識に行っている対処方法に向き合うようにする。	○生徒たちが，自分自身の乗り越え方（発散方法・好きなこと・大切な人）に気づくことができるよう促す。
まとめ	【人生に必要なレジリエンスと安全基地】 ①生徒から出てきた「乗り越え方」を１人でできることと，人とのつながりの中でできることに分類する。 ②上記の分類を「レジリエンス」と「安全基地」という概念に置き換え，その必要性を伝える。	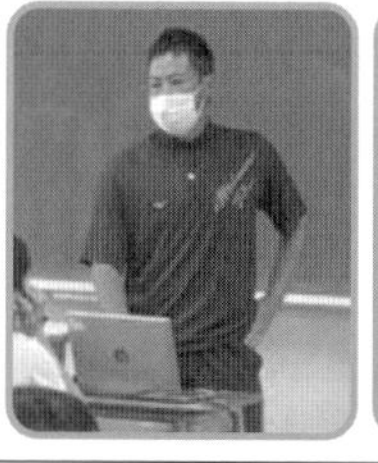 

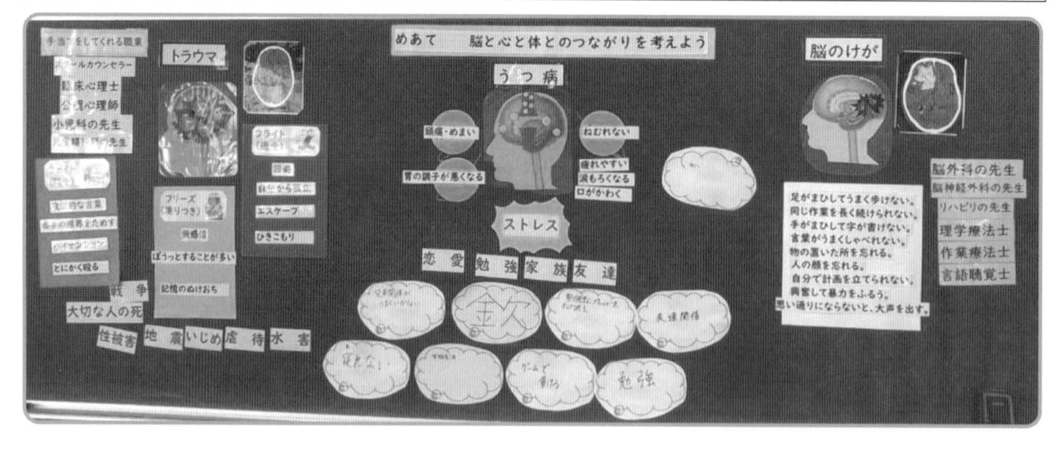

8年

①リアルデートDV
──支配と依存のメカニズム──

1. 学習目標

⑴ 親密な関係が悪化し，支配的・依存的になってしまった場合について考え，デートDVの定義や分類，法律や通報後の展開，相談機関について知る。

⑵ 事例から，日常の中に潜むDVに気づき，その根拠を言語化できるようにし，そのような言動をとってしまう深層心理にせまることで，幸せなパートナーシップを育むために必要なことを考える。

2. 教科等　総合的な学習の時間

3. 使用教材　プレゼンテーション

4. 参考文献

・伊田広行 2011『ストップ！デートDV』解放出版社
・伊東明 2015『恋愛依存症──苦しい恋から抜け出せない人たち』実業之日本社
・伊藤真（監修）2011『マンガでわかる民法入門』ナツメ社
・伊藤真（監修）2017『マンガでわかる刑法入門』ナツメ社
・岩田誠（監修）2011『プロが教える脳のすべてがわかる本』ナツメ社
・上谷さくら・岸本学 2020『おとめ六法』KADOKAWA
・中野信子 2014『脳内麻薬──人間を支配する快楽物質ドーパミンの正体』幻冬舎
・日本DV防止・情報センター（編）2007『デートDVってなに？ Q＆A　理解・支援・解決のために』解放出版社
・松元健二（監修）2019『14歳から知る人類の脳科学，その現在と未来』太田出版
・山口のりこ（著）／海里真弓（画）2017『愛する，愛される（増補版）──デートDVをなくす・若者のためのレッスン7』梨の木舎

5. 指導にあたって

中学校２年生になると，学校生活にも慣れ，生徒会や部活動においても主たる立場として活躍することが増えてくる。反面，思春期真っただ中で，精神的な不安定さも見られ，慣れからくる「中弛みの時期」と言われることもある。本校では性教育を経年的に行っているが，年度当初に「心と体のアンケート」を取り授業への参考としている。次ページに示したアンケート結果のように「好きな人と付き合ったことがありますか？」では前学年と比べると「ある」と答えた生徒が多く，交際へのあこがれや好きな人への思いが高まっている様子がうかがえる。

本実践は，リアルデートDVというテーマで展開しているが，授業の柱は「心身と性の距離感」である。「『生きる』教育」（性・生教育）では，まず小学校１年生で安全・安心について学び，大切にされるべき自己の存在を知る。恥ずかしい気持ちや拒否したい気持ちは，誇るべき立派な成長であり，自由に発信してもよいということを学びの第一歩とし，性的虐待の予防教育に位置付

けている。続いて5年生では，「愛？　それとも支配？」と題し，加害者とされる側の言動の表面的な間違いに気づく価値観を育むことを意図し，まだ恋愛を知らなくても全員が参加し，相互尊重への理解を深めることができるような展開としている。中学校2年生との大きな違いは，人を好きになるということへのリアルさである。ここでは，被害者とされる側の深層心理にある「依存」にも着目していく。誰かを好きになり，「自分だけを見ていてほしい」「自分好みになってほしい」という自然な感情が芽生えることを経験している中で，本能と理性のアンバランスさを科学的に味わい，社会的なルールを知る。親密な関係になるほど，本心と言動が一致しない場面も多くあることを学び，その上で，本能と理性の間を埋める，「人を想うルール」を対話の中から見いだしていくことがねらいである。

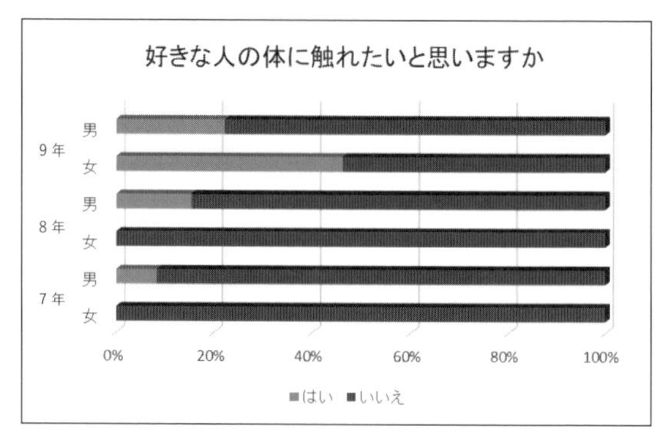

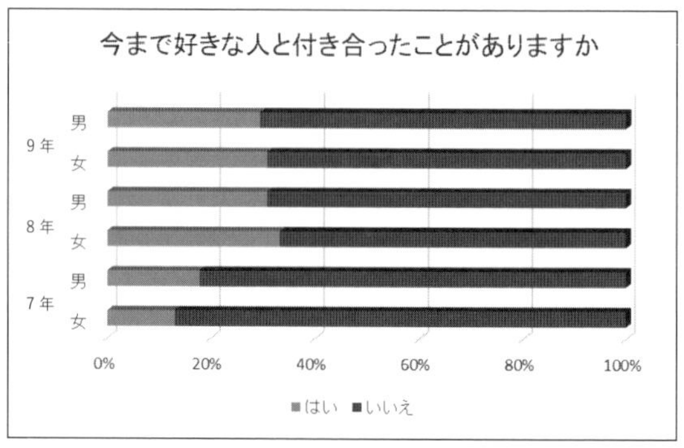

授業冒頭では，本時の展開の柱となるマンガ（『愛する，愛される――デートDVをなくす・若者のためのレッスン7』）の1ページ目だけを提示する。登場人物の翔太が美奈に1日の出来事を報告させたり，服装や行動を制限したりしているような内容ではあるが，お互い電話での会話を楽しんでいる。ここが「あり」なのか「なし」なのかを問うところから授業はスタートする。これからこの2人が向かう道を予想させ，街角インタビュー（デートDV被害者のリアルな証言，関西テレビ「報道ランナー」2019年1月10日放送より）を提示することで，社会問題になっている「デートDV」についての概要を捉えるようにする。

では，なぜ特別な人にだけ，たとえ一時でも暴言や暴力を許せてしまうのだろうか。感情をつかさどる大脳には，本能的な「好き・嫌い」を生み出す機能がある。それらは扁桃体や視床下部の働きによって起こるが，人の恋愛ではこれに加え，趣味や価値観，時には財力，社会的な地位なども検討された上で理性的に「好き・嫌い」を決定することになる。この決定する場所は理性をつかさどる「前頭連合野」という場所であるが，思春期には扁桃体の暴走が起こりやすく前頭連合野が後から発達するので，感情の調整はアンバランスになるという現象も見られる。また恋愛中には，神経伝達物質のドーパミンやさまざまな脳内ホルモン（アドレナリンやセロトニンなど）が全身を駆け巡ることで，好きな人に会って気持ちがワクワクしたり，顔が赤くなったりドキドキしたりなどといった心身の状態に影響していく。授業では短時間の扱いとなるが，理性とは別の場所で，思春期特有の働きがあり，まさに今がその時期であることを実感させ，人を好きになることの素晴らしさと同時に，注意すべき点もあるということを，脳科学的に触れる時間としたい。

本時ではデートDVの定義を，4コマ漫画やDV事例を分類するグループワークで能動的に理解していく時間を設けている。日常に起こりうるさまざまなリアルDV事例が，身体的暴力・精神的暴力・経済的暴力・社会的暴力・性的暴力のカテゴリーに分類しきれないことがポイントである。

目的意識をもって事例の一つ一つをしっかり読み込み，生徒それぞれの価値観を話し合うことで被害者側の視点をしっかりと深めていくことがねらいである。さらに，それらを規制する法律について学習を進める。本時では，DV防止法，ストーカー規制法，刑法・民法を扱う。グループワークで出合ったDV事例のほとんどが，犯罪に近い内容であることを理解し，対処法や相談窓口なども提示することで，恋愛だから２人だけの問題ということではなく，れっきとした社会問題であるという視点を強めたい。

ここまでの学びを活かし，冒頭で提示した漫画の続きを読む時間をもつ。このとき，翔太の言動について着目し「絶対にしてはいけない」⇒赤色シール，「これはあぶない」⇒黄色シール，「落ち着いている」⇒青シールを貼るようにし，加害者側の行動を追いかけ，そのパターンに迫るようにする。これがいわゆる「イライラ期」「バクハツ期」「ハネムーン期」となるのだが，その境界線はあえて生徒たちに任せることが本時の重点となる。すべて赤でもよい。グループでお互いの価値観をぶつけ合うことを一番大切にしたい。グループ活動の後は掲示物を用い，加害者の行動パターンを板書上で整理していく時間とする。赤色＝「暴力」，黄色＝「暴言や威圧的な態度」，青色＝「加害行為はしていない」とするが，この青色の言動は本当の思いやりなのか，なぜ，いきなり優しくするのかなど，揺さぶりをかけたい場面でもある。この後，被害を受けた側に視点を移す。彼の行動パターンのループの中で，本来なら嫌なことは断ったり，乱暴な言葉には言い返したりできるのに，展開の後半，完全に支配されてしまっていることが明確に分かる境界部分のシーンがある。被害者はなぜそこから抜け出せないのか，加害者はどうしてそこまでのことをするのかについて考え，「好きだから」「大切だから」という言葉の裏に隠れた支配構造の危険と，苦しいのに離れられない両者の依存を理解してほしい。

授業の最後には，よいパートナーシップを築いていくために必要なことを考えていく。人を好きになれば誰もが抱くような独占欲や嫉妬を，どのように表現すればよかったのかという点も考えるようにする。お互いを好きになり，誰よりも大切にしたいとスタートさせた交際が，支配↔依存の関係になってしまう根本的な原因と，そうならないようにするために必要なソーシャルスキルを学習の中で見つけてほしい。

心理学者の伊東明氏によると「恋愛＝アタッチメント（愛着）の再形成」になってしまうケースが少なくないという。

心理セラピストのスーザン・フォワードによると，「恋人＝象徴的親」とし，恋人を親代わりにして幼き日々に失われた愛情を取り戻そうとするメカニズムが働くという。親だからこそ心理的境界線がうまく引けなくなったり，どんなにつらい思いをしても離れがたく，そう簡単に取り替えられなかったりする。これこそがしがみつく理由だとしている。ここに過去への再挑戦が始まり，相手役はかつて自身につらい思いをさせていた親と重なる人物となる。これは，加害・被害の両者に言えることで，恋愛が心の穴を埋めるためにあるのか，相手の幸せを願うものなのか，どう導かれるかは生い立ちや幼き日々の愛着形成に大きく影響されるのではないかと考える。

「『生きる』教育」（性・生教育）は，未来が過去に左右されないように積み重ねてきた実践授業である。恋愛を通し，人と人との向き合い方の基本を考えるこの授業では，相手を想い，生徒たちが真剣に生み出した「ことば」を友だちとともに紡ぐことで，まれにある認知の歪みを修正することに，「DV防止教育」として重点を置いている。

生徒たちがいつか心から大切にしたいと思える人に出会ったとき，相手の幸せを願い，相手を幸せにできる力を身につけてほしいと願う。

6．授業展開

	学習活動	指導上の留意点等 〈使用教材〉
導入	【「あり?」「なし?」】 ①恋愛に対する感情や恋人同士が会話をしている１シーンを提示し，個々の価値観を交流し合う。 ②街頭インタビューから，非現実と現実の境界に気づかせ，本時のめあてをつかむようにする。	  出典：山口のり子 著／海里真弓 画 2017『愛する，愛される（増補版）――デートDVをなくす・若者のためのレッスン7』梨の木舎　P.3 ・本時の柱となる，漫画の１ページ目だけを提示する。 ・親密な関係だからこそ生じてしまう支配的な関係や，恋愛感情にまぎれながら支配されてしまう状況を捉える。
	めあて　親密なパートナーとの関係について考えよう。	
	【脳機能とデートDVの定義】 ③思春期に起こる偏桃体の活性化により，前頭連合野での理性の働きを弱めることや，恋愛によって神経伝達物質（ドパミン・セロトニンなど）が心身の高揚感に影響すること等を捉える。 ④内閣府男女共同参画局が示す，デートDVの定義を紹介する。	・脳科学と恋愛の関係について分かりやすく伝えるために，ここでは「しあわせホルモン」という言葉を使う。 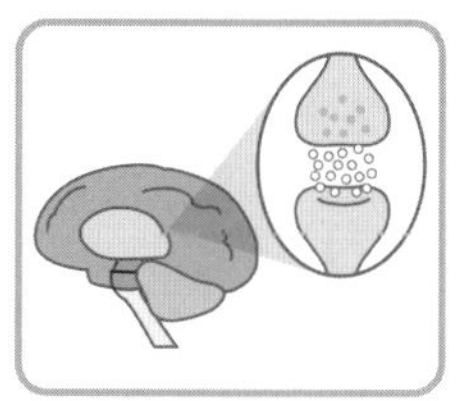
習得 	【定義の詳細】 ①マンガから，まずDVかそうでないかを考える。すべてDVといえる４事例の特徴を話し合い，４つの定義を確認する。 ※ここでは，性的暴力については軽く触れるだけにとどめる。	・陸前高田市と日本ユニセフ協会協力による冊子を参考に，４つの定義（精神的暴力・身体的暴力・経済的暴力・社会的暴力）を理解できるようにする。

身体的暴力

精神的暴力

社会的暴力

経済的暴力

出典：『もしかしたら，ワタシ…被害者かも。――デートDV 〜あなたの近くにある暴力〜』より
発行者：陸前高田市福祉部子ども未来課　　制作協力：公益財団法人 日本ユニセフ協会
https://www.city.rikuzentakata.iwate.jp/material/files/group/16/dv_soudan.pdf
https://www.unicef.or.jp/kinkyu/japan/pdf/dv_soudan.pdf

習得

②DV事例を具体的に短冊にしたものを各班に配付し，話し合いながらそれぞれ5つのカテゴリーに分類する。ここでは，分類するということより，項目にもとづいた内容を広く知ることに重点をおく。

※分類の活動では性的暴力も扱う

【法律】（一部，表記はやさしく書き改めている）

〈刑法・民法〉

・「傷害」とは，人の生理的機能を害することをいい，創傷や打撲傷，めまい，失神，PTSDなどがある。以下の条文を分かりやすく提示し，人としても法の中でも許されることではないことを理解する。

- メールは10分以内に返さないとさらにたくさん送られてくる
- スカートをはくなと言われる
- 彼以外の男子が登録されているのを見つけスマホを二つ折りに
- 彼氏用の手帳をもっていて，彼のスケジュール管理をしている
- 彼女の生活費を全部払い続けている
- 彼の食事をつくったり，洗濯をしたりしている
- どこにいるのか誰といるのか，常に報告が必要
- 「別れたら死ぬ」と言われる
- みんなの前でバカにされる
- 「お前は俺がいないと何もできない」と毎回言われ，そう思えてきた
- 友だち関係を制限してくる
- 壁を壊したり刃物を突きつけたりしてくる
- 門限を破ると大声で怒鳴られる
- けんかをした後，SNSに悪口や知られたくないことを書かれた
- 無視される

（…等一部掲載）

【刑法204条】傷害：人の身体を傷害した者は，15年以下の懲役又は50万円以下の罰金に処する。
【刑法208条】暴行：暴行を加えた者が人を傷害するに至らなかったときは，2年以下の懲役若しくは30万円以下の罰金又は勾留若しくは科料に処する。
【刑法222条】脅迫：生命・身体・自由・名誉又は財産に対し，害を加える旨を告知して人を脅迫した者は，2年以下の懲役又は30万円以下の罰金に処する。（「親族へ」も同様）。
【刑法223条】強要：生命・身体・自由・名誉若しくは財産に対し害を加える旨を告知して脅迫し，又は暴行を用いて人に義務のないことを行わせ，又は権利行使を妨害した者は，3年以下の懲役に処する。（「親族へ」も同様）。
【刑法230条】名誉棄損：公然と事実を適示し，人の名誉を毀損した者は，その事実の有無にかかわらず，3年以下の懲役もしくは50万円以下の罰金。
【刑法231条】侮辱：事実を適示しなくても，公然と人を侮辱した者は，拘留または科料に処する。
【民法709条】不法行為による損害賠償：故意，または過失によって他人の権利，または法律上保護される利益を侵害した者は，これによって生じた損害を賠償する責任を負う。
【民法710条】財産以外の損害の賠償：他人の身体，自由，もしくは名誉を侵害した場合，または他人の財産権を侵害した場合のいずれであるかを問わず，前条の規定により損害賠償の責任を負う者は，財産以外の損害に対しても，その賠償をすべき。

〈DV防止法〉

【配偶者からの暴力の防止及び被害者の保護に関する法律】

○　配偶者　：内縁や事実婚といわれる関係も含まれ，同棲関係であっても法律を準用する。
○　保護命令：身体的暴力や生命に対する脅迫を受けた際に，被害者の裁判所への申し立てにより発令される，加害者の行動を制限する命令のこと。
　①被害者への接近禁止命令⇒被害者へのつきまといや，家や職場の近くのはいかいの禁止
　②被害者の子どもや親族への接近禁止命令⇒被害者の子どもや親へのつきまといや，家や学校などの周辺のはいかい禁止
　③電話等禁止命令⇒暴言や無言電話の防止のため，加害者から被害者に対する面会の要求，電話やFAX，メールなどを送信することの禁止
　④退去命令⇒被害者が加害者と同居している場合，被害者が同居する住居から引っ越しをする準備等のために，加害者に2カ月間家からの退去をすることを明示，かつその期間その家をうろつくことの禁止

※保護命令に違反した場合，1年以下の懲役または，100万円以下の罰金

〈ストーカー規制法〉

【目的】この法律は，ストーカー行為を処罰する等，ストーカー行為等について必要な規制を行うとともに，その相手方に対する援助の措置などを定めることにより，個人の身体，自由及び名誉に対する危害の発生を防止し，あわせて国民の生活の安全と平穏に資することを目的とする。

○「つきまとい等」とは　：①つきまとい，待ち伏せ，うろつき等　⑤無言電話，連続した電話，SNS等
　②監視していると告げる行為　⑥汚物などを送る
　③面会や交際の要求　⑦相手の名誉を傷つける
　④乱暴な言動　⑧性的羞恥心の侵害

○ストーカー行為をした場合の罰則は，1年以下の懲役または100万円以下の罰金。
○つきまといやストーカー行為があった場合，警察は加害者に警告（ストーカー規制法第4条）や禁止命令など（ストーカー規制法第5条）を出すことができる。
○暴行や脅迫などの刑法上の犯罪が成立すれば，逮捕される場合もある。

習得

【対処法】

具体的な相談機関や訴えた後の展開を紹介し，被害にあった場合は守ってくれる場所があることを知らせる。

○内閣府男女共同参画局　DV相談ナビ
○デートDV110番
○すこやか教育相談 大阪府教育センター
○大阪府立男女共同参画・ドーンセンター
○大阪府女性相談センター
○DV相談専用ダイヤル（24時間）
○SAP子どもサポートセンター（サチッコ）
○クレオ大阪　女性総合相談センター
○大阪法務局　女性の人権ホットライン
○大阪弁護士会（DV・セクハラ・性被害の相談）　など

・相談する場合と，通報する場合の両方を具体的に理解できるようにする。

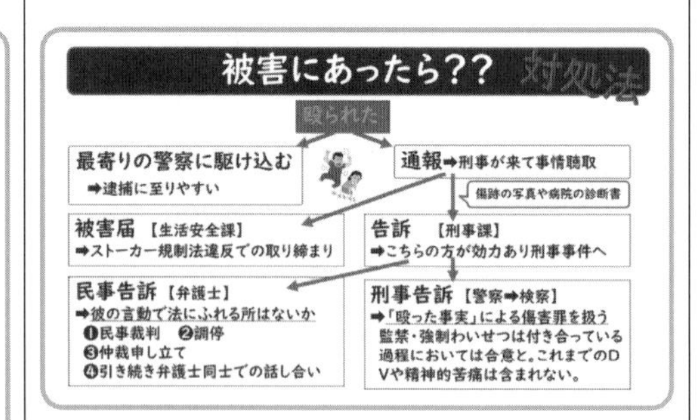

DVから逃れて安全確保を求めたいとき
○各区　保健福祉センター
○各警察署生活安全課（緊急時には110番）

習得

出典：内閣府

出典：内閣府

クレオ大阪 女性総合相談センター

＼迷った時はこちらへ／

・面接相談、ライフプラン相談をご希望の方
・どこに相談していいかわからない方

総合相談受付
06-6770-7730
火〜土 10:00-20:30
日・祝 10:00-16:00

出典：大阪市立男女共同参画センター中央館

深化

【デートDVのメカニズム】

①加害側，翔太の言動を，赤・黄色・青信号の視点で追いかけ，個々の価値観でシールを貼っていく。

②シーンごとにカットした掲示物を用い，翔太の言動を「イライラ期」「バクハツ期」「ハネムーン期」のパターンに整理していく。

③青信号のシーンの翔太の言動は本当の愛なのか，なぜ，このようなことをするのかを考え，話し合う。

④このループの中で，被害側，美奈の思考そのものが支配され，変わってしまったシーンを見つける。

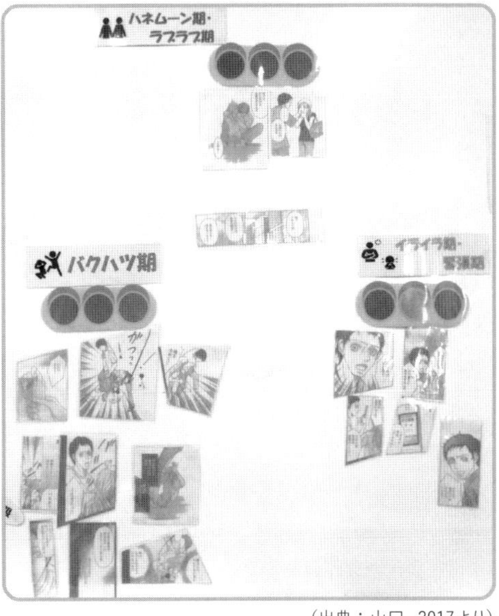

（出典：山口，2017より）

【なぜ，離れられないのか】

⑤友だちの説得で，少しの期間，距離を置いた２人だったが，またよりを戻してしまう。２人はなぜ，離れないのか，両者の言動の根底にある，深層心理にスポットを当てていく。

※⑤のストーリーは教師による創作

⑥DVのサイクルに陥らないために，人を好きになったときに誰もが抱く相手への欲求や，一体感を求める感情を，どのように表現していけばよいのか，暴言や暴力により悲しい思いにならないために必要なことを考える。

・なぜ美奈は離れられないのか，なぜ翔太はここまでするのかを考え，ストーリーの中の２人を振り返り，友だちと自由に意見を交わすことができるようにする。

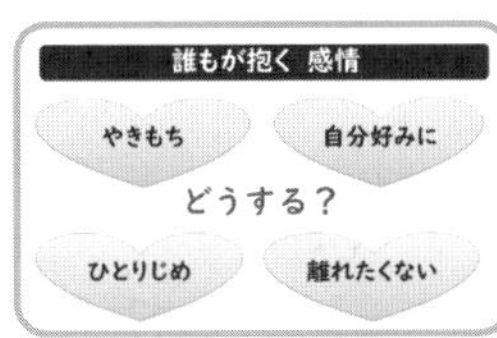

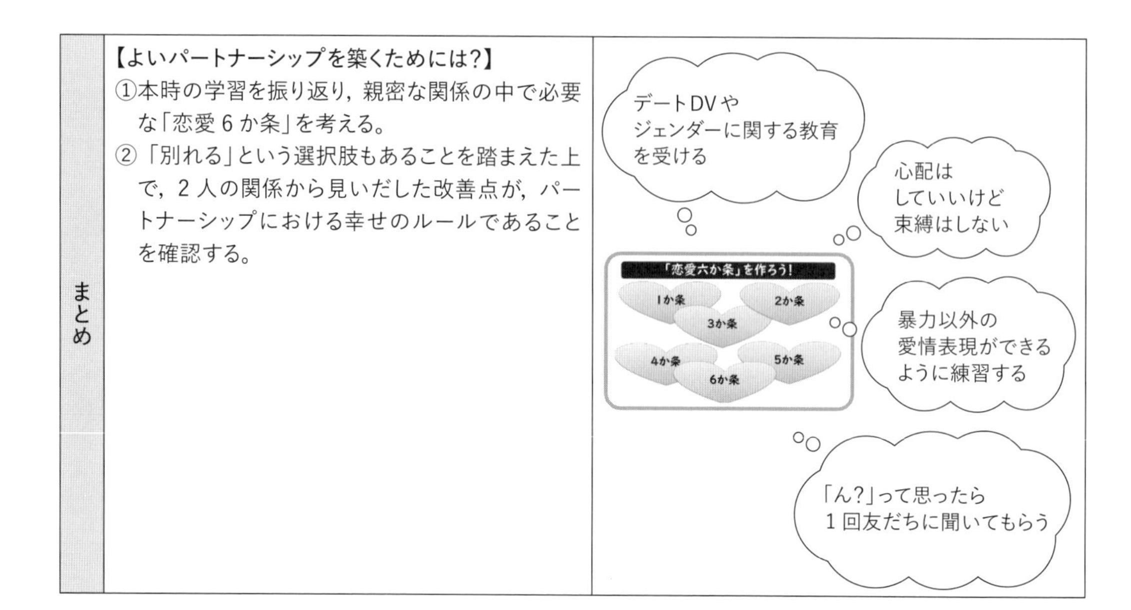

まとめ	【よいパートナーシップを築くためには?】 ①本時の学習を振り返り，親密な関係の中で必要な「恋愛６か条」を考える。 ②「別れる」という選択肢もあることを踏まえた上で，２人の関係から見いだした改善点が，パートナーシップにおける幸せのルールであることを確認する。	

8年

②思春期における情報モラル教育
——誹謗中傷を考える——

1. 学習の目標

⑴ 身近な存在であるSNSが抱える闇を社会問題から捉え，言語化し，誹謗中傷という意味や法に基づいた知識を正しく理解した上で，自分や大切な人の心身の守り方を知る。

⑵ SNS機能が世の中でどのように働き，どんな影響を与えているのか，事実を広く知ることで，これからの世の中に必要な情報モラルについて考えることができる。

2. 教科等　学級活動

3. 使用教材　プレゼンテーション／班活動で使用するカード等

4. 参考文献

- 佐藤佳弘，スマイリーキクチ 2021『ネット中傷 駆け込み寺』武蔵野大学出版会
- メアリー・エイケン 2018『サイバー・エフェクト　子どもがネットに壊される——いまの科学が証明した子育てへの影響の真実』ダイヤモンド社
- 樋口進 2018（第1版），2019（第3版）『スマホゲーム依存症』内外出版社
- 宇多川はるか 2023『中学校の授業でネット中傷を考えた——指先ひとつで加害者にならないために』講談社

5. 指導にあたって

本校では，小学校・中学校にかかわらず，ゲームから離れられなかったり，SNS上のトラブルを起こしたりする児童・生徒が後を絶たない。両校ともに，児童・生徒の乱れた生活習慣や，定着しない学習習慣の背景にはいつも，オンラインゲームの存在がある。また，小学校では，グループラインの中で，投票で人をランク付けするような人権侵害にも近いアンケートアプリを用い，それがトラブルの元となった。「かっこいい人」「嫌いな人」など，アプリを用いて投票を企画する児童，投票する児童，そして投票される児童，誰もが軽いノリでやってしまっていること，またそれが「楽しい」となってしまっている価値観に，危機感を覚えた。全体指導と個別指導を重ね，グループラインは児童の意思で解散，グループ内の全保護者に電話連絡を入れた。中学校では，相手にとって嫌な写真を投稿して面白がったり，その場では言わずSNS上で，誰とは言わないが見る人が見たらわかる“匂わせ”悪口を書き込んだりと，トラブルが多い。本音が分からず希薄な関係性になってきている。

2020年5月23日，女子プロレスラーの木村花さんがSNS上での誹謗中傷を苦に亡くなられている。ここにとどまらず，有名人へのSNS上での迷惑行為は後を絶たない。「正義」「所属感」「憂さ晴らし」……，理由は何にせよ，名乗らず，根拠も述べず，心をえぐるような言葉を万単位で送ることができるツールの恐ろしさを感じ，この度授業のテーマに取り上げることとした。企画者も授業者も，全員スマホネイティブではない，昭和の人間である。作成にあたり，若手教員の感性に何度も頼り，教材のリアリティを追いかけてきた。世代間ギャップにあえて期待し，互い

に押し付けることなく価値観を擦り合わせることで，心地よいSNSとの付き合い方を模索できる授業を提案したい。

導入場面では，上記のような授業作成に至る理由を，生徒たちにありのまま話す。その上で，なぜ人はSNSの世界に立ったとき，こうも簡単に他人を批判するのか，その理由を日本財団が提示するグラフの上位を隠して議論する。

習得場面では，思春期の生徒たちの日常に起こりがちな事例（事実に基づく）を提示する。事例❶では，女子生徒のマウントの取り合いから，自分の感情に同調してもらえることが簡単に叶うことと同時に，状況によっては簡単にそのつながりを切ることもできることに着目し，本当の友だちについて考える。事例❷では，明らかにいじめ事件であり，加害生徒の行動根拠があまりにも軽いケースである。ここでは，人権侵害を脅かす転送・拡散機能や同調圧力が生じる構図にスポットを当て，加害側のグループライン内に自身がいたらどのような対応をするのか，考えさせる。SNS機能だからこそ本音を語りにくかったり，声をあげづらかったりすることも確認したい。事例❸では，誰もがもつ承認欲求や妬み心に着目する。人のプライバシーを揶揄したり，悪口を発信し合ったりすることが簡単にできるからこそ，それでつながる友情の希薄さに気づかせたい。次に，改めて「ことば」に向き合う場面を設ける。ここでは，同じ意味の「批判意見」と「誹謗中傷」文とを比較読みし，3つの誹謗中傷文に共通することを見つける。さらに，さまざまな書き込みの中には罪名が付くものもあることを伝え，具体的なワードを並べた短冊をグループで分類する。最後に，上図のように刑法や民法を示しながら，自身を守る具体的な方法を提示する。

法律（刑法）

【名誉毀損罪】

「公然と事実を摘示し、人の名誉を毀損した者」が該当する罪です（同法230条）。これに該当した場合には、3年以下の懲役もしくは禁錮または50万円以下の罰金に処される可能性があります。

【侮辱罪】 令和４年７月より厳罰化

「事実を摘示しなくても、公然と人を侮辱した者」が該当する罪です（刑法231条）。事実の摘示が必要である「名誉毀損罪」と大きく異なる点です。つまり、たとえば「バカ」や「ブス」など抽象的な表現であっても、侮辱罪に該当する可能性があります。これに該当した場合は「1年以下の懲役・禁錮または30万円以下の罰金」に処される可能性があります。

法律（民法）

民法上の不法行為（慰謝料・損害賠償請求）

犯罪として扱ったのではなく、「名誉権」、「プライバシー権」、「著作権」などの権利を侵害した場合、民法上の不法行為として扱う。
実際には処罰よりも、慰謝料として民事裁判で決着をつける。

インターネット上の誹謗中傷やプライバシーなどのトラブルにあった。

書き込んだ相手に損害賠償を求めたい場合は・・・

弁護士に相談をする　または　区役所の無料法律相談や「法テラス」に相談をする。

習得事項を深化させる場面では，もう一度社会問題に戻る。ここでは，SNSの良し悪しを対比させた形で，実際にあった出来事を提示していく。＃聖地巡礼（経済効果ver.＆迷惑行為ver.），＃推し活（経済効果ver.＆アンチコメントver.），＃迷子ペット人探し（見つかったver.＆嘘の書き込みver.），＃災害・紛争（SOSから救助へver.＆嘘の書き込みで混乱ver.）など，同じテーマとすることで比較しやすいようにした。SNSが良い意味で働いたケースについては，その機能は日常事例❶～❸で確認したものと同じである。要するに，使う「人」の問題であることを確認した上で，最後に，これからの時代に必要な情報モラルについて考える。

この授業づくりの過程で，本実践はあくまでチャレンジ1年目だということを痛感させられた。日進月歩のSNS機能が与える生徒への影響は数年かけて研究し，さらにその進化に追いつくよう子どもから学び続ける必要がある。今の時代には切り離せない，この便利で危険なツールに，今後も真摯に向き合っていきたい。

6. 授業展開

	学習活動	指導上の留意点等 〈使用教材〉
導入	【社会現象から授業へ】 ①木村花さんにまつわる新聞記事を提示し，昨今，SNS上での誹謗中傷に苦しむ人が後を絶たないという事実から，今，何を学ぶべきか，「授業」の必要性を感じた旨を，ありのまま伝える。	・生徒と一緒に考えたい，デジタルネイティブの君たちから教えてほしいという視点で投げかける。
	めあて　これからの世の中に必要な情報モラルについて考えよう。	
	②人は，どんな理由で，ネガティブなコメントを書き込むのか予想させ，班で話し合った後に，グラフを提示し，全体で上位にあたる部分について考え，意見交流する。	・木村花さんに関する情報を，口頭で簡単に説明する。
	Ryuchellさんの急死を伝える新聞記事 （『デイリースポーツ』2023年7月13日付） 木村花さんの急死を伝える新聞記事 （『日刊スポーツ』2020年5月24日付）	Q　昨今、国内外でリアリティーショーに出演した人がＳＮＳ上での誹謗中傷を苦にして自殺する事件が起きています。出演者が誹謗中傷被害を受けるのは何が原因だと思いますか。（複数回答）（n=1000） ＳＮＳの匿名性　63.3% 間違った正義感　38.7% ＳＮＳで誹謗中傷する利用者の特性　34.9% 拡散しやすいＳＮＳのシステム　28.0% 制作側の演出・編集の問題　24.7% 現実とエンターテインメントの混同　23.3% 法整備が追いついていない　18.9% インフルエンサーの先導　6.1% ＳＮＳサービスを提供する会社の管理　5.7% その他　2.5% （出典：18歳意識調査「第28回―SNS―　要約版p.15，リアリティーショー出演者に対するSNS上での誹謗中傷の原因」日本財団，2020年7月30日）
習得	【SNSの機能とは】 ①ゆがみを「ことば」に	
	事例❶ クラスで比較的おとなしいA子と，目立つタイプのB子。A子の長年の「推し」を後からB子も好きになり，B子はクラスで毎日大騒ぎであった。それを疎ましく思ったA子は，裏アカウントでB子を批判するが，それがB子にばれてしまい，スクリーンショットを拡散されてしまう。この後，A子とB子，そして彼女たちと「トモダチ」として繋がっていた生徒らはその後…	
	Q：どちらが加害者？　どちらが被害者？	A：両者とも同調してくれる味方が欲しい。それを可能にし，つながることも裏切ることも簡単にできてしまうのは，SNSの特徴の一つ。本当の「トモダチ」とは？

習得

事例❷

C男は，最近知り合った，マイとインスタグラムのDMでやり取りし，恋心を抱きはじめていた。しかし，それは，マイに扮した他校のD男であり，やりとりの内容は，D男のグループラインでいつも拡散されていた。親密だと信じていたからこそ送っていた恥ずかしい写真も校内外に拡散され，タカシにとって，絶望の日々が始まる。

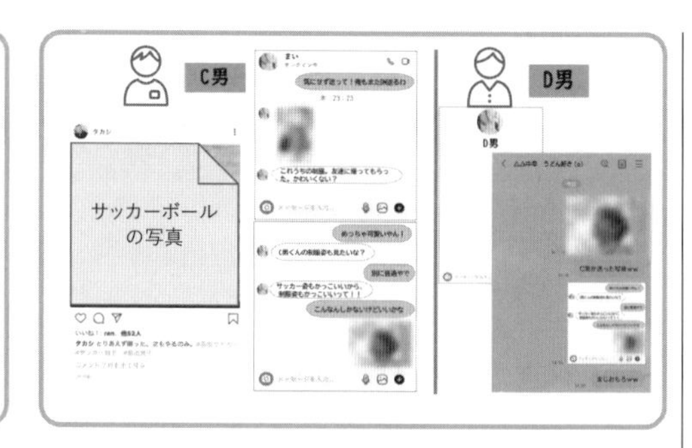

Q：いくつアウトがあるのか。なぜアウトなのか。君たちがD男のグループラインにいたら何をする？　D男と1対1だったら？

A：男子が女子に扮し，恋心を利用して相手をだますことはおろか，それをグループライン内でとどめることができない，「おもしろいこと」への価値観の歪み。人権を脅かす転送・拡散機能。同調圧力を生み出す人数の問題。

事例❸

E子には，仲のよい5人組がいて，グループラインで日頃からよく連絡を取り合っている。ある日，E子はインスタの中でF子の投稿から，彼氏ができたのかな?と思わせるような内容の写真を見つける。それをスクリーンショットし，いつもの5人組グループラインに送ったことで，ライン上で，いつものおしゃべりが始まる。翌朝，F子とE子たちとは，何事もなかったかのように，いつも通り接する。

ゆーこ

彼氏との影のツーショット

E子

Q：F子の投稿は昔の日記に近い。日記とは，誰かに見せるものではなかった。今，日記みたいな内容がよくインスタにあがっているが，人に見せても大丈夫？　なぜ見せる？

A：背景にある：承認欲求の確認。(悪ではないが)

5人の会話が否定的なのはなぜ？　盛り上がるのはなぜ？

A：妬みという共通の感情で結ばれた連帯感。

この後，この5人組の1人に彼氏ができ，同じような投稿をした。残り4人の会話は？

A：人のプライバシーを面白がってつながる友情の薄っぺらさ。

【伝え方を知る】

②「ことば」に向き合う

ここでは，改めて「ことば」について学び直す。同じ文意で表された批判意見と誹謗中傷とを比較読みし，その違いにサイドラインを引いて洗い出すことで，読解を通し誹謗中傷の意味を理解できるようにする。

【誹謗中傷とは】
根拠のない悪口を言って相手を傷つけること（新村出編 2008『広辞苑』第六版，岩波書店）

習得

混んでいることへの苛立ちを店員のせいにし，つぶれるなどと，根拠のない予測を述べている

批判意見	誹謗中傷
駅前にできた〇〇カフェ。今は混んでるけど、注文してもなかなか出てこなかったので、また行くか迷うわ。	駅前にできた〇〇カフェ。店員の動き悪すぎ。注文しても全然出てこないから、あの店すぐつぶれるわ。

批判意見	誹謗中傷
〇〇会社のジャムは、ふたが固くて開けにくいねん。小さい子どもでも開けられるようにしてほしいわ。	〇〇会社は、ジャムのふたもうまいこと作られへんのんか。だから、ジャムも まずいねん。

フタが開けづらいことへの意見にとどまらず，会社やジャムの味そのものに，根拠のない批判をしていること

批判意見	誹謗中傷
この事件の犯人、絶対許せない。厳罰にしてくれ！ 無罪なんか、ありえない。	この事件の犯人、キッショ！ マジ死ねやーWW 他にも絶対悪いことしてるって顔してるやん。はよ、消えて！

すべての発言に罪名がつきます！

【罪になる「ことば」】

③法のもとにある「ことば」

つぶやきワード短冊を「批判意見・感想」と「誹謗中傷」に分類する。さらに誹謗中傷の中から「罪名のつくもの」と「罪名がつかないもの」とに，分類する。

→刑法として「名誉棄損罪」「侮辱罪」「信用棄損罪」を取り上げ，民法として「民法上の不法行為」を扱う。

	批判意見・感想 ○○事件、これはもうダメだろ いったん帰るわ この犯人、絶対許せない。厳罰にしてくれ。無罪なんかありえない 髪型可愛い！ 顔面国宝すぎひん？ 尊い いやマジ鳥肌！ 最後えぐい 罪名がつく，つかないにかかわらず，その響きが醸し出す意味や，その捉え方について，意見交流する。	**誹謗中傷** 人生OWATA 肉落とせ 過去の栄光ｗｗ キャラづくりお疲れ様です。 ここまでくると才能 だってきついもん まじ死ねやー 頼む二度と出ないでくれ。 今日もフォロワー1000人減ってんな。どんどん減る笑　減ってく数字見ると元気になるわー マジ消えた方があなたのためじゃないかな　草 天然キャラづくりお疲れ様です！！ マジ鳥肌たつｗｗｗ爆笑ｗｗ見てるこっちが恥ずかしい 顔面土砂崩れ あなたの意見に完全に同意します。 言ってることが無茶苦茶、政治家ならわけのわからない言い回しなんかするな オープンした時にいったけど、店員の動き悪すぎ ○○の会社、責任者として自覚なさすぎ。ほんま胸糞悪すぎる。あなたのやったパワハラ謝罪しろ。 明らかに「人」を批判していて その理由もよくわからない 「死ね」はアウトだと思う
習得	【自らを守るために】 ④心無い「ことば」から自身の心を守るために インターネット上の誹謗中傷の相談・通報窓口や，各アプリの誹謗中傷の報告方法，不快なコメントを非表示にする方法を提示する。	

インターネット上の誹謗中傷の相談・通報窓口

ネット上の書き込み・画像を削除したい

人権相談（法務省）
相談者自身で行う削除依頼の方法などの助言に加え、法務局が事案に応じてプロバイダなどに対する削除要請を行います。

違法・有害情報相談センター（総務省）
相談者が行う削除依頼方法・インターネットに関する技術や知識などを迅速にアドバイスします。

誹謗中傷ホットライン・セーフライン（セーファーインターネット協会）
インターネット上の違法情報や有害情報の通報を受付、国内外のサイトへの削除要請や警察などへの通報を行います。リベンジポルノの被害にあわれた方、いじめの動画などの通報も受付、削除要請を行います。

インターネット上の誹謗中傷の相談・通報窓口

ネット上の書き込み・画像を削除したい

インターネット・ホットラインセンター（警視庁）
違法情報及び重要犯罪情報、自殺誘因情報の通報を受付、ガイドラインに基づき判断をして警察への情報提供とサイトへの削除依頼をします。

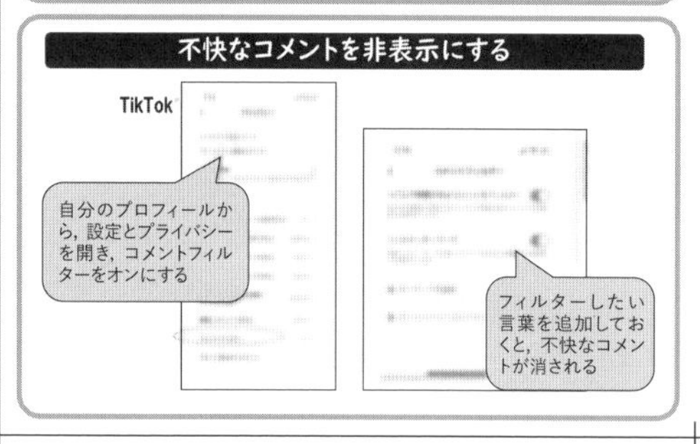

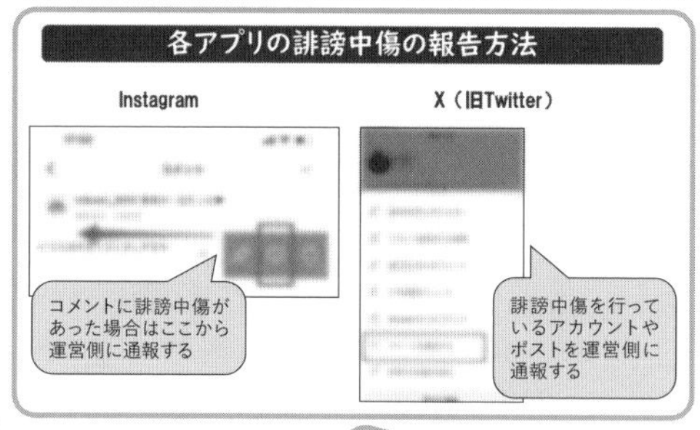

深化

【授業から社会現象へ】
①社会で起きている事実に向き合い，SNSの機能の良し悪しについて，改めて考える。

《良い例》

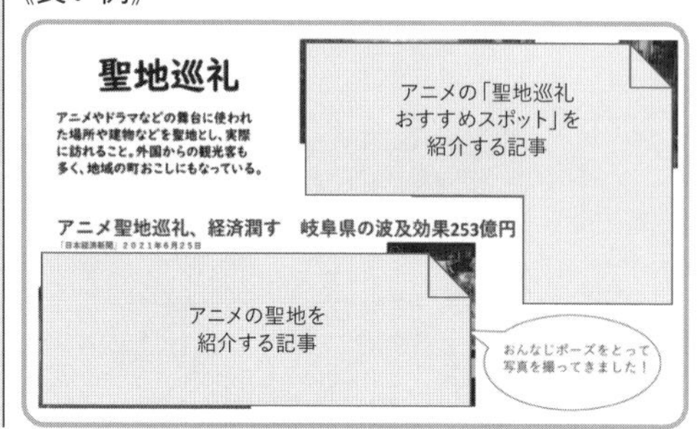

《悲しい例》

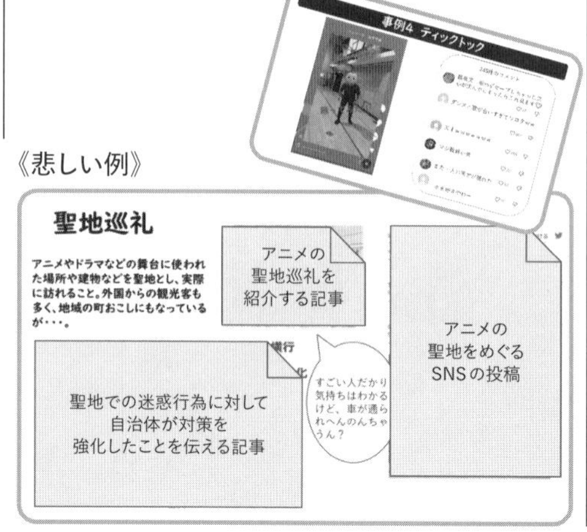

深化	

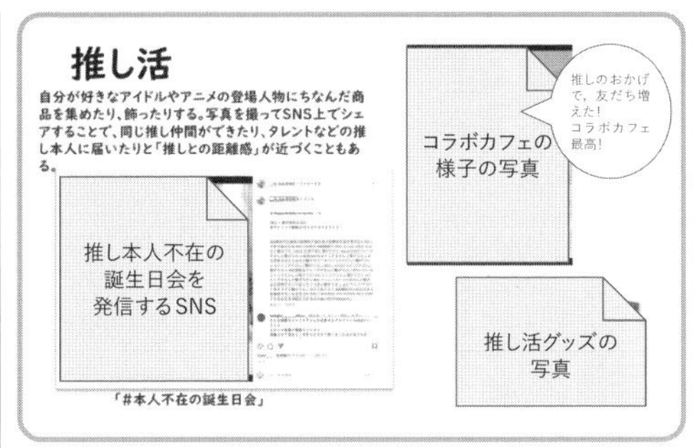

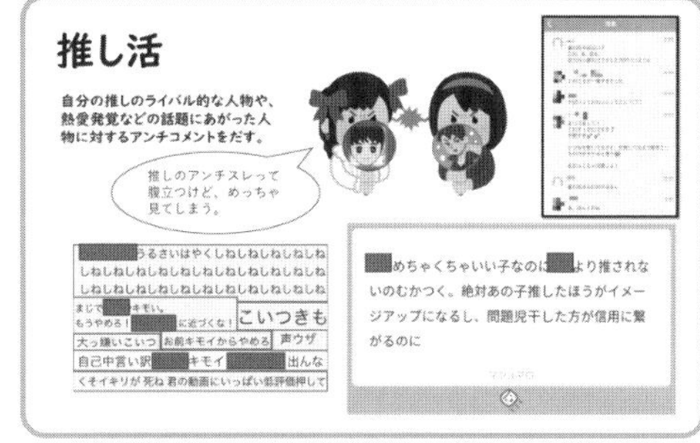

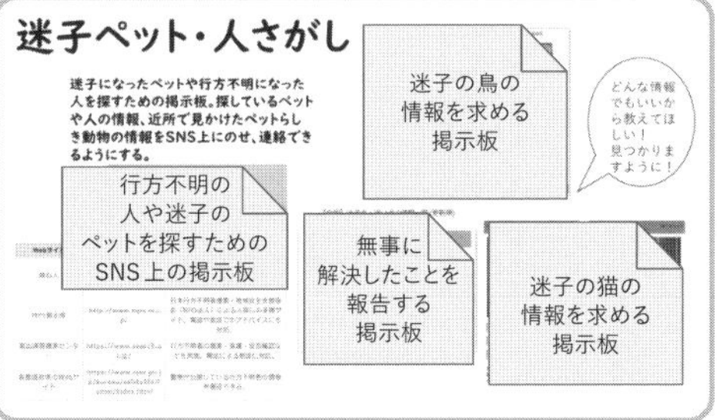

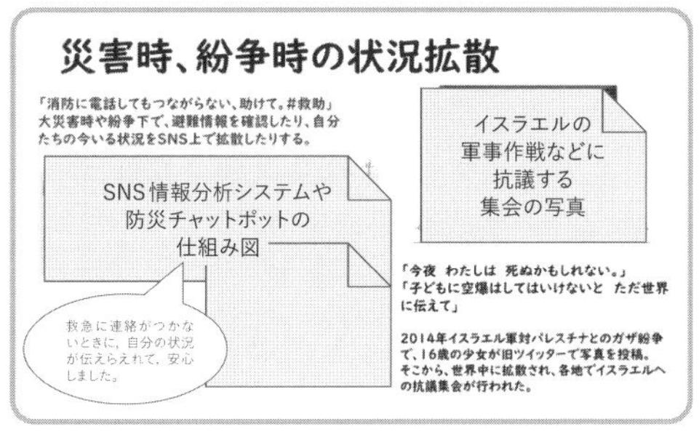

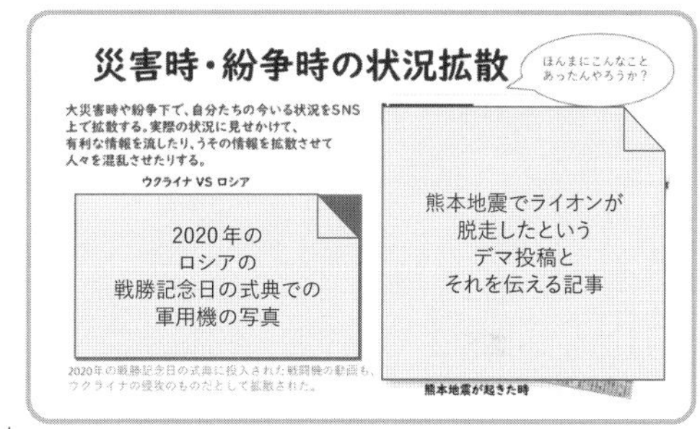

まとめ	

【SNSと共に生きるために】

①14歳の今考える，これからの世の中に必要だと思う「情報モラル」について話し合う。

9年

①社会の中の「親」と「子」
――子ども虐待の事例から――

1. 学習目標

⑴ 養育者との関係が悪化した場合について考え，児童虐待の定義や，相談機関，法律，福祉制度など，子どもを守る社会システムについて知る。

⑵ 事件や事例から，子どもに対し暴言や暴力といった言動をとってしまう背景や深層心理にせまり，その現状と連鎖を止めることができるような人とのつながり方，社会のあり方について考える。

2. 教科等　総合的な学習の時間

3. 使用教材　プレゼンテーション／過去の新聞記事／辻由起子氏講演内容の事例

4. 参考文献

・白川美也子 2019『トラウマのことがわかる本』講談社
・杉山春 2017『児童虐待から考える』朝日新聞出版
・中央法規出版編集部（編）2020『児童虐待防止法 ガイドブック』中央法規
・西澤哲 1997『子どものトラウマ』講談社
・保育福祉小六法編集委員会 2020『児童福祉六法　2020年版』中央法規
・南まどか 2017 日本子ども虐待防止学会シンポジウム「ライフストーリーワークにおける『家族』を考える―親子関係再構築支援の視点から―」2017発表資料
・宮口幸治 2019『ケーキの切れない非行少年たち』新潮新書

5. 指導にあたって

本実践を行うにあたり，事前に「今の自分」についてアンケートを実施している。

【アンケート】

① 自分を育ててくれている，身近な人に「ありがとう」と思えることはどんなことですか？
② 身近な大人からされたことで，腹が立ったり悲しかったりしたことはどんなことですか？
③ ②の中で「心の傷」になったり，絶対にしてほしくなかったりしたことはなんですか？
④ そんなとき，あなたはどんな行動をとりましたか？
⑤「子育て」と聞いて，大変だろうな，心配してるだろうな…と思うことがあれば想像して書いてみましょう。

A 生まれてから小学校低学年くらいまで	B 小学校中学年から6年生くらいまで	C 中学校3年間

ここまで育ててもらったことに心から感謝している一方で，成長とともに正義感が育っているからこそ沸いてくる身近な人への葛藤やストレスも感じているようである。例年，理不尽さや無視，差別，大人のもめ事や暴言などという回答もあり，存在や人格を否定されることに心を痛めている生徒もいる。しかし，幼い頃のように感情的になるのではなく，聞き流したり，自分で程よい

距離をとったりするなど，自分なりの対応力を身につけているようだ。

一般的に15歳という年齢は，「親」の肯定的な面と否定的な面を混乱させずに統合することが可能だとされている。相手の言動がおかしいと判断でき，その上で相手の背景にまで思考を巡らせることができる。さらに，自身の人生と親の人生とは別だということを理解できる年齢である。義務教育が終了する中学校３年生に伝えたい「『生きる』教育」（性・生教育）として，「虐待の現状と連鎖を止めるためにできること」をテーマにした。本実践では，親子関係の悪化から生じる心の傷とその治療法を小学校６年生で扱い，中学校１年生ではトラウマやアタッチメント（愛着）を脳機能と関連付けながら，より科学的に習得できるように構成している。それらを経て，中学校３年生では法律や社会情勢に着目しながら，授業展開の中で「子ども」から「親」へ視点を移していく。

48時間ルール「虐待通告受理後，原則 48 時間以内に児童相談所や関係機関において，直接子どもの様子を確認するなど安全確認を実施する」という全国ルール

SOS!

厚生労働省（区役所）保健福祉センター子育て支援室（大阪市ウェブサイト）
・児童虐待などさまざまな相談（通告）を受け付けている。
・相談時間：月曜から金曜（祝日を除く）9 時～17 時30分
・電話：住んでいる区の保健福祉センター子育て支援室へ

警察庁（警察署）チャイルド・レスキュー110番（大阪府警察本部）
・子どもへの虐待に関する相談や情報を受け付けている。
・相談時間：24時間365日　電話：0120-01-7524

厚生労働省 児童相談所虐待対応ダイヤル「1(いち)8(はや)9(く)」
・虐待相談，通告についての相談を受け付けている。
・児童相談所は，都道府県，指定都市等が設置する専門の相談機関。虐待の相談以外にも，こどもの福祉に関するさまざまな相談を受け付けている。
・相談専用ダイヤル：0120-189-783（近くの児童相談所につながる）

法務省 子どもの人権110番
・「いじめ」や虐待など，こどもの人権問題に関する専用相談電話
・受付時間：平日 8 時30分～17時15分，土・日・祝日・年末年始は休み
電話：0120-007-110

文部科学省 24時間子供SOSダイヤル
・いじめやその他の子供のSOS全般について相談できる，都道府県及び指定都市教育委員会などが運営する全国共通のダイヤル
・受付時間：24時間受付（年中無休）　電話：0120-0-78310（なやみいおう）

この時期の生徒たちは，一番身近な存在である親や児童養護施設職員との関係において，感謝の気持ちを抱きながらも，衝突したり傷ついたり，もしくは傷つけたりする場面がしばしばあるのではないかと考える。そんな日常を友だちと共有しながら，「自分が親になったときに，これだけはやってはいけないこと」といったような関係悪化の架空事例を対話の中から見いだす。そこから児童虐待の定義（厚生労働省ホームページより身体的虐待・心理的虐待・ネグレクトのみを扱う）について確認する。また，子どものための法律「児童福祉法」，親に関わる法律「民法」，そして両者に関する法律「児童虐待防止法」について，ポイントとなる部分をクイズ形式で提示し，子どもがどのような形で守られ，親にはどんな責任があるのか，法的な知識を理解できるようにする。さらに，上記の各省庁が設置している相談機関や下記のような児童福祉施設の存在を提示し，守ってくれる人や場所が，社会システムとして存在するということを理解できるようにする。

親子関係を法律や制度という視点で学習してきた中で，それでも守られない命があること，「親」が「犯罪者」になってしまう，いわゆる虐待死事件について触れていく。生徒がニュースなどで見聞きした内容を手掛かりに，最悪の状況を招いてしまう親（犯罪者）への第一印象を確認し合う。

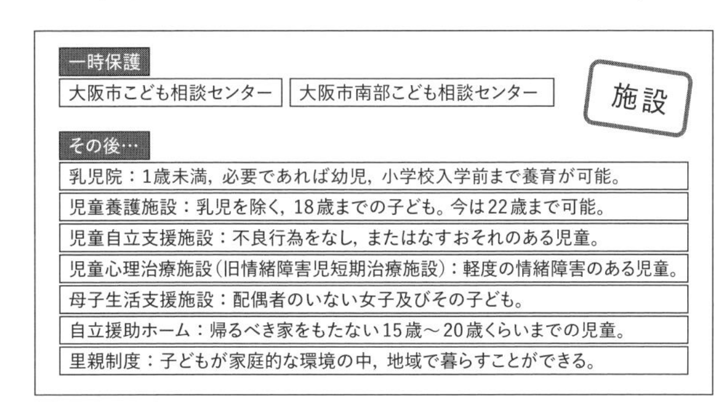

ここで，子育ての大変さを味わえるような班活動を取り入れる。わが子が言うことを聞いてくれない場面や，疲労の限界での育児の大変さが分かるような事例を提示し，自分が親ならどうするかを友だちと話し合う。また，リアルな本音のつぶやきを分類することで，ざっくばらんに本音を言い合えるような雰囲気を考慮する。

子育ての大変さを共有したこのタイミングで心理鑑定結果を伝える。犯罪の内容は決して許されるものではない。しかし，その深層心理に触れたとき，犯罪者が抱く子どもや家庭への想いは何も特別なものではなく，どんな親でも抱くような子育ての悩みであり，何も遠い話ではないということを理解できるようにしたい。

ここでは，2010年西区虐待死事件，2014年厚木市男児放置死事件，2018年目黒女児虐待死事件における，山梨県立大学教授の西澤哲氏による心理鑑定の内容の一部（書籍や講演で公開されているもの）を扱う。本研究では，西澤教授のトラウマやアタッチメントに関する理論を実践の礎にしており，度々ご講演いただいている。その中で，この間まで「お父さん・お母さん」と呼ばれていた親が犯罪者となってしまう，その背景と心の奥底にあるものを，丁寧にご教授いただいてきた。本実践の柱はそこにある。「知らなかった」「完璧を求めすぎた」「いい親になりたかった」「相手を意のままにしていることに気づけなかった」など，ごく日常的な親の心情がエスカレートした先の出来事として事件をとらえさせ，悲劇を繰り返さないために何が必要なのかを生徒たちに問いたい。とはいえ，非常にシリアスな内容を授業の中で取り上げるにあたって，西澤教授ご本人による本実践への監修や，下の表のような「親」を捉えるライフストーリーワークとしての発達段階を考慮し，教材の見せ方，扱い方に最大限に配慮して授業を展開させていく必要がある。本実践は，「親」を俯瞰して見つめることができる15歳だからこそ実現可能だと考える。

発達段階に応じた視点

発達段階	中核となるメッセージ	LSWの内容	
幼児期〜 前思春期まで	自分や家族についての 肯定的な側面を強化する	・命の誕生について知る ⇒自分にも生みの親がいることを知る ・生物学上の親と養育者がいることを知る ・人生に生じた出来事への理解 ⇒８歳になる頃までには，成育歴の難しい事実についても共有しておく	2年生
前思春期	人生における出来事を 一般化して捉える （自分だけではない）	・人生にはさまざまな出来事が起きることを知る ⇒抽象概念の発達により，より複雑な状況も相対的に理解できるようになる ・親の状況にも思いを馳せる ・「法的責任をもつ親」の役割の理解	4年生 6年生
思春期・ 青年期	親を一人の人間として 理解し，自分を構築する	・親の肯定的な面と否定的な面の両方を内面化し，統合する ・複数の真実や込み入った事情を理解する ・親と自分の人生は異なることを理解し，適切な距離（物理的・心理的）を構築する	中学生

出典：南まどか，2017より

田島中学校では，発達段階を考慮しながら自分や他者の性を正しく理解し，適切な意思決定や行動を選択できるために，小学校や保健体育科で学んできた基本的な知識を基に，特別活動や総合的な学習の時間を中心に各学年，年間３時間以上の性教育を行っている。

2017年度からは助産師による思春期健康教育の一環としてティーンズヘルスセミナーのモデル校となったことを機会に，外部講師による性教育も行っている。現代的健康課題であるHIVや性感染症，予期せぬ妊娠，性被害など，思春期から成人期にかけて体や心を傷つける可能性がある事柄について，現実感を持たせながら学びを深めている。９年生では，助産師による性感染症予防や予期せぬ妊娠についての授業や辻由起子氏による「自分も相手も大切にする〜幸せになるための授業〜」の授業を行っている。辻氏の実体験から，親・大人との関わりや，妊娠出産育児にまつわる話を伺った。大人の言うことをまじめに聞いていれば幸せになれると思っていたがそうではなかったこと，大学生になって出会った大人に「愛している。俺についてこい」と言われ「はい」と答えたが幸せになれなかったこと。また，子どもを産んだら母親になれると思っていたが，そこには働かない夫や暴力，お金の問題が重なり，そのしんどさから虐待する母へとなった自分がいたこと，幸せになるためには自分のことができないと赤ちゃんのお世話が無理なことや，子育ては１人では難しいことなど，生きていくためには知識が必要であることを学んだ。

福祉国家とされている日本において，それでも親と子の関係のもと，失われる命が後を絶たない。法律や福祉制度の他に何が必要なのか，もうすぐ義務教育を終えようとしている今だからこそ，生徒たちに考えてほしい。犯罪者もかつては中学生であった。では，何を教えるべきだったのか。「子ども虐待」を教育現場から捉えるのであれば，このことは決して忘れてはならないと考える。

人は人によって傷つき人で癒やされる。15歳の今，人とつながるという本当の意味での自立を仲間とともに会得し，「みんなと生きている」そう思える未来に向かって，そして，そんな世の中をつくっていく１人として，中学校を巣立ってほしいと願う。

6．授業展開

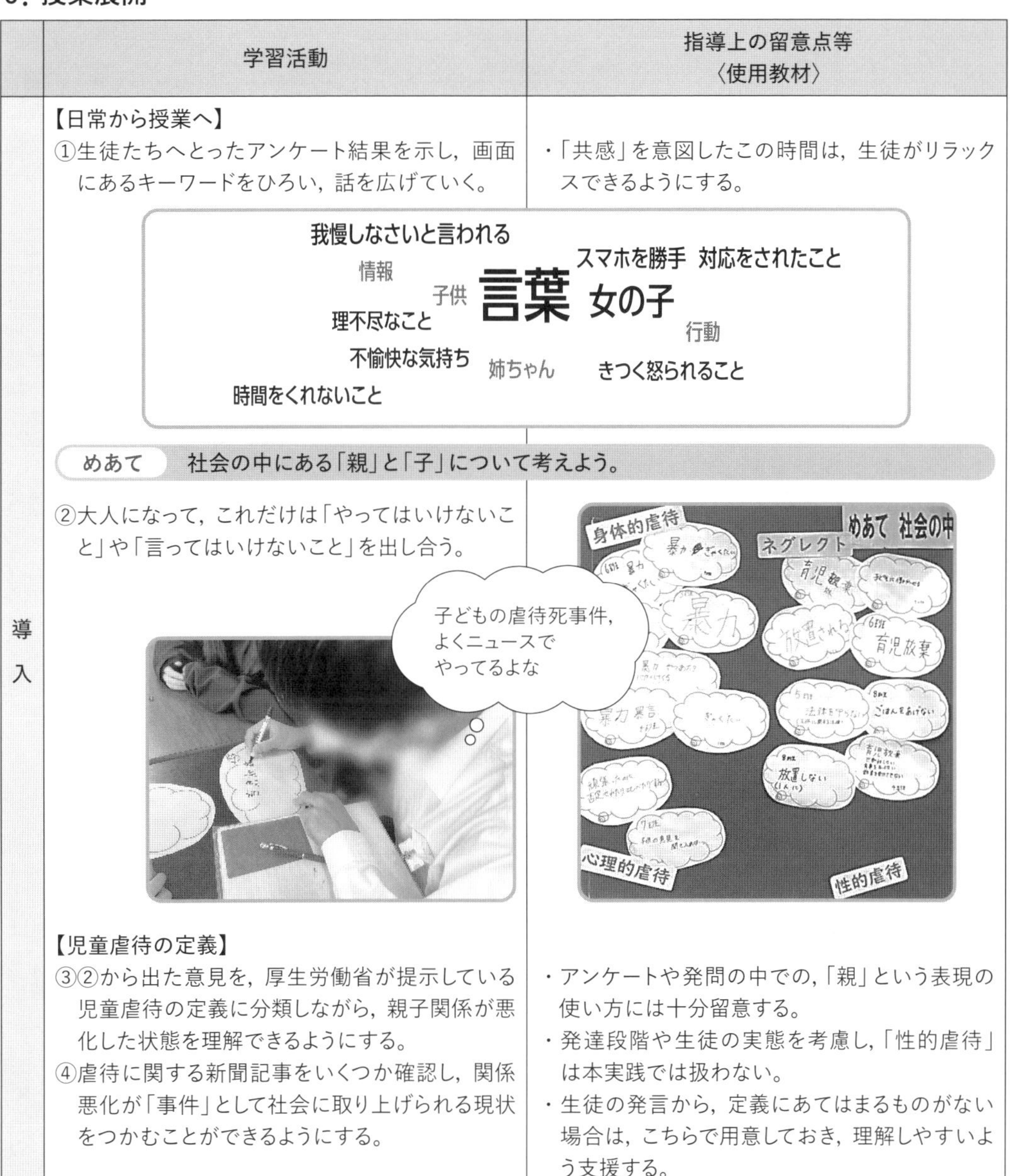

	学習活動	指導上の留意点等〈使用教材〉
導入	【日常から授業へ】 ①生徒たちへとったアンケート結果を示し，画面にあるキーワードをひろい，話を広げていく。	・「共感」を意図したこの時間は，生徒がリラックスできるようにする。
	めあて　社会の中にある「親」と「子」について考えよう。	
	②大人になって，これだけは「やってはいけないこと」や「言ってはいけないこと」を出し合う。	
	【児童虐待の定義】 ③②から出た意見を，厚生労働省が提示している児童虐待の定義に分類しながら，親子関係が悪化した状態を理解できるようにする。 ④虐待に関する新聞記事をいくつか確認し，関係悪化が「事件」として社会に取り上げられる現状をつかむことができるようにする。	・アンケートや発問の中での，「親」という表現の使い方には十分留意する。 ・発達段階や生徒の実態を考慮し，「性的虐待」は本実践では扱わない。 ・生徒の発言から，定義にあてはまるものがない場合は，こちらで用意しておき，理解しやすいよう支援する。

【法律】（一部，表記はやさしく書き改めている）

〈「子」の法律〉

・生徒に理解しやすいクイズ形式で提示する。

【児童福祉法（一部）】

第 1 条：全て児童は，児童の権利に関する条約の精神にのっとり，適切に養育されること，その生活を保障されること，愛され，保護されること，その心身の健やかな成長および発達ならびにその自立が図られることその他の福祉を等しく保障される権利を有する。

第 2 条：全て国民は，児童が良好な環境において生まれ，かつ，社会のあらゆる分野において，児童の年齢及び発達の程度に応じて，その意見が尊重され，その最善の利益が優先して考慮され，心身ともに健やかに育成されるよう努めなければならない。

～以上児童福祉保障の原理～

第 7 条：児童福祉施設
第12条：児童相談所／一時保護施設
第23条：母子生活支援施設への入所
第25条：通告義務
第28条：保護者の児童虐待等の場合の措置
第29条：立ち入り調査
第33条：一時保護
〃　七：親権喪失の審判の請求

〈「親」の法律〉

・「親権」に着目する。

【民法】

第820条：親権を行うものは，子の利益のために子の監護及び教育をする権利を有し，義務を負う。

第821条：親権を行う者は，前条の規定による監護及び教育をするに当たっては，子の人格を尊重するとともにその年齢及び発達の程度に配慮しなければならず，かつ，体罰その他の子の心身の健全な発達に有害な影響を及ぼす言動をしてはならない。

第834条 2：父又は母による親権の行使が困難又は不適当であることにより，子の利益を害するときは，家庭裁判所は，子，その親族，未成年後見人，未成年後見監督人又は検察官の請求により，その父又は母について親権停止の審判をすることができる。

習得

〈児童虐待防止に関する法律〉

【児童虐待防止法】

第 1 条：この法律は，児童虐待が児童の人権を著しく侵害し，その心身の成長及び人格の形成に重大な影響を与えるとともに，我が国における将来の世代の育成にも懸念を及ぼすことにかんがみ，児童に対する虐待の禁止，児童虐待の予防及び早期発見その他の児童虐待の防止に関する国及び地方公共団体の責務，児童虐待を受けた児童の保護及び，自立の支援のための措置等を定めることにより，児童虐待の防止等に関する施策を推進し，もって児童の権利利益の養護に資することを目的とする。

第 2 条：虐待の定義
第 3 条：虐待の禁止
第 4 条：国と地方公共団体の責務
第 5 条：早期発見
第 6 条：通告義務
第 7 条：通告の秘密保持義務
第 8 条：措置／出頭要求
第 9 条：立ち入り調査／臨検・捜索
第10条：警察への援助要請等
第11条：保護者への指導（必要であれば児童福祉法第28条もしくは親権停止）
第12条：面会の制限
第13条：措置解除
第14条：親権行使への配慮事項
第15条：親権喪失制度の適切な運用
第16条：大都市等の特例
第17条：罰則

児童福祉法　子の法律

第28条

保護者が子どもを虐待していたり、放置していたりして、その子を施設にあずけるかどうか決めていくとき、親が反対した場合…

A：親の意見を尊重する
B：家庭裁判所の判断

第6条

①通告は　A「児童虐待を受けた子ども」がいる場合に行う
　　　　　B「児童虐待を受けたと思われる子ども」がいる場合に行う
⇒A、Bどっち??

②通告した結果、その子が本当は虐待されていなかった場合、罪に問われる…〇か×か？

	学習活動	留意点
習得	【相談機関】 ①国や地方自治体が設置している相談機関を紹介する。 厚生労働省 ：189（児童相談所虐待対応ダイヤル） 法務省 ：0120-007-110（子どもの人権110番） 文部科学省 ：0120-0-78310 （24時間子供SOSダイヤル） 大阪府警察本部 ：0120-00-7524 （チャイルド・レスキュー110番） 生野区役所 （子育て支援室）区役所2階　等	・相談できる人がいない場合や，打ち明けづらい場合に，しかるべき機関があることを確認し，個人の問題として背負う必要はない事案であることを伝える。
	【福祉制度】 〈子ども相談センター〉 ②大阪市子ども相談センター・大阪市南部子ども相談センターについて紹介する。 〈それぞれの施設〉 ③乳児院・児童養護施設・児童自立支援施設・母子生活支援施設・自立支援ホーム・里親について紹介する。	・0歳から18歳未満までの家庭や学校での問題，不登校，非行，虐待などの養育の問題などについて，相談に応じている公的機関であることを確認し，通告後の流れについても触れる。 ・措置となった場合にどこでどんなふうに暮らすのか，社会的養護の立場にある児童への福祉制度を前向きにとらえることができるようにする。

乳児院

母子生活支援施設

自立支援ホーム

深化

【新聞記事から考える】

①日頃見聞きする虐待死に関するニュースについて取り上げ，率直な印象を話し合う。

②子育ての中で起こった事件であることを捉え直し，どんな葛藤があるのか，事例をもとに自分が親ならどうするかを話し合う。

・事件の詳細には触れず印象のみを話し合う。

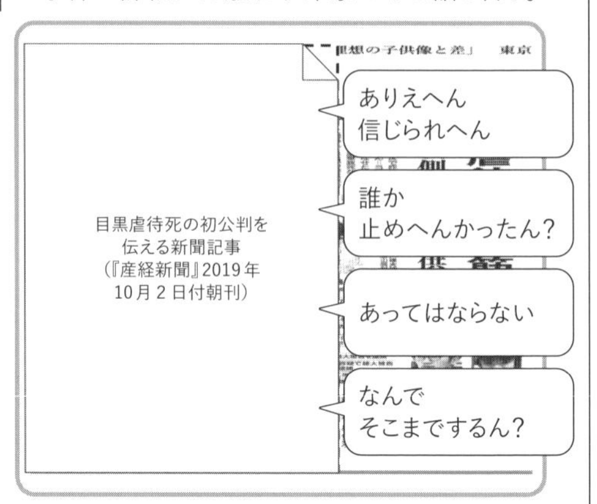

目黒虐待死の初公判を伝える新聞記事（『産経新聞』2019年10月2日付朝刊）

Case1　生後3か月

ミルクもあげた，おむつも替えた，熱もない，夜中に泣き止まない赤ちゃん。もう1週間連続……追いつめられるような気持ち……。自分が悪い？　時間も夜遅いし，近所迷惑と思われるかも。泣き止んだと思ってもすぐにまた泣き出す。

Case2　小学2年生

以前にたたいて泣かしてしまった子がいる。人をたたいたらあかんといつも言っているのに同じ子をまたたたいて，ケガさせてしまった。さすがに3回目で相手の親は「またか」とすごく怒っている。謝りに行ったが，親の教育が悪いと言われた。家に帰るとすぐに何もなかったかのようにゲームを始めた。

Case3　中学校3年生

人のものは盗ってはいけないと言って一生懸命育ててきた。お小遣いも毎月渡している。だが，コンビニでお菓子を万引きした。店員に注意されたが，反発し，逃走。当然，通報され，警察に捕まり，引き取りに行くと態度が悪く，親に向かって「おい，遅いねん！　うざいわー」と言ってきた。

③さらに，以下の「心の叫びカード」のようなリアルな親の感情をケースごとに分類することで，より理解を深められるようにする。

笑っている時はとてもかわいいのに、ふとんの上で泣き叫ぶわが子は憎らしい。抱っこしていないと泣くから、小学生の娘のご飯をつくるひまもない。まくらで、赤ちゃんの口をおさえそうになる自分がこわい。

ずっと抱っこをしてあやしているけれど、赤ちゃんが泣き止まない。思わず手を放してしまいそうになる。（このまま落としてしまえば、泣き止むのかな。）ふと、思った。

「お昼に寝かしているから、夜に寝ない。」と赤ちゃんの夜泣きを私のせいにされ、近所迷惑だと家族に言われる。泣き止ませられない私が、全部悪いんかな。

のんきにゲームをしている姿を見ていると、だんだん腹が立ってきた。そのゲーム機を投げ捨ててやりたくなる。

学校の先生に「発達検査を受けてみては?」と言われたが、どこで検査をしたらよいのかわからない。パパに相談したら、「おまえの育て方が悪い。」となぐられそうでこわい。

親の教育が悪い!と言われたけれど、しつけの方法なんか、誰も教えてくれなかった。

再婚して新しく息子になった時はかわいかったが、中学生になった頃から会話がなく、反抗的な態度をとるようになってきた。
本当の父親のつもりで育ててきたが、今となってはかわいいと思えず、なぐってしまいそうになる。

再婚して下の子ができてから、息子が何を考えているのか、わからなくなってきた。生まれたばかりの娘の泣き声と、夫の息子への怒鳴り声に疲れはてた。さらに、今度は万引きなんて！　受験に影響したらどうしよう。もう、何もかも放り出して、逃げ出したい。

深化

④事件に関する心理鑑定の結果を伝え，世間や自身が抱く印象とのギャップを捉えることができるようにする。

・極限までいってしまう「親」の背景には何があるのか，考えるきっかけとなるようにする。

・かんぺきな母になりたかった
・この子をきちんと育てなければ自分が…
・泣き声で自分が責められているような気持ちになる
・相手の立場に立って考えるのが苦手
・こうしたらこうなる…と，子どもの行動を予測することが苦手
・理想的な家庭をつくることを人生の目標にしてきたが，子どもが思うようにいかなかった
・「愛される」ということが分からない
・子育ての方法を学ぶ場がなかった
・相談する人がいなくて，いつも孤独だった

※事件を特定せず心理鑑定の結果を抽象化した表現で伝える。

【公助】
⑤子育て事例の親の本音と，心理鑑定の結果とを比較し，紙一重であることに気づかせ，子どもが親によって命を落とすことのないようにするには，何が必要かを考える。
⑥考えたことをグループで話し合い，短冊に記入し，掲示する。

・犯罪者と呼ばれる人に抱いた印象と，ご本人の本音の部分とのコントラストをしっかり捉え，それ以上に特別な人が陥る感情ではないということに気づくことができるよう促す。
・おそらく支援策が多く挙がってくるが，人対人という視点での意見が出た場合は分類しておく。

【共助】
⑦心理鑑定結果の中にある，「愛されたことがなかったから愛し方が分からなかった」ということばに着目し，支援だけでは埋まらない部分をどうすればよいかもう一度考えさせる。

・さまざまな悩みや孤独，心の傷を抱えた大人同士，人としてどのようにつながり合い，子どもを育てていけばよいのか，しっかり向き合うようにする。

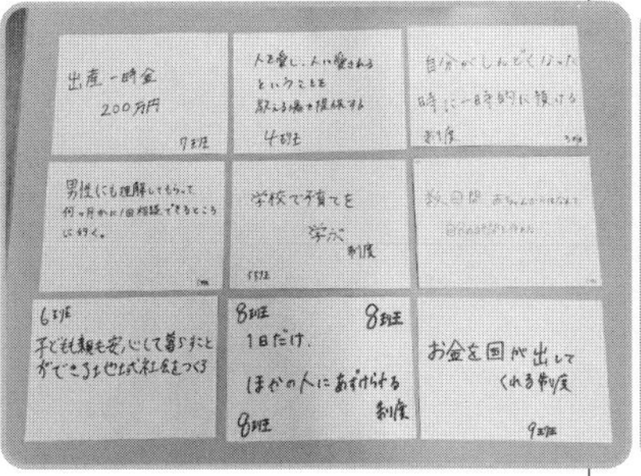

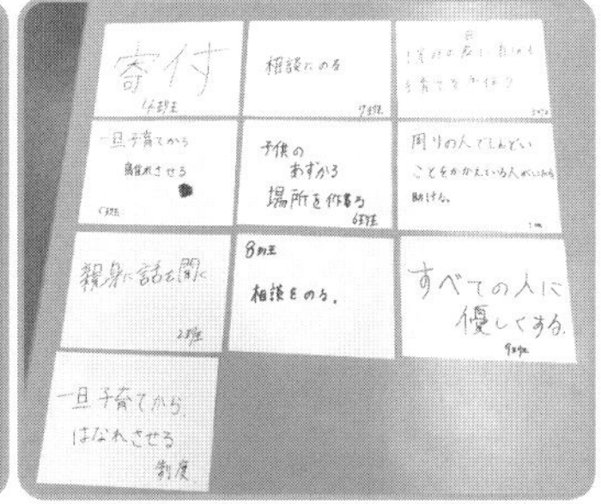

まとめ

【社会をつくる１人として】
①生徒たちが考えた施策に近いものが，この生野区にもたくさんあることを伝える。

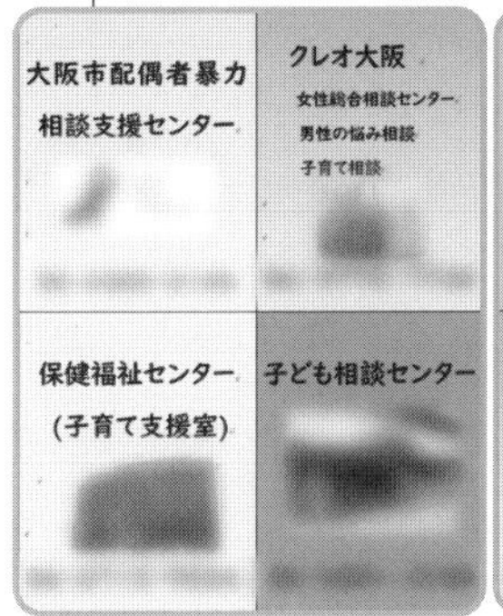

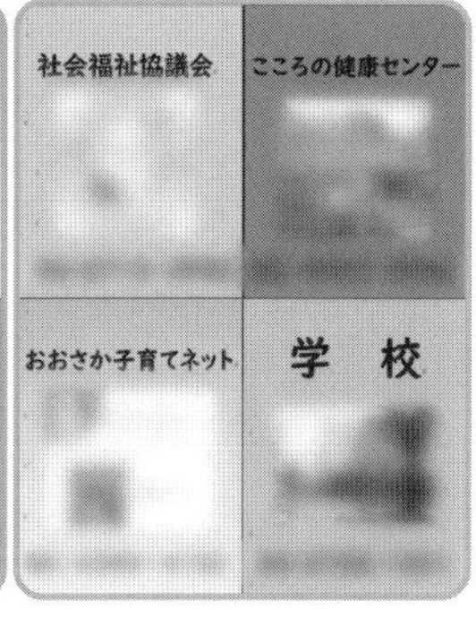

まとめ		
	②「親」と「子」の関係はさまざまであり，関係が悪化した場合は，家庭を飛び越え，両者を守る法律や制度が社会の中にはあることを振り返る。 ③その社会の中で生きていて，決して孤独ではないことを再確認する。	・将来の受援力につながるように，習得した知識を整理しておく。 ・人とのつながりの大切さや「依存」という「自立」に気づくことができるよう支援する。

「人」はひとりではない

社会の中で生きている

みんなと生きている
そう思える世の中に

9年

②社会における「子どもの権利」

1. 学習目標

⑴ 現在の世界や日本の子どもたちが置かれている事実を，事例を通し学び，グループワークを通して国連をはじめとした支援機関や，コミュニティから生まれる支援を理解する。

⑵ 日本の子どもたちの経済的幸福度と精神的幸福度とのギャップを捉え，子どもの権利を守ることができる大人になるために，どのような力が必要かを考える。

2. 教科等　学級活動

3. 使用教材　プレゼンテーション

4. 参考文献

・塚本孝（監修）2012『領土を考える 1 領土ってなに？』かもがわ出版
・松竹伸幸（著），塚本孝（監修）2013『領土を考える 2 日本の領土問題を考える』かもがわ出版
・松竹伸幸（監修）2013『領土を考える 3 世界の紛争と領土問題』かもがわ出版
・池上彰（監修）2015『ニュースに出てくる国際条約じてん 1 国際組織と領土』彩流社
・池上彰（監修）2015『ニュースに出てくる国際条約じてん 2 軍事と平和』彩流社
・池上彰（監修）2015『ニュースに出てくる国際条約じてん 3 人権』彩流社
・池上彰（監修）2015『ニュースに出てくる国際条約じてん 4 環境』彩流社
・池上彰（監修）2015『ニュースに出てくる国際条約じてん 5 経済と文化』彩流社
・牧田東一（監修）2012『日本の国際協力がわかる事典 災害救助から環境保護まで』PHP研究所
・国谷裕子（監修）2019『国谷裕子と考えるSDGsがわかる本』文溪堂
・石井光太 2020『地球村の子どもたち ――途上国から見たSDGs 1 格差』少年写真新聞社
・石井光太 2020『地球村の子どもたち ――途上国から見たSDGs 2 生命』少年写真新聞社
・石井光太 2020『地球村の子どもたち ――途上国から見たSDGs 3 平和』少年写真新聞社
・石井光太 2020『地球村の子どもたち ――途上国から見たSDGs 4 マイノリティ』少年写真新聞社
・毎日新聞外信部（編）2016『よくわかる世界の紛争 ――最新版図説 2017』毎日新聞出版
・中満泉 2021『未来をつくるあなたへ（岩波ジュニアスタートブックス）』岩波書店
・米山宏史 2016『未来を切り拓く世界史教育の探求』花伝社

5. 指導にあたって

「子どもの権利条約」とは，子どもの基本的人権を国際的に保障するものとして定められたものであり，1989年の第44回国連総会にて「児童の権利に関する条約（子どもの権利条約）」が採択され，1990年に発効されたものである。二つの大戦後に，すべての人は生まれながらにして平等であるという「基本的人権」の意識が生まれ，相次いでその権利を守るための国際的な法としてさまざまな条約がつくられた。やがて，子どもに焦点を当てたこの権利条約が採択され，世界中

の子どもたちにとって最善の利益を保障されたはずではあるが，世界中のすべての子どもたちにとっての幸せの保障という点ではまだまだ課題は大きい。

小学校3年生で「子どもの権利条約」と初めて出会った時には，自分たちを守ってくれる権利がたくさんあるのだと知って喜び，それでもまだ権利が守られていない世界の子どもたちの現実を知って驚く。さらに，今まで意識していなかったけれど，自分たちの日常の中にも守られていない権利があることに気づき，それを解決する方法を3年生なりに話し合い，時には相談機関に頼ってよいことも教える。

18歳成人を3年後に迎える9年生では，改めて私事として「子どもの権利条約」と向き合い，もう一度世界の子どもたちの現実や3年生では知りえなかった子どもたちの生活背景や支援機関の存在を知り，さらに日本の子どもたちが抱える「貧困・教育格差・虐待・いじめ・ヤングケアラー・自殺」などの社会問題にも目を向ける。そこで再び，まだ子どもである自分自身の生活環境を振り返り，今の自分が大切にしたいと思う「子どもの権利」こそが，大人になった時に守っていかなくてはならない権利であることに気づかせたい。

2023年4月，「こども家庭庁」が発足し，子どもを守るための「こども基本法」という法律が施行された。子どもの今を大切にしながら，子どもを守る大人に近づけるよう「生きる」という意味を考えてほしい。

だからこそ，9年をかけて紡いできた「『生きる』教育」を締めくくるテーマを，「子どもの権利条約」とした。

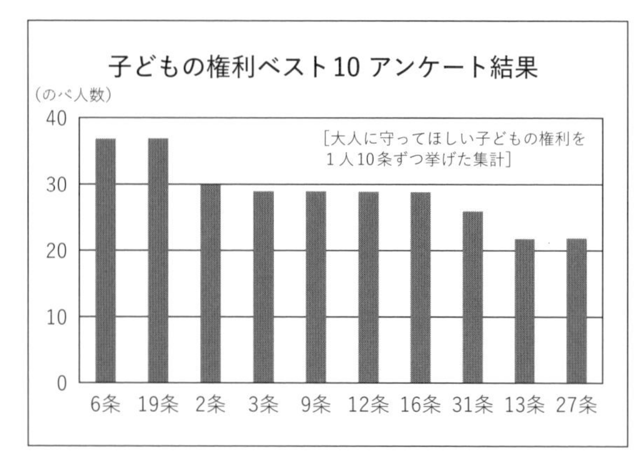

導入場面では，15歳の生徒たちに改めて「守ってほしい」「守ってほしかった」譲れない大切な権利についてアンケートした結果を提示するところから授業がスタートする。子どもとして欲する権利を大人としてどう守るのか，大人と子どものちょうど真ん中あたりにいる生徒たちと一緒に考えていく。事前に社会科や学級活動の中で取り組んだSDGsの学習を振り返り，まずは「世界の子どもたち」に視点を当てていく。

習得場面では，子どもたちの視線の先にあるものとして，スライドの写真の見せ方にコントラストをもたせ,「子どもの権利」の反対側にある世界を提示する。ここで扱った課題を「児童婚」「児童労働」「少数民族・紛争難民」「子ども兵士」「女子教育」とし，以下のような支援機関をマッチングするようにした。

課題	支援機関
児童婚	ユニセフ，セーブ・ザ・チルドレン，ワールド・ビジョン，(ACE・フェアトレード)，募金
児童労働	ユニセフ，セーブ・ザ・チルドレン，ワールド・ビジョン，ACE，フェアトレード，募金
少数民族 紛争難民	ユニセフ，国連UNHCR協会，セーブ・ザ・チルドレン，ワールド・ビジョン，募金
子ども兵士	ユニセフ，セーブ・ザ・チルドレン，ワールド・ビジョン，テラ・ルネッサンス，募金
女子教育	ユニセフ，セーブ・ザ・チルドレン，ワールド・ビジョン，ACE，フェアトレード，募金

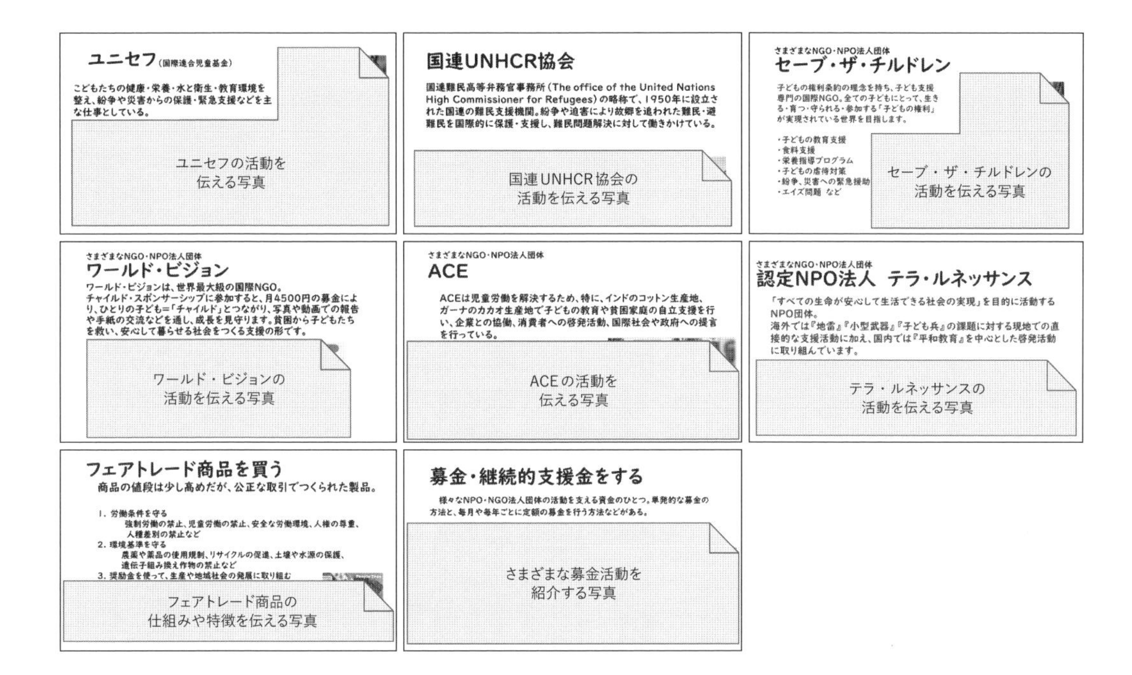

上の「支援カード」の種類については，国際的な支援としてさまざまなNPO・NGO法人団体などがある中，国連機関であるユニセフと国連UNHCR協会，世界規模での活動が盛んなセーブ・ザ・チルドレン，ワールド・ビジョン，児童労働に特化したACE，子ども兵士の保護に力を入れているテラ・ルネッサンスの6機関を選んだ。さらに，自分たちにもできる支援方法を知ってほしくて，募金やフェアトレード商品の購入カードを入れることにした。最近では，ワンクリックで自分の代わりに企業が募金をしてくれる支援の方法もあるが，子どもたちが興味本位で気軽にワンクリックするかもしれないリスクを考えて，今回はカードに入れないことにした。

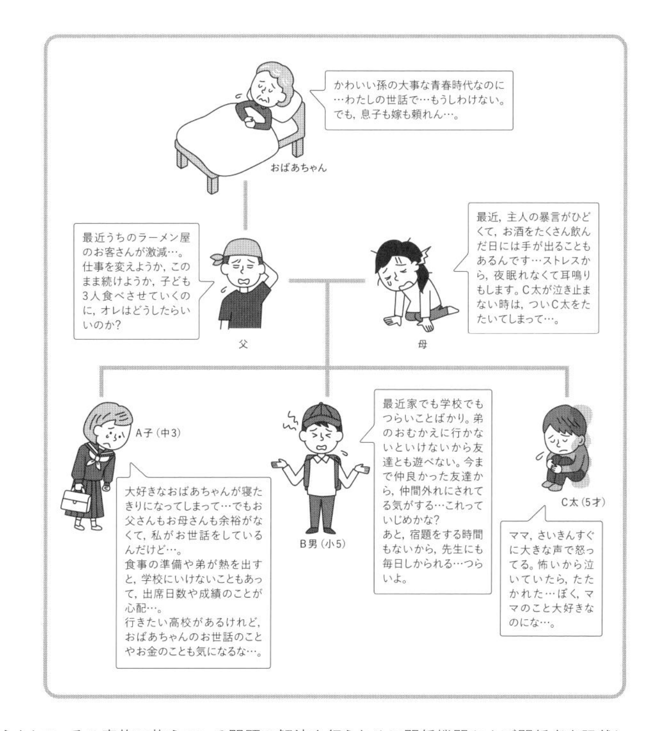

次に，視点を国内へと移し，世界の子どもたちと同じように写真を見せる。ここでは「ヤングケアラー」を取り上げた。さらにグループワークとして，右図のような課題を抱える家族をジェノグラムとして提示し，一人一人が置かれている状況と，家族間にある問題を浮き彫りにし，整理する（第3巻p. 148に拡大図を掲載）。それをもとに，問題を解決する視点で次ページの「職業カード」を用い，エコマップ*をつくっていく。

*エコマップ（生態図）とは，支援を必要とする家族を中心として，その家族の抱えている問題の解決を行うために関係機関および関係者を記載したもの。

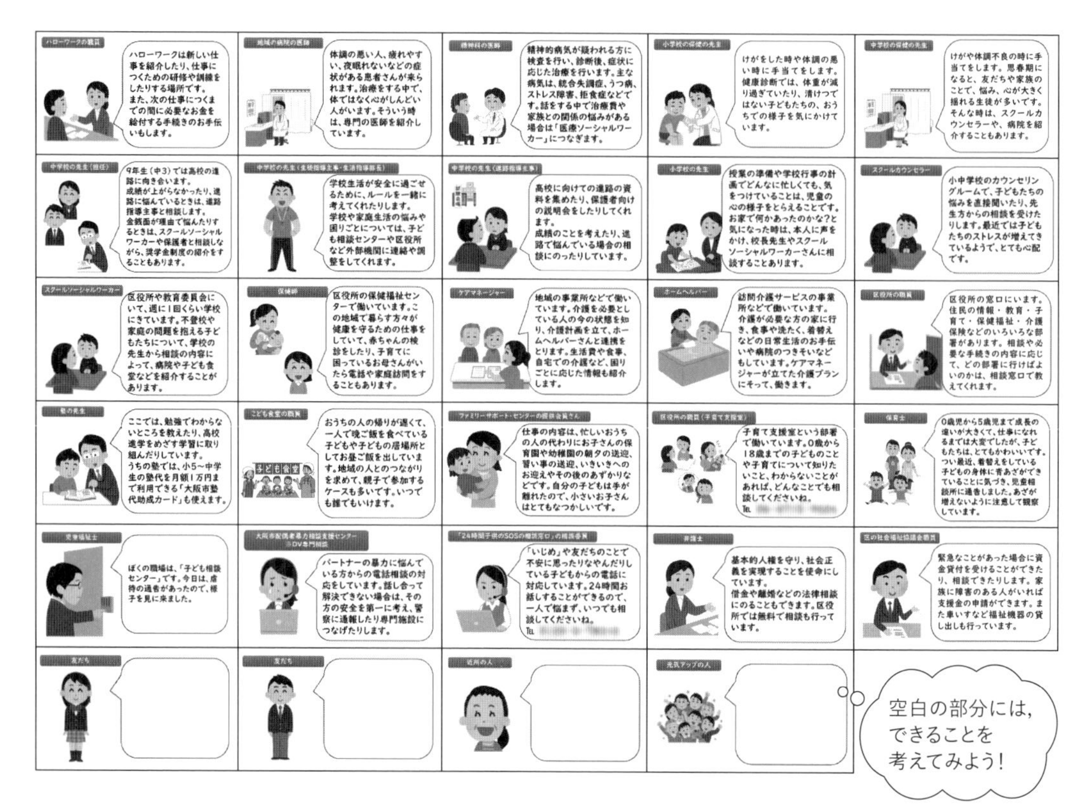

学びを深化させる場面では，習得事項を振り返り，世界規模での支援機関やコニュニティから生まれる支援がある中で，それでも存在する「心身の貧困」という問題点に向き合う時間とする。ここでは，右のような新聞記事を取り上げ，経済的貧困があることを説明するとともに，「ユニセフ報告書～レポートカード16」から，38カ国の先進国の子どもの幸福度のランキングを示し，子どもたちの身体的健康は1位であるにもかかわらず，精神的幸福度は37位で，子どもの自殺率は12位であることを紹介する。このギャップから日本にある「子ども」にまつわる課題を想像させたい。制度や法が整っていても，すべての子どもの幸福にはつながっていない今，どのような大人になれば「子どもの権利」を守ることができるのか，考えさせる。授業の終末には，生徒たちが考えたような子どもファーストな大人たちが立ち上がり，設置された「こども家庭庁」を紹介する。

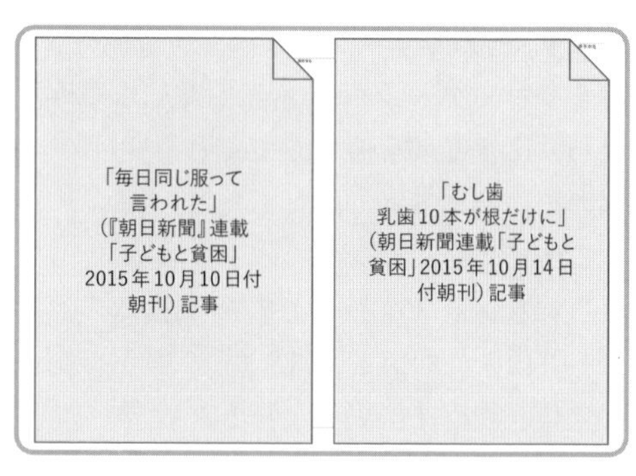
「毎日同じ服って言われた」（『朝日新聞』連載「子どもと貧困」2015年10月10日付朝刊）記事

「むし歯 乳歯10本が根だけに」（朝日新聞連載「子どもと貧困」2015年10月14日付朝刊）記事

「こども家庭庁」とは，さまざまな庁が管轄していた子どもに関する行政の担当を一本化し，社会全体で子どもを育てることを目指して発足した行政機関である。少子高齢化，子どもの貧困，いじめや虐待，子育ての負担など幅広い子どもの問題に対応することを目的として創設され，2023年4月に発足した。さらに，日本国憲法および子どもの権利条約の精神にのっとり，すべての子どもが将来にわたって幸福な生活を送ることができる社会の実現を目指すために定められた「こども基本法」の施行についても右ページの図などを示しながら触れる。

9年生では公民分野において，人権獲得の歩みから，20世紀に国際連合で結ばれた国際的な人権条約として「子どもの権利条約」を学ぶ。しかし，条約の内容を深く学習することは難しく，主な人権条約として紹介するにとどまっている。本実践を通し，生徒たちには自分たちには権利があり，生きているということは，これからは自分たちが次の世代を生かさなければならないと感じ，明るい社会をつくっていける力を持ってほしい。

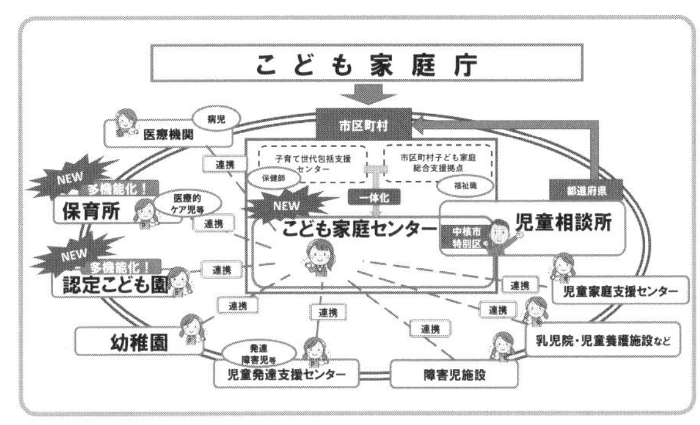

出典：橋本勇人 2024「子ども医療福祉の実践と理論的背景」『川崎医療福祉学会誌』Vol.33

6. 授業展開

	学習活動	指導上の留意点等 〈使用教材〉
導入	【15歳が選ぶ子どもの権利】 ①生徒が選んだ譲れない大切な権利の上位10項目を，生徒たちの予想も交えた交流のもと提示する。	・子どもの権利ができた経緯や，子どもの権利の父コルチャック氏の理念も振り返る。
	1位 第6条　生きる権利・育つ権利　すべての子どもには、「生きて、育つ権利」があります。 第19条　親から虐待されない権利　親や保護者が子どもを育てている間、どんな理由があっても、子どもが暴力をふるわれたり、ひどいあつかいをうけたり、ほったらかしにされたりしないように、国は子どもを守らなければなりません。 2位 第2条　差別されない権利　すべての子どもは、国や言葉のちがい、男か女か、どんな意見をもっているか、どんな宗教を信じているか、心や体に障害があるかないか、お金持ちであるかないかなど、どのような理由によっても、差別されません。 第3条　子どもの最高の幸せについて　「子どもにとって、1番よいことは何か」を考えなければなりません。 3位 第9条　親といっしょにいる権利　子どもは、親といっしょにくらす権利をもっています。しかし、子どもにとってよくない時には、はなれてくらすこともできます。 第12条　自分の意見を言う権利　子どもは、自分に関係することについて、自由に自分の意見をいう権利があります。しかし、その意見は、子どもの発達にあったものか、じゅうぶんに考えなければなりません。 第16条　プライバシーが守られる権利　子どもは、自分のこと、家族のくらし、住んでいるところ、電話や手紙・メールなどの内容を人に知られたくないときは、それを守ることができます。 4位 第31条　休み・遊ぶ権利　子どもには、勉強だけでなく、休んだり、遊んだりする権利があります。また、自由に絵をかいたり、歌をうたったり、スポーツなどをすることもできます。 5位 第13条　表現の自由について　子どもは、自由な方法で色々なことを知ったり、自分の考えや思ったことを伝えたりすることができます。ただし、人をきずつけるようなことはしてはいけません。 第27条　人間らしい生活をする権利　着るもの、食べるもの、住むところなどの「生きるために必要なもの」を親や国からそろえてもらう権利があります。	（日本ユニセフ協会の許可を得て『子どもの権利カードブック』をもとに作成）
	②本時では，この「子どもの権利」を守る側の立場，つまり，3年後に迎える成人（大人）という視点で向き合うことを伝える。	「虐待」や「差別」は 今の社会を表しているね 「プライバシーが守られる」 に共感！
	めあて　子どもの権利を守ることができる大人になるためにできることを考えよう。	
	③社会科などで学習したSDGsの内容を想起させ，そこから「世界の子どもたち」に視点を移す。	・世界が抱えている社会問題を思い浮かべ，その問題にどのように取り組んでいるか調べる。
習得	【世界の子どもたちは】 ①子どもたちの視線の先に見えるものを意見交流し，事実を知ることで，世界の子どもたちの実態を学ぶ。	・想像と現実のコントラストをつけることで，より鮮明に，事実を受け止められるようにする。

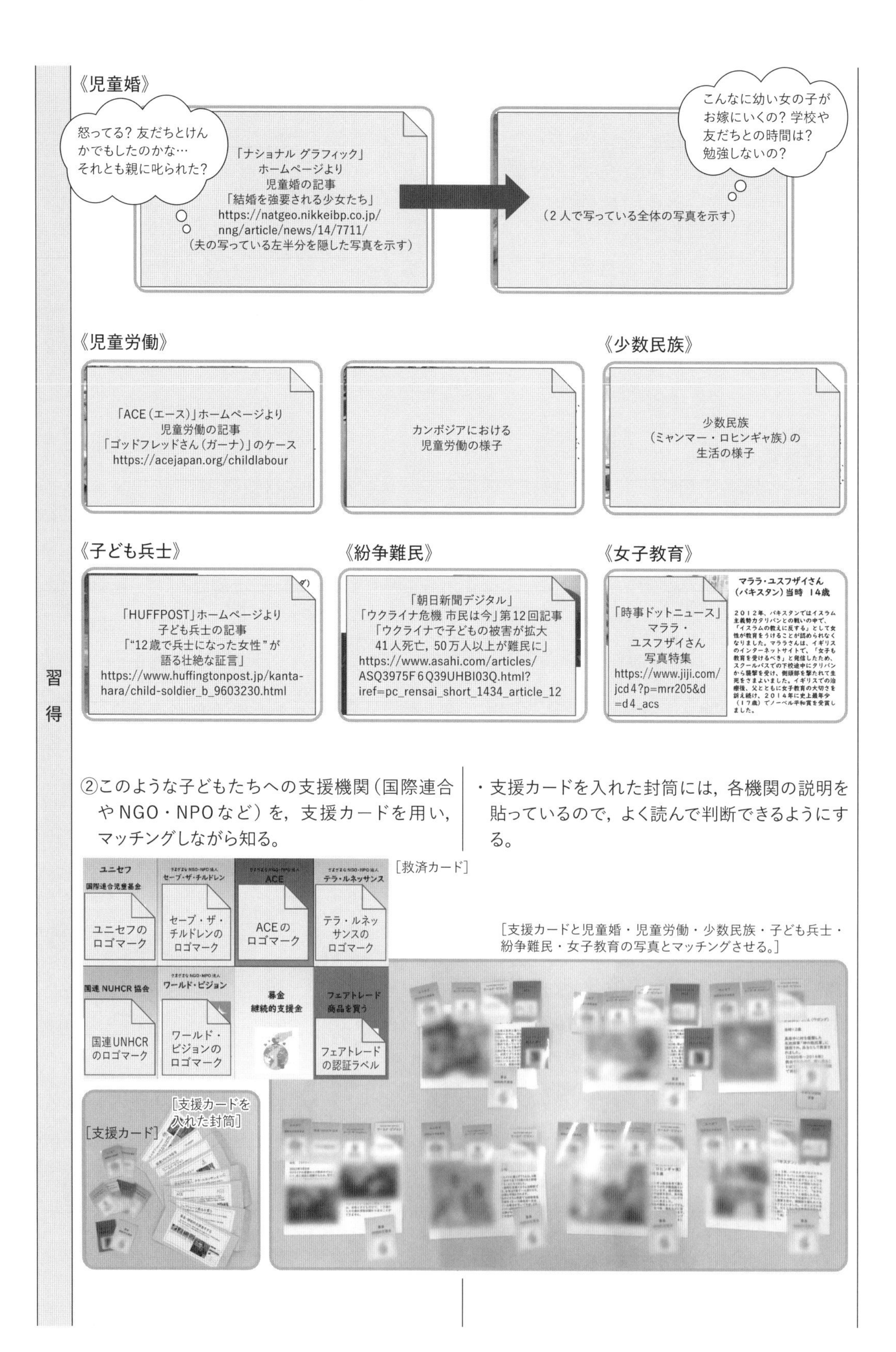

習得

《児童婚》

怒ってる？ 友だちとけんかでもしたのかな…それとも親に叱られた？

「ナショナル グラフィック」
ホームページより
児童婚の記事
「結婚を強要される少女たち」
https://natgeo.nikkeibp.co.jp/nng/article/news/14/7711/
（夫の写っている左半分を隠した写真を示す）

こんなに幼い女の子がお嫁にいくの？ 学校や友だちとの時間は？ 勉強しないの？

（2人で写っている全体の写真を示す）

《児童労働》

「ACE（エース）」ホームページより
児童労働の記事
「ゴッドフレッドさん（ガーナ）」のケース
https://acejapan.org/childlabour

カンボジアにおける
児童労働の様子

《少数民族》

少数民族
（ミャンマー・ロヒンギャ族）の
生活の様子

《子ども兵士》

「HUFFPOST」ホームページより
子ども兵士の記事
「“12歳で兵士になった女性”が
語る壮絶な証言」
https://www.huffingtonpost.jp/kanta-hara/child-soldier_b_9603230.html

《紛争難民》

「朝日新聞デジタル」
「ウクライナ危機 市民は今」第12回記事
「ウクライナで子どもの被害が拡大
41人死亡，50万人以上が難民に」
https://www.asahi.com/articles/ASQ3975F6Q39UHBI03Q.html?iref=pc_rensai_short_1434_article_12

《女子教育》

「時事ドットニュース」
マララ・
ユスフザイさん
写真特集
https://www.jiji.com/jcd4?p=mrr205&d=d4_acs

マララ・ユスフザイさん
（パキスタン）当時 14歳

２０１２年、パキスタンではイスラム主義勢力タリバンとの戦いの中で、「イスラムの教えに反する」として女性が教育をうけることが認められなくなりました。マララさんは、イギリスのインターネットサイトで、「女子も教育を受けるべき」と発信したため、スクールバスでの下校途中にタリバンから襲撃を受け、側頭部を撃たれて生死をさまよいました。イギリスでの治療後、父とともに女子教育の大切さを訴え続け、２０１４年に史上最年少（１７歳）でノーベル平和賞を受賞しました。

②このような子どもたちへの支援機関（国際連合やNGO・NPOなど）を，支援カードを用い，マッチングしながら知る。

・支援カードを入れた封筒には，各機関の説明を貼っているので，よく読んで判断できるようにする。

［救済カード］

［支援カードと児童婚・児童労働・少数民族・子ども兵士・紛争難民・女子教育の写真とマッチングさせる。］

［支援カード］

［支援カードを入れた封筒］

習得

【日本の子どもたちは】

①世界の子どもたちと同様に，写真に写る子どもたちの視線の先にあるものを意見交流し，コントラストから事実を受け止めるようにする。

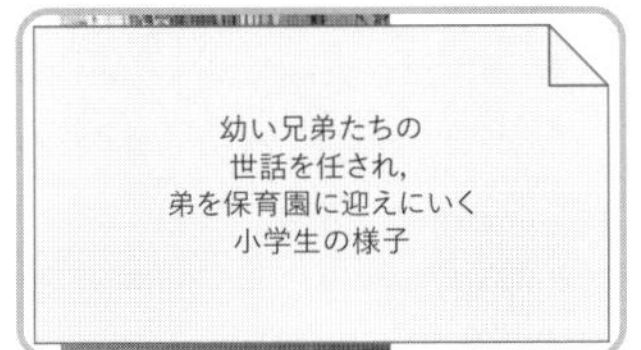

友だちと遊ぶ時間や，
部活の時間，学校の宿泊行事
なんかには，行けるのかな？

《ヤングケアラー》

「日本財団ジャーナル」ホームページ
「家族を看る10代
子どもが子どもらしく生きられる社会に。
ヤングケアラーと家族を支える」
https://www.nippon-foundation.or.jp/journal/2022/75343/young-carers/

「東新聞 TOKYO Web」
2021年5月18日記事
「ヤングケアラー支援へ国が報告書
難病の妹を介護した女性
「社会に出るサポートを」
https://www.tokyo-np.co.jp/article/104945

②上記の事実を踏まえ，国内の課題を抱えた家族を模擬事例とし，そのジェノグラムから，職業カードを差し込んだエコマップをグループで作製する。

・板書上でジェノグラムを描いた際に，
- 父→母（DV）
- 長女→祖母（ヤングケアラー）
- 長男→次男（ヤングケアラー）
- 母→次男（虐待）

などという関係を生徒とともに整理していく。

深化

【子どもの幸せとは】

①世界規模での救済機関や手立てがあり，コミュニティから生まれる支援がある中で，それでも存在する「心身の貧困」という問題と向き合う。

・ここでは，新聞記事２例とユニセフの情報をたどり，身体的に恵まれていても，精神を病んでいる子どもが多いこと，また，自死にまでいたるケースもあることを伝える。

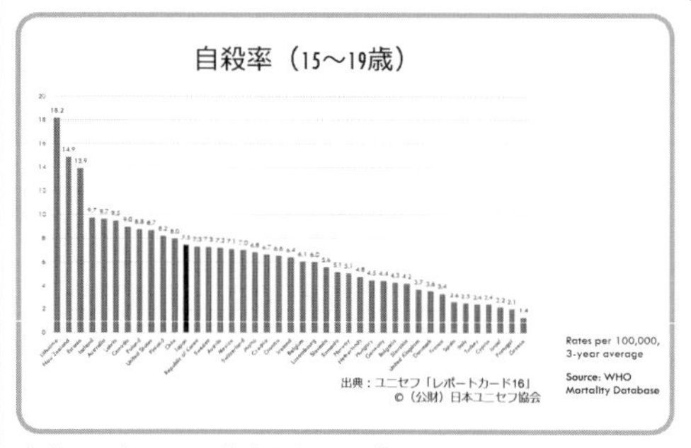

ユニセフ報告書「レポートカード16」

先進国の子どもの幸福度ランキング（38か国）

https://www.unicef.or.jp/report/20200902.html

・「身体的健康」：1位（5～14歳の死亡率，5～19歳の過体重・肥満の割合）

・「精神的幸福度：37位（生活満足度が高い15歳の割合，15～19歳の自殺率）

出典：日本ユニセフ協会発行 2020「イノチェンティ レポートカード16 子どもたちに影響する世界　先進国の子どもの幸福度を形作るものは何か」より

②このような状況の中で，どのような大人になれば「子どもの権利」を守ることができるのか，考える。

・大人としての子どもへの向き合い方を問う。

【生徒たちの声】

・優しく子どもに寄り添える大人
・まず，自分のことを幸せにできる大人
・子どもを思える大人
・経済的・精神的に余裕のある人
・国の施策を知っている大人
・子どもを避難させることができる大人

③生徒たちが考えたような，子どもの幸せを願う大人たちにより，ついに国が動き，少子化・貧困・虐待・いじめ・低い幸福度・親の子育て負担などといった，現代の課題に向き合うために設置された旨を紹介する。

まとめ

①授業者より，卒業生へのメッセージを送る。

あなたたちには，守られ，生きる権利がある。

それは毎日，となりにいる人にも，
今朝，登校中にすれ違っただけの人にも…

これからの社会を生きるあなたたちが
輝く未来社会をつくることを願っています。

「『生きる』教育」教材集

［1年］ たいせつな こころと体
——プライベートゾーン——

［2年］ みんなむかしは赤ちゃんだった

［3年］ 子どもの権利条約って知ってる?

［4年］ 10歳のハローワーク
——LSWの視点から——

［5年］ 愛? それとも支配?
——パートナーシップの視点から——

［6年］ 家庭について考えよう
——結婚・子育て・親子関係——

［8年］ リアルデートDV
——支配と依存のメカニズム——

［9年］ 社会における「子どもの権利」

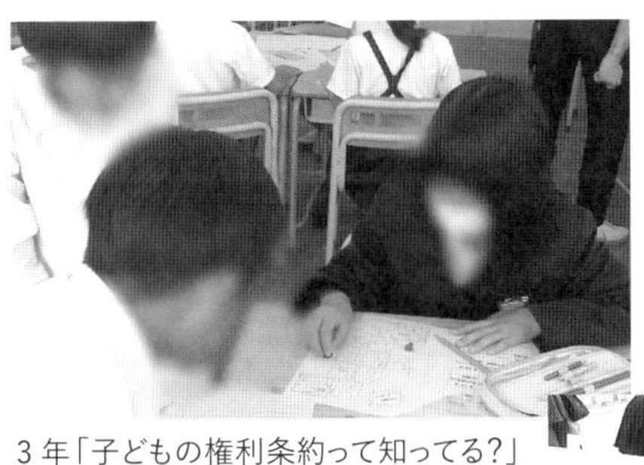

9年「社会における『子どもの権利』」

3年「子どもの権利条約って知ってる?」

6年「家庭について考えよう」

＊田島南小中一貫校としては，田島中学校1年を田島南小中一貫校7年，同校2年を一貫校8年，同校3年を一貫校9年としている。

[1年]たいせつな こころと体 ❶

1ねん　くみ　なまえ（　　　　　　　　　　　）

めあて じぶんの　　　　や　　　　を　大せつにするほうほうを　かんがえよう。

●●●プライベートゾーンの　4つのやくそく●●●

□ ない

□□ ない　だれにも

□□□ ない

□□□□ ない

[1年]たいせつな こころと体 ❷

めあて　じぶんのからだを　じぶんでまもるほうほうを　かんがえよう

1ねん　くみ　なまえ

1．つぎのえをみて、やくそくが　まもれていないものに「×」をつけましょう。

①あたまをなでる	②かたをくむ	③ハイタッチ	④ほほをさわる	⑤なあなあ	⑥てをつなぐ
□	□	□	□	□	□
⑦うでをくむ	⑧キス	⑨おしりをさわる	⑩せいきをさわる	⑪むねをさわる	
□	□	□	□	□	

2．いやだとおもったら □□□□□□。

だれかに □□□□。

[2年] みんなむかしは赤ちゃんだった

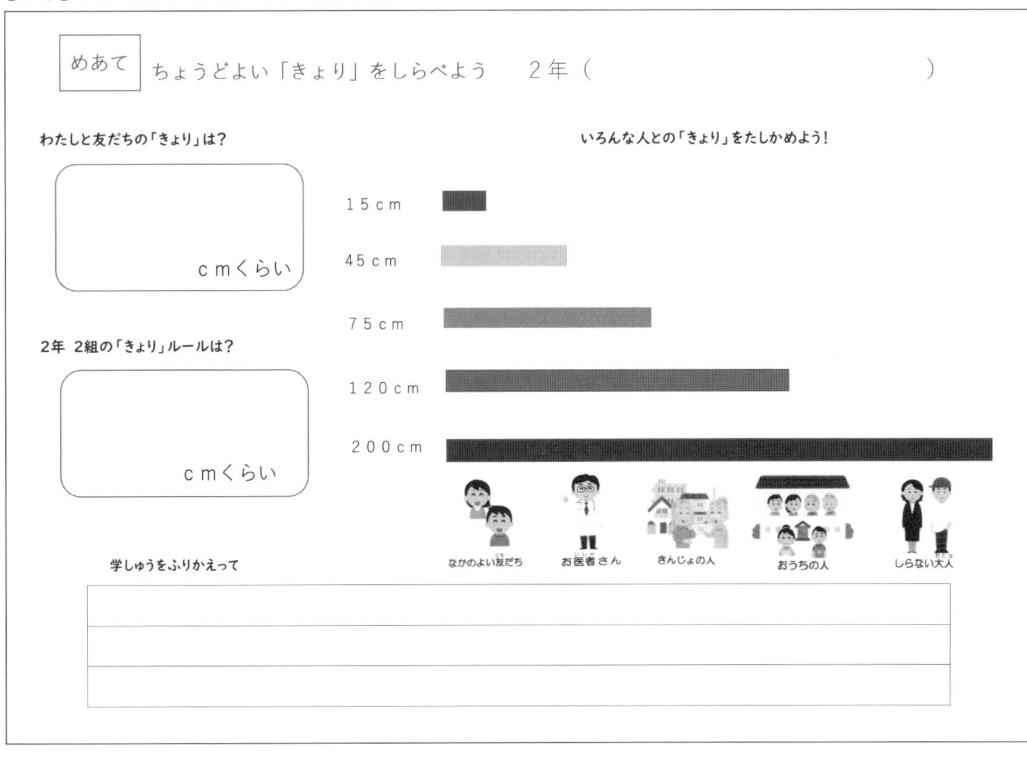

[3年] 子どもの権利条約って知ってる？❶

子どもの権利条約って？②

子どもの権利条約を４つのグループにわけてみよう！

3年（　　　）

＊４つのグループ＊

（　　　）**権利**

子どもたちは、安全な水や十分な栄養をとることができて、防げる病気などで命をうばわれないこと。病気やけがをしたら治療をしてもらえます。

（　　　）**権利**

子どもたちは、教育をうけることができます。また、休んだり遊んだりすること、様々な情報をうけとることができます。そして、自分の考えや信じることの自由が守られ、自分らしく育つことができます。

（　　　）**権利**

子どもたちは、「いろいろな種類の差別」や「ぎゃくたい」、「無理やり働かせられる」ことから守られなければなりません。紛争下の子ども、障害をもつ子ども、少数民族の子どもなどは、特別に守られます。

＊ぎゃくたい：体や心を傷つけられたり、生活のめんどうを見てもらえなかったりすること。

（　　　）**権利**

子どもたちは、自由に意見を表したり、集まってグループを作ったりして、自由な活動をすることができます。

［3年］子どもの権利条約って知ってる？* ❷

第 1 条

子どもとは・・・

18さいになっていない人を「子ども」とします。

第 2 条

差別されない権利

すべての子どもは、国や言葉のちがい、男か女か、どんな意見をもっているか、どんな宗教を信じているか、心や体に障害があるかないか、お金持ちであるかないかなど、どのような理由によっても、差別されません。

第 3 条

子どもの最高の幸せについて

「子どもにとって、1番よいことは何か」を考えなければなりません。

第 4 条

国の義務・責任について

国は、この条約に書かれた権利を守るために、できるかぎりのことをしなければなりません。

第 5 条

親（ほご者）の責任

親（ほご者）は、子どもの心や体の成長にあった指導をしなければなりません。国は、親（ほご者）の意見を大切にします。

第 6 条

生きる権利・育つ権利

すべての子どもには、「生きて、育つ権利」があります。

第 7 条

名前と国籍をもつ権利

子どもは、生まれるとすぐに名前をつけられ、国籍をもち、親を知り、親に育ててもらう権利をもっています。

第 8 条

名前・国籍・家族関係を守られる権利

国は、子どもの名前、国籍、家族の関係を守らなければなりません。

第 9 条

親といっしょにいる権利

子どもは、親といっしょにくらす権利をもっています。しかし、子どもにとってよくない時には、はなれてくらすこともできます。

第 10 条

親に会える権利

子どもには、はなればなれになっている親と会える権利があります。いっしょにくらせなくても、どこにいるのか教えてもらえます。また、家族がいろいろな国へバラバラになったときは、できるだけいっしょにくらせるよう、国と国が相談します。

第 11 条

よその国に連れて行かれない権利

国は、子どもがよその国に無理やり連れ出されたり、自分の国にもどれなくなったりしないようにしなければなりません。

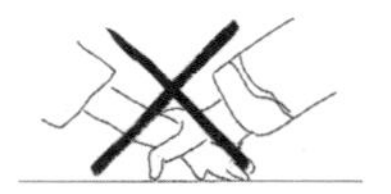

第 12 条

自分の意見を言う権利

子どもは、自分に関係することについて、自由に自分の意見を言う権利があります。しかし、その意見は、子どもの発達にあったものか、じゅうぶんに考えなければなりません。

第 13 条

表現の自由について

子どもは、自由な方法でいろいろなことを知ったり、自分の考えや思ったことを伝えたりすることができます。ただし、人をきずつけるようなことはしてはいけません。

第 14 条

思想・良心・宗教の自由について

子どもは、どのような考えでも、もつことができます。また、神様や仏様などいろいろなものを信じることも自由です。

第 15 条

グループを作ったり、グループで集まったりする権利

子どもは、ほかの人たちと自由に集まってグループを作ったり、参加したりできます。しかし、安全や社会のルールを守るなど、ほかの人たちに迷惑をかけてはいけません。

第 16 条

プライバシーが守られる権利

子どもは、自分のこと、家族のくらし、住んでいるところ、電話や手紙・メールなどの内容を人に知られたくないときは、それを守ることができます。

*『3年 権利ブック』（日本ユニセフ協会より許可を得て『子どもの権利条約カードブック』をもとに作成）

第17条

子どものための情報について

子どもは、自分の成長に役立つ多くの情報を手に入れることができます。そのため、国は、本や新聞、テレビなどが、子どものためになる情報を知らせるようにし、子どもによくない情報から子どもを守らなければなりません。

第18条

両親が育てる権利

子どもを育てるのは、まずお父さん、お母さんです。それができない場合には、ほかの家族や、家族以外の人でも、その子どものことを一番思っている人が育てます。

第19条

親から虐待されない権利

親や保護者が子どもを育てている間、どんな理由があっても、子どもが暴力をふるわれたり、ひどいあつかいをうけたり、ほったらかしにされたりしないように、国は子どもを守らなければなりません。

第20条

家や家族をなくした子どもについて

子どもは、自分の家族といっしょにくらせなくなった時や、家族とはなれた方がその子どもにとってよいときは、かわりの保護者や家庭を用意してもらうなど、国から守ってもらえます。

第21条

新しい親ができる権利

本当の親と生活できない子どもには、国や役所がよく調べた上で、その子どもにとって新しい家族ができることをみとめることができます。

第22条

難民の子どもについて

戦争や災害で住めなくなったり、自分の考えとはちがう国からにげたりしてきた子ども（難民の子ども）は、ほかの国で助けられ、守られます。

第23条

障害のある子どもについて

心や体に障害があっても、教育を受け、生活や仕事のためのトレーニングを受けることができ、自分らしく生きていけるように守られなければなりません。

第24条

健康でいられる権利

国は、子どもがいつでも健康でいられるように、できるかぎりのことをしなければなりません。子どもは、病気やけがの手当てをうけることができます。

第25条

病院などの施設に入っている子どもについて

病院などの施設に入っている子どもは、治療や世話のしかたがその子どもにあっているか、定期的に調べてもらえます。

第26条

社会保障をうける権利

子どもやその家族が生活していくお金にこまっているときは、国が助けてくれます。

第27条

人間らしい生活をする権利

着るもの、食べるもの、住むところなどの「生きるために必要なもの」を親や国からそろえてもらう権利があります。

第28条

教育をうける権利

子どもには小学校での教育をうける権利があり、さらに学習したい場合には、すべての子どもにおいて、そのチャンスがあたえられます。

第29条

教育の目的について

教育とは、子どもがもっているステキなところをのばすものです。自分もほかの人も大切にされ、みんなと仲良くしたり自然を大切にしたりすることを、学べるようにします。

第30条

少数民族や先住民の子どもについて

少数民族の子どもや、もとからその土地に住んでいる人びとの子どもが、その民族の文化や宗教、ことばを持つ権利を大切にしなければなりません。

第31条

休み・遊ぶ権利

子どもには、勉強だけでなく、休んだり、遊んだりする権利があります。また、自由に絵をかいたり、歌をうたったり、スポーツなどをすることもできます。

第32条

大人のために働かされない権利

子どもには、むりやり働かされたり、そのために教育をうけられなくなったり、心や体によくない仕事をさせられたりしないよう守られる権利があります。

[3年]子どもの権利条約って知ってる？❷

第33条

麻薬や体によくない薬から守られる権利

国は、子どもが麻薬や覚せい剤などを売ったり買ったり、使ったりすることにまきこまれないように、子どもを守らなければなりません。

第34条

プライベートゾーンを守る権利

国は、子どもが自分のプライベートゾーンを大切にできるよう、子どもを守らなければなりません。

第35条

誘拐や人身売買から守られる権利

国は、子どもが誘拐されたり、物のように「売り買い」されたりしないように、子どもを守らなければなりません。

第36条

大人に利用されない権利

国は、大人が子どもを利用して、お金をもうけ、子どもの幸せをうばうことから、子どもを守らなければなりません。

第37条

ごうもん・死刑から守られる権利

どんな子どもも、痛みや苦しみをあたえて無理やり質問に答えさせられたり、死刑になったりしません。もし、悪いことをしてつかまったとしても、年れいにあった人間らしいあつかいを受けることができます。

第38条

戦争から守られる権利

国は、15歳になっていない子どもを兵士として戦場につれていってはいけません。また、戦争にまきこまれた子どもを守るために、できることは、すべてしなくてはいけません。

第39条

犠牲になった子どもについて

子どもがほうっておかれたり、暴力をうけたり、戦争にまきこまれたりしたら、国は、その子どもの心と体の傷をなおし、元気になるように守らなければなりません。

第40条

子どもが罪を問われた時

国は、罪をおかした子どもが、人間の大切さを学びなおし、ふつうの生活にもどったときに、社会での自分自身の役割をはたすことができるように、考えなければなりません。

[3年]子どもの権利条約って知ってる？❸

大人と子ども！ どっちがどっち？

3年（　　　　）

子どもとは・・・（　　　　）さいまで。

子どもだけに、できること？

おとなだけに、できること？

感想

［3年］子どもの権利条約って知ってる？❹

大人だけ？

子どもだけ？

どっち が どっち？

お子様ランチが食べられる！

これらのカードには、

① 大人（18さい以上）しかできないこと

② 子どもしかできないこと

③ どちらにもできること

が、まざっています。

話し合いながら、３種類に分けてください！

正かいは、 どっちでもいいよ！

小学生より小さい子どもたちに、
おもちゃがおまけでもらえることが多いですが、

きほんてきに、大人が食べてもよい店のほうが多いです。

選挙（せんきょ）に参加できる。

ひどい罪をおかしても

死刑にならない。

正かいは、 おとな だけ！

選挙（せんきょ）に さんかできるのは、

18さいから。

正かいは、 子ども だけ！

18さいをこえると、つみの重さによって

死刑になることがあります。

アルバイトを

することができる。

正かいは、　どっちでもいいよ！

中学生までは、アルバイトをすることができませんが、高校生の年令からはたらくことができます。

ただし、22時から5時まではダメです。

中学校で勉強ができる。

正かいは、　どっちでもいいよ！

18さいをこえてからも、勉強することができる「夜間中学」というものがあります。公立の中学校で開かれています。

大阪には、11校の夜間中学があります。

小学校で勉強ができる。

正かいは、　子どもだけ！

小学校を楽しむのは、

今しかない！

23時まで、

ゲームセンターで遊ぶことができる。

正かいは、おとな（18さい以上）だけ！

16さいまでの子ども	19時～ダメ
16さいまでの子ども＋おうちの人 16さい以上の子ども	22時～ダメ
18さい以上	24時～ダメ

大阪府ルールです。

［3年］子どもの権利条約って知ってる？❺

臭気判定士（しゅうきはんていし）の資格（しかく）をとることができる。

毒物劇薬物取扱責任者（どくぶつ　げきやくぶつ　とりあつかいせきにんしゃ）の資格（しかく）をとることができる。

選挙（せんきょ）で投ひょうができる。

深夜（しんや）のアルバイトや仕事ができる。

車の「運転めんきょ」をとることができる。

ネットゲームなどで、自分で課金（かきん）することができる。

殺人（さつじん）などの凶悪（きょうあく）な犯罪（はんざい）を起こした場合、死刑（しけい）になることがある。

［3年］子どもの権利条約って知ってる？❺

火薬類製造保安責任者（かやくるい せいぞう ほあんせきにんしゃ）、火薬類取扱保安責任者（かやくるい とりあつかい ほあんせきにんしゃ）の資格（しかく）をとることができる。

小さい船の「運転めんきょ」をとることができる。

ネットオークションで、自分で売り買いできる。

児童養護施設（じどうようごしせつ）からの旅立ち

パチンコ店に入って遊ぶことができる。

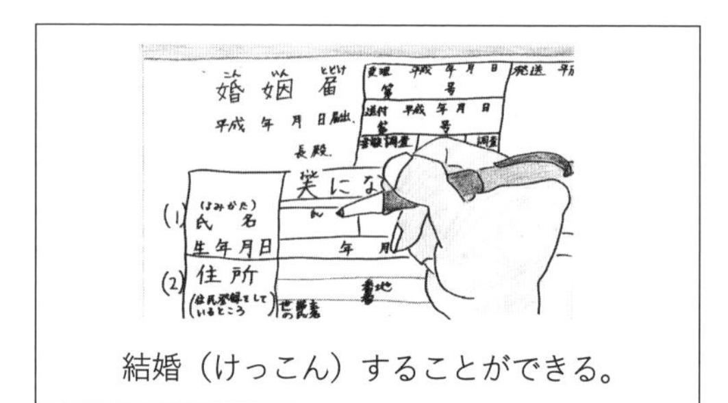

結婚（けっこん）することができる。

いらなくなったゲームや本などを自分で売ることができる。

［3年］子どもの権利条約って知ってる？❻

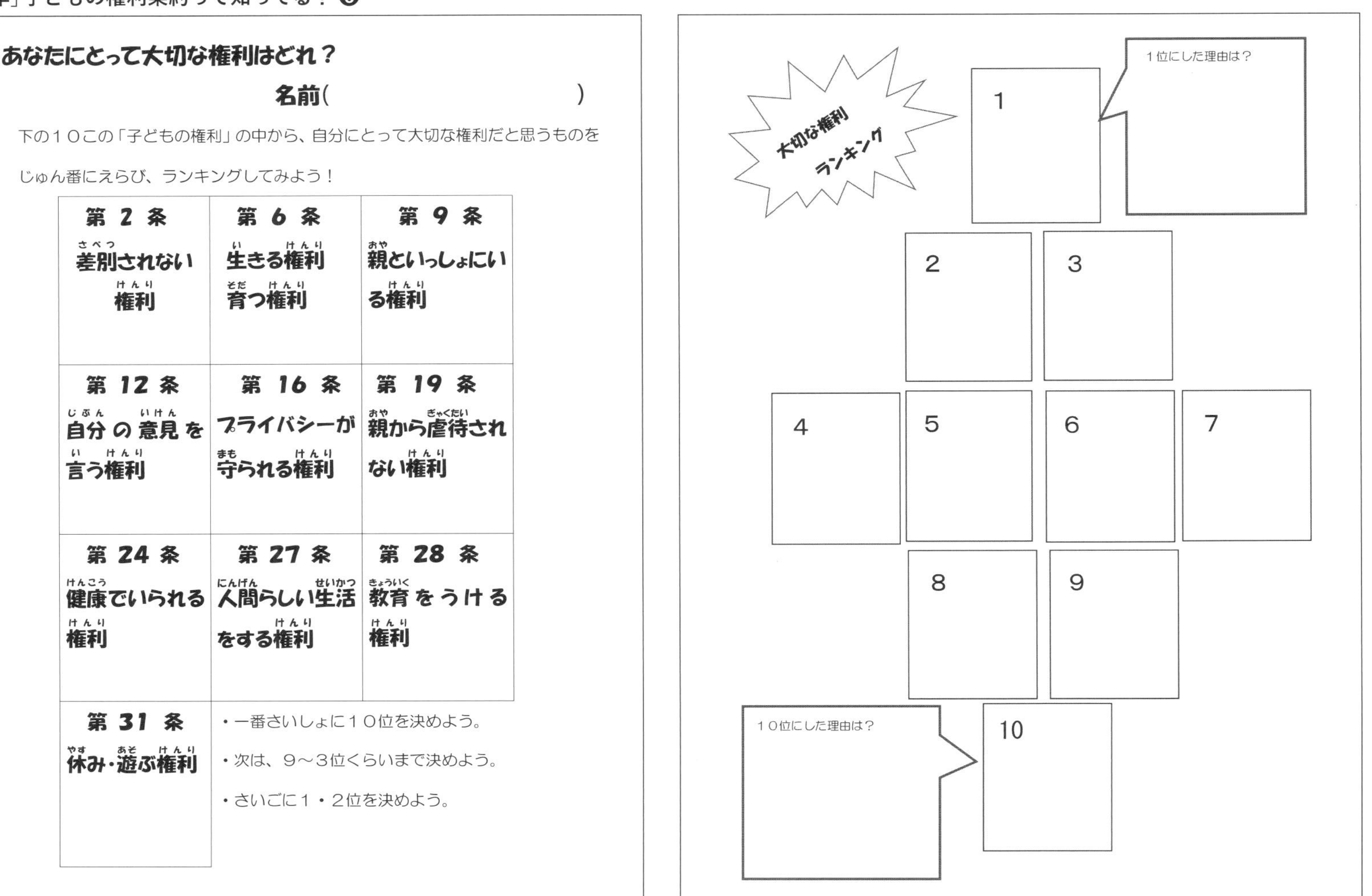

あなたにとって大切な権利はどれ？

名前（　　　　　　　　　　）

下の１０この「子どもの権利」の中から、自分にとって大切な権利だと思うものをじゅん番にえらび、ランキングしてみよう！

第 2 条 差別されない権利	第 6 条 生きる権利 育つ権利	第 9 条 親といっしょにいる権利
第 12 条 自分の意見を言う権利	第 16 条 プライバシーが守られる権利	第 19 条 親から虐待されない権利
第 24 条 健康でいられる権利	第 27 条 人間らしい生活をする権利	第 28 条 教育をうける権利
第 31 条 休み・遊ぶ権利		

・一番さいしょに１０位を決めよう。
・次は、９～３位くらいまで決めよう。
・さいごに１・２位を決めよう。

[4年]10歳のハローワーク ❶

10歳のハローワーク ③

「自分につけたい この力！」オークションリスト

年（　　　　　　　　）

* 自分がほしい力は、1人　1～3つまでチップと交かんできます。
* チップは、1人　10まいまで使えます。
* 一番ほしい力に、チップを多く使う方がよいです。
* オークションが始まったら、予定していたチップの数を変えてもよいです。
* オークションでは、チップを一番多く使った人が、その力を手に入れることができます。

さあ、チップ10まい分で、どんな力を買いたいのか自分で予定を立ててみましょう。

番号	自分につけたい力	使う予定のチップ数
1	勉強がたのしくできる力	
2	毎日きそく正しい生活をおくれる力	
3	自分の意見を言う力	
4	イヤなことでもガマンできる力	
5	ダメなことを「ダメ」と言える力	
6	もめごとを解決（かいけつ）できる力	
7	相手の気持ちを考える力	
8	イヤなことは「イヤ」と言える力	
9	将来（しょうらい）の夢（ゆめ）をもつ力	
10	だれかを助けることができる力	
11	ちがいをみとめ、受け入れる力	
12	自分自身を好きになれる力	

[3年]子どもの権利条約って知ってる？ ❼

事例1

バングラデシュのダッカという町の工場ではたらくアリフさんは、11さい。
お母さんといもうとの3人ぐらしです。

アリフさんは、家族3人で生活していくお金がなくて、小学校3年生で学校をやめました。

そして、朝から晩まで、工場で仕事をしています。
「本当は学校に行きたいけれど…。」

事例2

マルジョリさんは5さいの女の子で、すんでいた国では自分の家をこわされ、お父さんやお母さんは何も悪いことをしていないのに、だれかにつかまって帰ってきません。
近所の人たちといっしょににげて、やっととなりの国の難民キャンプにたどりつきました。

そこでは、火をおこして朝食のじゅんびをしたり、キャンプ内のそうじをしたりするのは、子どもたちの仕事。
ここのキャンプには、学校はありません。

事例3

だいすけさんは、学校から帰ってきてから、家族と服を買いにいきました。
お店には、とてもきれいなピンク色のトレーナーが売っていました。

ぼくが好きなタイプで、とてもかっこいいデザインだと思いましたが、
「えっ、ピンクは女の子みたいだからやめなさい。」
と言われて、買ってもらえませんでした。

事例4

まなさんが学校から帰ってくると、こっそりしまっておいたはずの手紙が、テーブルの上においてありました。

（どうして？）と思っていると、おうちの人に、
「まな、たっくんのことすきなの。」
と言われました。

（えっ、わたしが書いたお手紙、勝手に読んだの？）と、かなしくなって、何も言えませんでした。

事例5

小学校4年生のみささんには、1さいの小さな妹がいます。
おうちの人が出かけて帰ってこないときは、ずっとみささんがミルクをつくったり、おむつをかえたりしています。

おうちの人が用事で朝からいないときは、みささんは学校を休んで、妹のお世話をしています。
そんなときは、友だちとも遊べません。

事例6

小学校3年生のたくまさんは、明日、学校に行きたくありません。

どうしてかというと、同じはんのまみさんと言い合いになって、
「もう、男のくせにいちいちうるさい！だまっといて！」
と言われて、話し合いに入れてもらえなかったからです。

明日から、どうしようかとなやんでいます。

番号	自分につけたい力	使う予定のチップ数
13	ルールを守れる力	
14	人にめいわくをかけない力	
15	時間を守る力	
16	えがおでいられる力	
17	人を信らいできる力	
18	感動(かんどう)できる力	
19	物を大切にできる力	
20	世界に出ていける勇気(ゆうき)をもつ力	
21	いろいろなものをかたづける力	
22	先を見て動く力	
23	あきらめずにさい後までやりきる力	
24	きちんと話を聞く力	
25	だれとでも なかよくできる力	
26	楽しく運動できる力	
27	人を楽しませる力	
28	好ききらいをせずに何でも食べられる力	
29	正しい言葉づかいができる力	
30	パソコンがうまくつかえる力	
31	外国語が話せる力	
32	体を大切にできる力	

番号	自分につけたい力	使う予定のチップ数
33	早起きをする力	
34	機かいをうまく使える力	
35	色んなアイデアがうかぶ力	
36	正しい字を書く力	
37	動物の気持ちがわかる力	
38	最高の記おく力	
39	何事(なにごと)にもチャレンジする力	
40	きびしい練習(れんしゅう)にたえる力	
41	さい高の演技力	
42	絵がじょうずにかける力	
43	正しく分量(ぶんりょう)をはかる力	
44	どんなときでも、集中できる力	
45		
46		
47		
48		
49		
50		
		合計　　枚

［4年］10歳のハローワーク❷

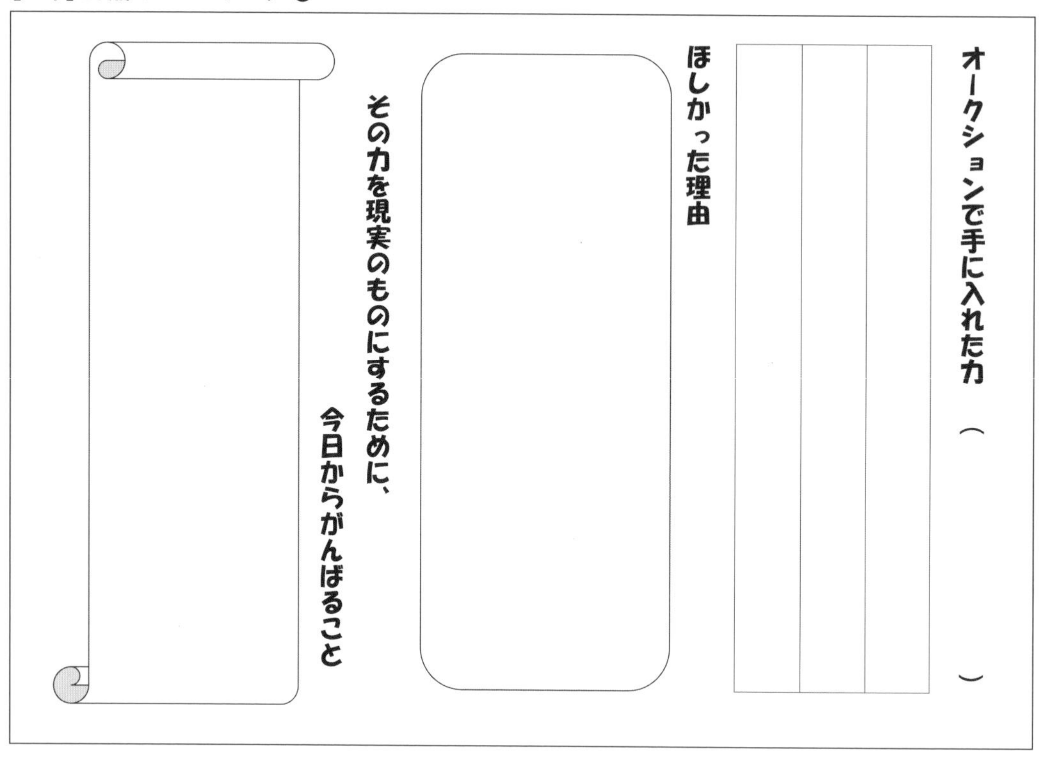

［4年］10歳のハローワーク❸

10歳のわたし（　　　　　）

友だちとよくしている遊びは？	
今、がんばっていることは？	
最近、うれしかったことは？	
好きな食べ物は？	
好きな色は？	
好きな芸能人は？	
好きな教科は？	
好きな	
好きな	
好きな	
好きな	

わたしの周りにいる人

わたしの大切なもの

［5年］愛？ それとも支配？

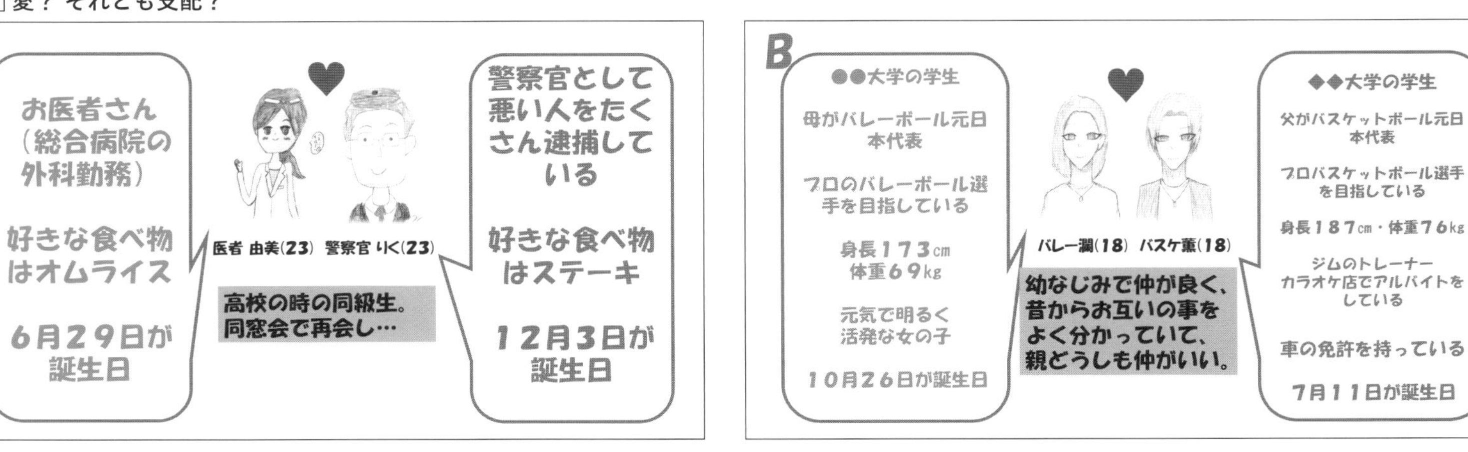
A
お医者さん（総合病院の外科勤務）
好きな食べ物はオムライス
6月29日が誕生日
医者 由美(23) 警察官 りく(23)
高校の時の同級生。同窓会で再会し…
警察官として悪い人をたくさん逮捕している
好きな食べ物はステーキ
12月3日が誕生日
B
●●大学の学生
母がバレーボール元日本代表
プロのバレーボール選手を目指している
身長173cm 体重69kg
元気で明るく活発な女の子
10月26日が誕生日
バレー満(18) バスケ薫(18)
幼なじみで仲が良く、昔からお互いの事をよく分かっていて、親どうしも仲がいい。
◆◆大学の学生
父がバスケットボール元日本代表
プロバスケットボール選手を目指している
身長187cm・体重76kg
ジムのトレーナー カラオケ店でアルバイトをしている
車の免許を持っている
7月11日が誕生日

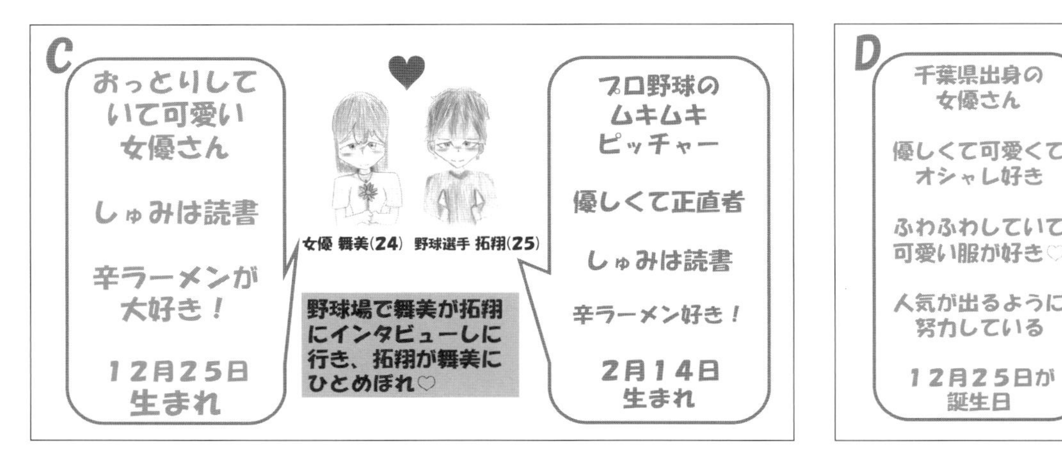
C
おっとりしていて可愛い女優さん
しゅみは読書
辛ラーメンが大好き！
12月25日生まれ
女優 舞美(24) 野球選手 拓翔(25)
野球場で舞美が拓翔にインタビューしに行き、拓翔が舞美にひとめぼれ♡
プロ野球のムキムキピッチャー
優しくて正直者
しゅみは読書
辛ラーメン好き！
2月14日生まれ
D
千葉県出身の女優さん
優しくて可愛くてオシャレ好き
ふわふわしていて可愛い服が好き♡
人気が出るように努力している
12月25日が誕生日
女優 秋奈(23) ボクサー天心(25)
2人が出ていたテレビ番組の打ち上げでイタリア料理店に行き、隣の席になった。話しているうちに仲良くなり、いつの間にかお互いを好きに…
その後、秋奈が天心に思いを伝え、付き合うことに♡
千葉県出身のプロボクサー
練習は週7（AM9:00～PM6:00）
やさしくて人見知りで面白い！
七歳下に弟がいる
8月18日が誕生日

E
島根県出身でダンサーをしている
身長160cm
元気で明るくて手先が器用
特技はダンスと逆立ち？！
ダンサーかなで（20）
シェフはると（20）
小学生の時によく遊んだ幼なじみの2人。かなでが大阪で暮らし始めてそえんになっていたが、大阪に出てきた はると と偶然再会し…
島根県出身でシェフ（洋食）として働いている
身長158cm
かわいくてやさしい
何でもできるオシャレさん

F
バレーボールチームのマネージャー
身長162cm
きっさ店で働いているよ
1人暮らしで料理が上手！
マネージャー結菜（20）
大学生タケル（22）
大学のバレーボールチームで出会ったよ
バレーボールをしている大学生
身長182cm
チームのキャプテンとして大会に向けて頑張っているよ
居酒屋さんでアルバイトもしている

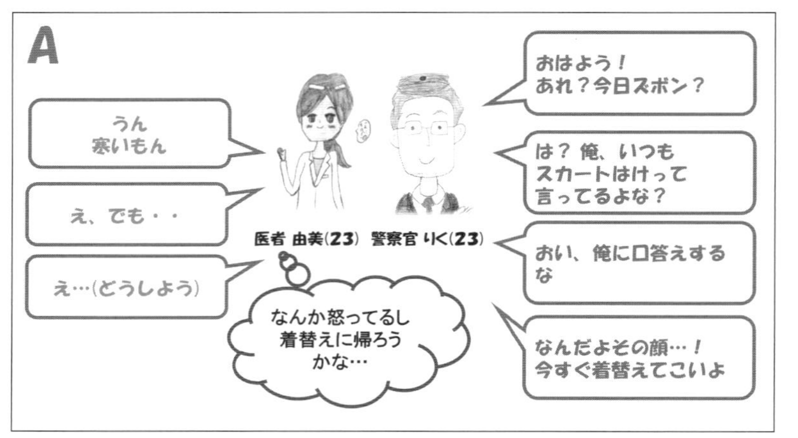
A
医者 由美（23）
警察官 りく（23）
おはよう！あれ？今日ズボン？
うん 寒いもん
は？ 俺、いつもスカートはけって言ってるよな？
え、でも・・
おい、俺に口答えするな
え…（どうしよう）
なんか怒ってるし着替えに帰ろうかな…
なんだよその顔…！今すぐ着替えてこいよ

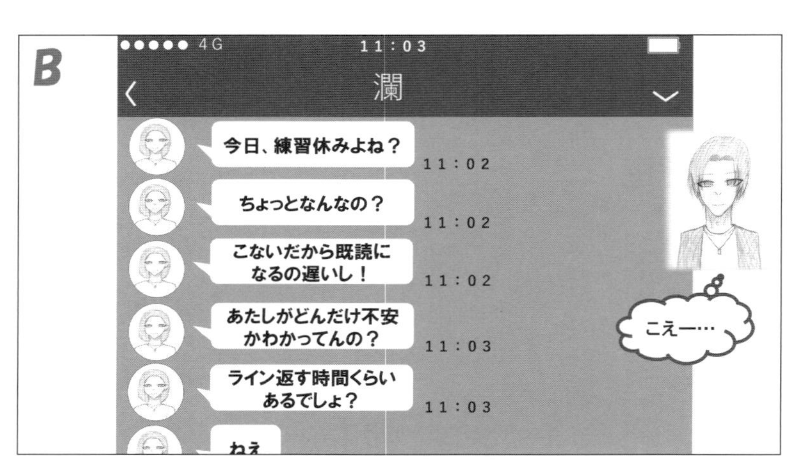
B
4G
11：03
瀾
今日、練習休みよね？
11：02
ちょっとなんなの？
11：02
こないだから既読になるの遅いし！
11：02
あたしがどんだけ不安かわかってんの？
11：03
ライン返す時間くらいあるでしょ？
11：03
ねえ
こえー…

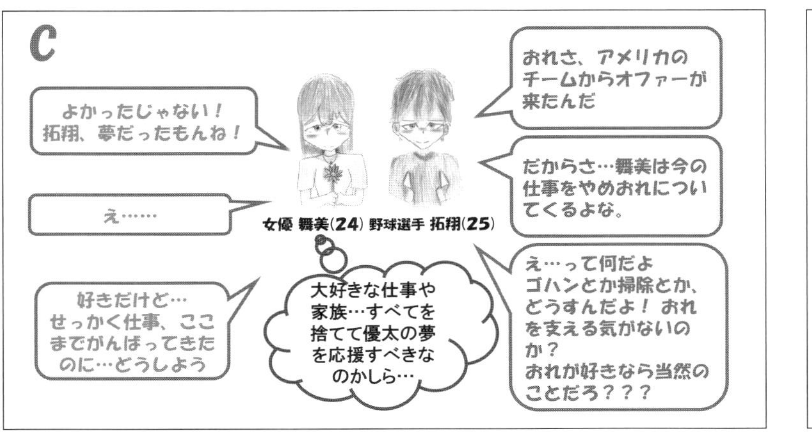
C
よかったじゃない！
拓翔、夢だったもんね！
おれさ、アメリカの
チームからオファーが
来たんだ
え……
だからさ…舞美は今の
仕事をやめおれについ
てくるよな。
女優 舞美(24) 野球選手 拓翔(25)
好きだけど…
せっかく仕事、ここ
までがんばってきた
のに…どうしよう
大好きな仕事や
家族…すべてを
捨てて優太の夢
を応援すべきな
のかしら…
え…って何だよ
ゴハンとか掃除とか、
どうすんだよ！ おれ
を支える気がないの
か？
おれが好きなら当然の
ことだろ？？？

D
なに？ いきなり？
おい、秋奈
だれ、あいつ…
ああ。俳優
仲間の勇馬だよ？
女優 秋奈(23) ボクサー天心(25)
何だよ名前で呼んでん
じゃねーよ！
なれなれしいんだよ！
天心は、私のことが好きで
言ってるんだよね…
仕事だけど、ひかえよう
仕事仲間だろうが、誰
だろうが、他の男と仲
良くしゃべってんじゃ
ねーよ！

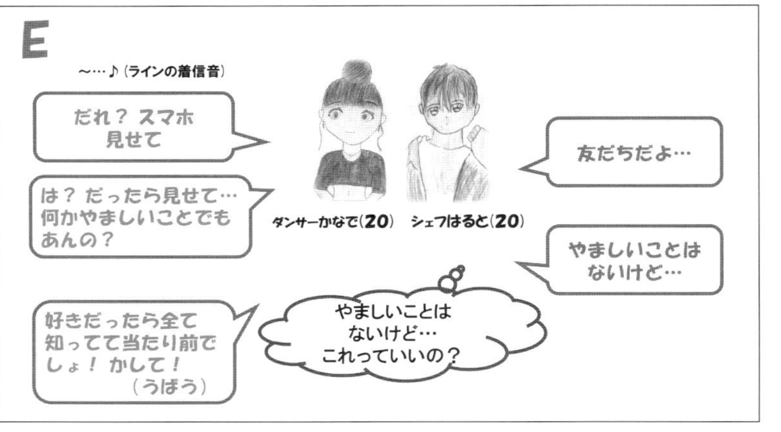
E
～…♪（ラインの着信音）
だれ？ スマホ
見せて
友だちだよ…
は？ だったら見せて…
何かやましいことでも
あんの？
ダンサーかなで(20) シェフはると(20)
やましいことは
ないけど…
好きだったら全て
知ってて当たり前で
しょ！ かして！
（うばう）
やましいことは
ないけど…
これっていいの？

F
お腹すいたー！
焼肉いこうよ！
あ…う、うん…
あのさ。俺、今月
ちょっと金欠なんだ
よね…
牛丼とかじゃだめか
な？
は？ なにそれー！
デートだよ？
どんなにお金がなくて
も、好きな人に
おごるのが「愛」って
もんじゃないの？！
マネージャー結菜(20) 大学生タケル(22)
う…
うん…そうか…
ねえ、連れて行って
くれるでしょ？
やばいな～
明日友だちにお金
借りようかな…

[6年]家庭について考えよう ❶

食事など、家で必要なお世話を受けられなかった

暴力的な犯罪の被害を受けた

事故で重傷を負った

震災や火災などを体験した

おうちの人から繰り返し暴言・暴力を受けている

父と母がお別れした

時間を守らなくておしりをパチン

友だちに無視された

夜、父と母がけんかをしていた

クラスのみんなにいじめられた

好きな人に振られた

宿題をしたのに忘れてきた

試合でミスをした

テストで悪い点をとった

運動会のリレーでこけて笑われた

[8年]リアルデートDV

メールは10分以内に返さないとさらにたくさん送られてくる

スカートをはくなと言われる

彼以外の男子が登録されているのをみつけスマホを二つ折りに

彼氏用の手帳をもっていて、彼のスケジュール管理をしている

彼女の生活費を全部払い続けている

彼の食事をつくったり、洗濯をしたりしている

どこにいるのか誰といるのか、常に報告が必要

「別れたら死ぬ」と言われる

みんなの前でバカにされる

「お前は俺がいないと何にもできない」と毎回言われ、そう思えてきた

友だち関係を制限してくる

壁を壊したり刃物を突きつけたりしてくる

門限を破ると大声で怒鳴られる

けんかをした後、SNSに悪口や知られたくないことを書かれた

無視される

[6年]家庭について考えよう ❷

めあて　心の傷の治療法を考えよう。　(　　　　　)

心の傷を放っておくと?

放っておくとどうなるの?
怖かった記憶が□

放っておくとどうなるの?
必要な□が抜けてしまう

放っておくとどうなるの?
□ない・□ない

放っておくとどうなるの?
しあわせ! たのしい! 満足! うれしい!
□な気持ちがよく分からない

放っておくとどうなるの?
□とうまくつながることが苦手

放っておくとどうなるの?
自分が悪いんだ! 自分は役立たずだ こんな自分ははずかしい 自分はできない
□のことをせめてしまう

つらいことがあった時…あなたの乗りこえ方は?

[９年]社会における「子どもの権利」

おわりに――願いをこめて

「『生きる』教育」は，子どもたちの「命」を守るため，生きるうえで必要な知識や価値観を保障したいという小野太恵子先生・別所美佐子先生・田中梓先生をはじめとする先生方の強い願いと熱意から生まれました。西澤哲先生・辻由起子先生などさまざまな専門家の知見を先生方が精力的に吸収しつつカリキュラム開発に取り組まれたことにより，非常に密度の濃い内容となっています。「虐待」に苦しむ子どもたちの困難が見えやすい状況にあった生野南小学校だったからこそ生み出されたプログラムですが，すべての子どもたちにとって大きな意義のある，魅力的な実践となっています。「『生きる』教育」は，統合後の田島南小中一貫校にも引き継がれ，現在も発展し続けています。

生野南小学校の最後の校長であった木村幹彦先生は，現在，南市岡小学校版「『生きる』教育」の実践づくりに取り組んでおられます。そこでは，田島南小中一貫校の学習指導案を参考にしつつも，当校の先生方自身が目の前の子どもたちに伝えたい願いを込め，無理なく実践できるコンパクトな形で「『生きる』教育」の実践が始まっています。

実際のところ，現在の日本において，子どもたちが苦しんでいるのは，「虐待」問題だけにはとどまりません。「いじめ」，マイノリティへの「差別」，適切な支援が受けられない状態にある「障害」，「貧困」など，子どもたちの危機的状況は枚挙にいとまがありません。そういった危機的状況を解決するのは，もとより子どもたちではなく私たち大人の責任です。

ところが，大人の世界においても，「差別」「ハラスメント」「過労死」「戦争」など，まったく解決できていない問題が山積しています。さまざまな問題を解決しきれずに次世代に渡してしまった大人の一人として，子どもたちに詫びたい気持ちにならずにはいられません。自分の無力さに，時には絶望的な気持ちにもなります。しかしながら，「『生きる』教育」を受けた子どもたちがお互いに支え合って生きていこうと語り合う姿を見ると，許しと希望をもらえた心地になります。子どもたちと志を共有し，できることからやっていこう，という思いを新たにします。

生野南小学校の実践に魅了され，本シリーズを企画した当初は，3つの巻で構成する構想でした。思いがけず第4巻として，この学習指導案集を刊行できたことは，まさしく望外の幸せです。本シリーズの企画から刊行に至るまで，多大なご尽力をいただいた郷田栄樹さん・大澤彰さん・佐賀大夢さん・松井理恵さんはじめ日本標準の皆さまに，改めて厚く御礼申し上げます。

本書を手に取ってくださった皆さまは，おそらく「『生きる』教育」に込められた願いに共感し，これから実践づくりに取り組みたいと思っておられる方々でしょう。同志になってくださったことに深く感謝しております。そして近い将来，皆さまと，「『生きる』教育」の実践づくりについて語り合える日がくることを願っています。

2024年2月4日

西岡加名恵

監修者・編者・著者・執筆者一覧

監修者

西澤 哲　　山梨県立大学人間福祉学部特任教授
辻 由起子　　社会福祉士，大阪府子ども家庭サポーター，こども家庭庁参与
西岡加名恵　　京都大学大学院教育学研究科教授

編　者

今垣清彦　　大阪市立田島南小学校校長・田島中学校校長
小野太恵子　　大阪市立田島南小学校
別所美佐子　　大阪市立田島南小学校
田中 梓　　大阪市立田島中学校［養護］

著　者

大阪市立田島南小学校
［1年］宮木覚史　山田果奈　木田実佐子［養護］
［2年］新矢琢磨　上田 恵　堀江実結　別所美佐子
［3年］和泉大輔　程岡陸斗　吉井真奈
［4年］髙橋七星　中桐信哉　和木龍太郎
［5年］藤原 匠　吉村真紗代
［6年］小野太恵子　猪子智也
［教務］菊井 威

大阪市立田島中学校
［7年］梅原郷花　田中 梓［養護］　雁木知華子
［8年］紙原大輔　十倉雄介
［9年］石田祥子　西村建一郎

執筆者

木村幹彦　　大阪市立南市岡小学校校長（大阪市立生野南小学校校長　2018～2021年度）

（所属は2024年2月現在）

※2022年4月より生野南小学校と田島小学校を統合した田島南小学校が田島中学校敷地内に新設され，田島南小中一貫校として施設一体型の小中一貫教育が進められている。
※「田島南小中一貫校」は愛称。正式の学校名は「大阪市立田島南小学校」「大阪市立田島中学校」である。

［監修者紹介］

西澤 哲（にしざわ さとる）　山梨県立大学人間福祉学部特任教授

虐待などでトラウマを受けた子どもの心理臨床活動を行っている。著書に，『子どものトラウマ』『子ども虐待』（講談社現代新書，1997年，2010年），『子どもの虐待』（誠信書房，1994年），『トラウマの臨床心理学』（金剛出版，1999年），『子ども虐待への挑戦』（編著，誠信書房，2013年）など。

辻 由起子（つじ ゆきこ）　社会福祉士，大阪府子ども家庭サポーター，こども家庭庁参与

主な活動は，相談業務，イベント開催，政策提言，研修講師，マスコミ発信，行政のスーパーバイザーなど。内閣官房こども政策参与として，こども家庭庁設立に関わる。活動はマスコミに多数取り上げられている。

西岡加名恵（にしおか かなえ）　京都大学大学院教育学研究科教授

さまざまな学校と連携して，カリキュラム改善やパフォーマンス評価の活用などの共同研究開発を行っている。著書に，『教科と総合学習のカリキュラム設計』（図書文化，2016年），『「逆向き設計」実践ガイドブック』（共編著，日本標準，2020年），『新しい教育評価入門（増補版）』（共編著，有斐閣，2022年）など。

［編者紹介］

今垣清彦（いまがき きよひこ）　大阪市立田島南小学校校長・田島中学校校長

1999年，大阪市立中学校数学科教諭として入職し，2016年より教頭。2020年，田島中学校へ教頭として転任し，2022年，開校した田島南小中一貫校の副校長を経て，2023年から校長として着任。

小野太恵子（おの たえこ）　田島南小学校教諭

2005年，大阪市立小学校に入職，2012年，生野南小学校へ着任。以後，研究部長として学力向上に取り組みつつ，トラウマ・アタッチメントの視点を取り入れた「『生きる』教育」の実践開発に取り組む。

別所美佐子（べっしょ みさこ）　田島南小学校教諭

1994年，大阪府和泉市立小学校に入職，2007年，大阪市立小学校に移り，2016年，生野南小学校へ着任。以後，人権教育主担者として人権教育に取り組みつつ，トラウマ・アタッチメントの視点を取り入れた「『生きる』教育」の実践開発に取り組む。

田中 梓（たなか あずさ）　田島中学校養護教諭

2003年，大阪市立幼稚園に養護助教諭として入職，2006年に大阪市立小学校の養護教諭となる。2010年，生野南小学校へ着任，性教育担当として実践を進め，2018年より田島中学校では小中一貫した「『生きる』教育」の体制づくりに関わる。

生野南小学校 教育実践シリーズ　第4巻

「『生きる』教育」全学習指導案集

――「安全・安心・愛情」を保障する9年間の教育プログラム――

2024年3月30日　第1刷発行

監修者――――西澤 哲・辻 由起子・西岡加名恵
編　者――――今垣清彦・小野太恵子・別所美佐子・田中 梓
著　者――――大阪市立田島南小学校・田島中学校
発行者――――河野晋三
発行所――――株式会社 日本標準
〒350-1221　埼玉県日高市下大谷沢91-5
電話　04-2935-4671
FAX　050-3737-8750
URL　https://www.nipponhyojun.co.jp/
印刷・製本――株式会社 リーブルテック

ISBN 978-4-8208-0754-4